国家社科基金重大项目"中国近代纺织史资料整理与研究"

（19ZDA213）阶段性成果

2020 年度青岛市社会科学规划研究项目

近代青岛
棉纺织业研究

（1902~1949）

张　晔　著

社会科学文献出版社

SOCIAL SCIENCES ACADEMIC PRESS (CHINA)

序　言

　　20世纪30年代，青岛与上海、天津一并被称为全国棉纺织业的重镇"上青天"，青岛由此成为中国棉纺织业的龙头城市之一。青岛棉纺织业根植于近代青岛历史，具有比较明显的移植性和殖民性的特点，相较近代中国其他两个棉纺织业发达的城市——上海、天津来看，这两个特点更为明显，对其研究的价值自不待言。近代棉纺织业的发展对于青岛城市发展具有特殊意义和重要影响，棉纺织业是青岛的母亲产业。百年光景，青岛棉纺织工业几经风雨、几经磨难、几度兴衰，生动呈现并阐释了近代中国民族工业历久弥坚、百折不回、负重前行的历史画卷。

　　遗憾的是，关于近代青岛棉纺织史的研究大抵还是处于起步阶段，与天津，特别是与上海的研究成果差距较大。原因可能来自两个方面：一是棉纺织业属于经济史的范畴，不属于传统史学研究的关注领域。目前，青岛城市史研究关注的重点主要在政治史、社会史等领域。二是史料发掘、研究的困难。由于近代青岛棉纺织业的特殊发展情势，有关青岛棉纺织业的大量原始档案为日文，史料整理、发掘多少存在语言障碍。另外，作为经济史的范畴，研究棉纺织业会涉及大量的统计数据，对于没有经济学背景的学者来说，如何运用分析这些数据是一个难题。

　　青岛市档案馆保存有近代青岛纺织档案近 3 万卷，约 18 万件，涉及 24 个全宗，其中大多数是关于近代棉纺织业的档案，基本上处于未公开、未利用的状态。这些档案不仅数量多，而且非常成系统；其史料性、原始性、独有性的特征非常明显。对其进行系统梳理和研究不仅对于丰富青岛城市历史文化，而且对于更加深刻认识近代中国民族工业史，均具有特殊的价值和意义。

　　2019 年，笔者申报的国家社科基金重大项目"中国近代纺织史资料整理与研究"获得立项，张晔博士作为课题组成员，具体负责近代青岛地区纺织史资料的整理与研究。在近代青岛棉纺织史的研究中，张晔认真细致，刻苦钻研，克服语言障碍，打破专业壁垒，整理阅读大量棉纺织史档案，在借鉴和吸收学界既有研究成果的基础上，对近代青岛棉纺织业的发展历程进行了较系统的梳理和研究。张晔的研究实属不易，这是一项具有开拓性的工作，它为青岛城市史研究贡献了一份厚礼。

　　三年多来，因为项目的事情，我与张晔时有联系，我们就近代中国及青岛棉纺织业的诸多问题进行比较广泛而深入的交流与探讨，从中碰撞出一些思想的小火花。现在呈现在大家面前的这部著作，便是张晔的努力结晶，这也是学界第一次尝试对近代青岛棉纺织史进行横切面式的总结和剖析，作者以此为基础，试图揭示棉纺织业发展与城市历史演进之间的关系；探讨一种业态与城市、地区之间发展的关系，可以说是一个全新的视角。另外，难能可贵的是，作者在档案资料方面用力甚深，书中运用了大量近代棉纺织业原始档案，而且分析透彻，对于读者对这些档案的理解有相当的助益。通读本书，我认为整体结构比较系统、合理，脉络清晰，资料较翔实，问题分析颇有深度，总体结论不乏新意，文字表达流畅自然，详略得当，总之是一部值得向大家推介的著作。值此《近代青岛棉纺织业研究（1902～1949）》付梓之际，承张晔博士嘱我作序，我欣然从命，深感荣幸。

当然，青岛是个"大码头"，青岛的近代棉纺织业史研究不是一部著作所能完成的。我衷心希望张晔博士在这一领域继续深耕下去，以本书为起点，再接再厉，期盼在不久的将来拿出更加厚实、更加精彩的学术成果，为近代中国棉纺织史研究和青岛城市史的研究添砖加瓦。

是为序。

廖大伟

2023 年 6 月 5 日于上海大学宝山校区

目　录

绪　论

　　管子云："仓廪实而知礼节，衣食足而知荣辱。"纵观人类历史，纺织生产几乎与农业生产同时开始，纺织业一直是重要的家庭手工业和近现代重要的工业门类之一。纺织业对于个人、家庭和社会的重要性不言而喻。按照生产原料的不同，纺织业可分为棉纺织业、麻纺织业、丝纺织业、化纤纺织业等等。从经济性、适应性和普及程度来看，棉纺织业是纺织业中最重要的组成部分；近代棉纺织业的发展历程基本反映了近代纺织业的发展历程，研究近代棉纺织业具有代表性和典型性。

一　研究意义

　　近代以来，青岛棉纺织业的兴起和发展对于青岛城市发展来说具有特殊意义和重要影响。青岛棉纺织业不仅发展速度较快，而且在青岛工业体系中独占鳌头，是青岛的"母亲工业"。20世纪30年代，青岛与上海、天津一并被称为全国棉纺织业的"上青天"，青岛由此成为中国棉纺织业的龙头城市之一，直到20世纪90年代初全国棉纺织工业开始转型。从历史发展的维度考察，棉纺织业的兴起和发展不仅影响了青岛城市的发展进程，而且青岛棉纺织业的发展变迁亦是青岛城市发展变迁的缩影，理解青岛棉纺织史是理解青岛城市发展变迁的一把钥匙。青岛棉纺织业的发展历程充分体现了近代中国沿海地区"殖民"与"去殖民"、异质与本土、乡村与城市的交织和共融，是近代中国沿海地区社会生活的生动写照，研究青岛棉纺织业史亦是研究近代中国沿海地区社会史。另外，近代青岛棉纺织业的发展道路是近代中国工业化的代表，研究它的变迁不仅可以管窥近代中国工业化的进程，而且可从现实需求的维度考察一种业态的变迁与城市经济、社会发展之间的互动关系，对当前经济发展模式转型升级、高质量发展具有借鉴意义和参考作用。

二 研究综述

对中国近代棉纺织业的研究肇始于 20 世纪 30 年代，学者分别从棉花生产贸易，棉纺织品的制造与销售，从事棉纺织业的工人，棉纺织业的组织，棉纺织品的进出口贸易，中日棉纺织厂的资本、效率对比等多个视角对民国时期中国棉纺织业的发展情况进行考察。自新中国成立至 20 世纪 80 年代，研究者侧重于纺织史料的收集整理，以及从区域经济史的角度进行考察。[①] 20 世纪 90 年代以来，随着史学研究条件的改善，新史料的不断出现，学者对中国近代棉纺织业的研究逐渐深入，突出表现在对微观、个案的研究日益增多，涌现出一批较有影响力的学术成果，当然也存在着一些不足之处。

新中国成立之前，有关中国棉纺织史的代表性著作有：方显廷

---

① 王毅：《民国时期中国棉纺织业发展研究综述——基于 20 世纪 30 年代以来的研究》，《新乡学院学报》2017 年第 8 期。

先生著《中国之棉纺织业》、严中平先生著《中国棉纺织史稿》、金国宝先生著《中国棉业问题》，这三本著作搭建起近代中国棉纺织史研究的基本框架。

方显廷先生著《中国之棉纺织业》（商务印书馆，2011 年再版）是中国第一部对中国棉纺织业进行全面调查与研究的著作。方先生是中国近代著名经济学家，与马寅初、刘大钧、何廉并称为民国"四大经济学家"，方先生还是最早用西方经济学方法研究中国现实经济的著名学者之一，开创了用计量方法研究中国社会经济问题的路径，注重实证研究和实地考察。《中国之棉纺织业》是其代表作之一，该书对近代以来中国棉纺织业进行了比较全面系统的总结和梳理，对棉花生产与贸易，棉纺织品的制造、销售以及棉纺织工人的工资与生活状况等问题均进行了深入分析，特别是对近代天津棉纺织业的介绍尤为详细。方先生曾表示撰写此书的目的是"通过统计数字的收集来编纂和分析，以大量的统计数据来表示国内经济状况"。整体来看，该著作资料丰富、系统，调查研究深入、细致，统计分析充分、透彻，对于了解近代中国棉纺织业的历史具有重要的参考价值，已经成为研究中国近代棉纺织业发展的经典之作。①

严中平先生著《中国棉纺织史稿》（商务印书馆，2011 年再版），成书于 20 世纪 30 年代，50 年代曾进行修订，主要论述 1289～1937 年中国棉纺织业发展史，目的是通过棉纺织发展史的研究来阐述中国资本主义发生、发展过程的特殊性，它的特点是把中国棉纺织业的发展放在当时的国际大背景下进行考察。该书引用了众多的统计数据和图表，资料翔实，学术价值较高，是研究中国棉纺织史的必读著作。该书的研究视野是全国的棉纺织业，对青岛棉

---

① 陆丹：《经济学家方显廷眼中的民国纺织业》，硕士学位论文，东华大学，2014。

纺织业虽有涉及，但着墨较少。作者认为青岛、天津同为华北纺织中心，"青岛一向是日本纱厂独霸的地方"，直到抗战全面爆发前夕，在青"华资纱厂的势力根本是不堪和日本在华投资的纱厂相比拟的"。①

金国宝先生著《中国棉业问题》（商务印书馆，1935），是当时研究中国棉纺织业发展问题的重要著作之一。金国宝是民国时期著名的统计学家，他从棉花的种植、分级写起，依次讨论了纱厂资本、棉纱价格、税捐、生产效率、劳工等问题。他提出，讨论棉业问题可以从原料和制造两个方面入手，产额品质和分级方法又为原料研究之重要问题，成本与制造息息相关，同时也与工人效率、纱花市价、税捐负担等有一定的关系。对于如何改变华商纱厂的落后局面，该书介绍了陆绍云、朱仙舫两位纺织专家的意见和建议，具有一定的借鉴意义。

另外，王子建、王镇中两位先生编著《七省华商纱厂调查报告》（商务印书馆，1935），是有关这一时期华商纱厂重要的调研报告。该项调查完成于1933年6月，两年后整理出版《七省华商纱厂调查报告》；该报告调查了上海、江苏、山东、浙江、安徽、江西、湖北和湖南等8个省份，共47家华商纱厂。调查主要围绕四个问题进行：工人效率、生产能力、生产效率和成本。该报告具有较高的史料价值，是研究这一时期华商纱厂必不可少的第一手资料。

整体来看，这些著作多运用西方经济学中的计量经济学方法对民国时期中国棉纺织业的发展状况进行宏观考察，研究范围比较广泛，基本上覆盖了整个中国，重点是中国近代棉纺织业比较集中的沿海地区和通商口岸，上海及其带动的周边地区是主要的研究对象。另外，这一时期的研究特别注重中外对比，将中国棉纺织业的

---

① 严中平：《中国棉纺织史稿》，商务印书馆，2011，第236~237页。

发展情况与其他国家，特别是日本进行横向比较，以引起国人的警醒。同时，这些著作注重实证研究，引用的相关数据全面、系统，论述比较充分。

20世纪50~90年代，国内学界对近代中国工业，特别是棉纺织业的研究开始升温，这一时期主要的研究对象是近代上海地区的棉纺织业，研究的侧重点是对史料的整理和总结。50~60年代，多卷本《中国近代工业史资料》先后出版，主要有汪敬虞编《中国近代工业史资料（1895~1914年）》（第1辑上下册，科学出版社，1957）、汪敬虞编《中国近代工业史资料（1895~1914年）》（第2辑上下册，科学出版社，1957）、孙毓棠编《中国近代工业史资料（1840~1895年）》（第1辑上下册，中华书局，1962）、孙毓棠编《中国近代工业史资料（1895~1914年）》（第2辑上下册，中华书局，1962）、陈真等编《中国近代工业史资料》（第1~4辑，生活·读书·新知三联书店，1957、1961）等，在这些资料汇编中，棉纺织业作为中国近代重要的工业门类，有关的史料比较详细具体，可以作为我们开展研究的基础。1950年，筹建中的上海棉纺织工业同业公会组织编写了《中国棉纺织统计史料》，其中涉及许多有关中国近代棉纺织业的统计数据，有助于开展数据分析和对比。1958~1959年，上海人民出版社出版由中国科学院上海经济研究所等编的《大隆机器厂的发生发展与改造——从一个民族企业看中国机器制造工业》《中国最早的一家棉纺织厂——恒丰纱厂的发生发展与改造》，对这两个纱厂的历史进行了系统的梳理和总结。上海市纺织工业局等主编的《永安纺织印染公司》（中华书局，1964）、上海社会科学院经济研究所编的《茂新、福新、申新系统：荣家企业史料（1896~1937年、1937~1949年）》（上下册，上海人民出版社，1962、1981）、《裕大华纺织资本集团史料》编辑组编《裕大华纺织资本集团史料》（湖北人民出版社，1984）、朱邦兴等编《上海产业与上海职工》（上海人民出版社，1984）、中国社会科学院经济研究所主编《上海市棉布商业》（中华书局，1979）等，对中国近代棉纺织重要企业，如永安纺织公司、荣家纺织公司、裕大华公司等的史料进行了比较系统的整理、归纳和总结，对于我们下一步开展研究具有重要价值。但客观地说，这一时期近代中国棉纺织业的成果多为史料的收集、整理和总结，尚未开展比较深入、系统的学术研究。

20世纪90年代以来，中国棉纺织史研究进入纵深发展阶段，不仅体现在研究视野和领域的拓展，而且体现在研究成果的深度和广度上，这一时期涌现出较多的学术成果，大致而言，基本形成了三个研究方向。第一个研究方向是对近代以来中国棉纺织业的探讨和研究。主要著作有：赵冈、陈钟毅著《中国棉纺织史》（中国农业出版社，1997），金志焕著《棉纺之战——20世纪30年代的中日棉纺织业冲突》（上海辞书出版社，2006），王萌著《战时环境下日本在华棉纺织业研究（1937~1941）》（科学出版社，2015），周启澄、赵丰、包铭新主编《中国纺织通史》（东华大学出版社，2018）等。国外的一些学者也关注中国近代棉纺织业研究，其中比较著名的有森时彦著《中国近代棉纺织业史研究》（袁广泉译，社会科学文献出版社，2010）；森时彦对中国棉纺织史的研究比较深入，他将中国棉纺织业的发展历程划分为5个阶段，总结每一阶段的特点和影响，但对区域性棉纺织史着力不多。

除著作外，还有大量的学术论文：丁汉镛《近代中外纺织企业经营管理的比较》（《中国纺织大学学报》1994年第3期），金志焕《中国纺织建设公司研究》（博士学位论文，复旦大学，2003），林刚《1928~1937年间民族棉纺织工业的运行状况和特征（上）》（《中国经济史研究》2003年第4期）、《1928~1937年间民族棉纺织工业的运行状况和特征（下）》（《中国经济史研究》2004 年第 1 期）、《试论列强主导格局下的中国民族企业行为——以近代棉纺织工业企业为例》（《中国经济史研究》2007 年第 4 期），张靓《第一次世界大战与中国棉纺织工业的发展》（硕士学位论文，东北师范大学，2004），梁华《近代棉纺织业投资策略的中日比较》[《西北师大学报》（社会科学版）2005 年第 5 期]，李雅菁《近代新式棉纺织企业工头制管理方式浅析》（《安徽史学》2007 年第 6 期），张东刚、李东生《近代中国民族棉纺织工业技术进步研究》（《经济评论》2007 年第 6 期），王平子《近代华商棉纺织企业借用外资研究（1890～1937）》（硕士学位论文，安徽师范大学，2012），朱丽霞、黄江华《中国近代纺织工业的历史地位》（《武汉纺织大学学报》2013 年第 4 期），樊卫国《市场歧变、行业困厄与企业习俗——论 20 世纪二三十年代市场危机中的华商棉纺业》（《社会科学》2014 年第 5 期），杨敬敏《南京国民政府自主关税与棉纺织工业进口替代化（1928～1936）》（《海关与经贸研究》2017 年第 6 期），姚清铁、陈倩、刘子恒、郭萍《抗战前中国民营棉纺织企业成长因素分析（1894～1937）》（《上海经济研究》2018 年第 9 期）等等。

其中，赵冈等撰写的《中国棉纺织史》影响较大，该书系统地介绍了中国棉纺织生产机构与生产组织、棉业市镇和丝业市镇、棉纺织品贸易等。作者认为，民国时期华资纱厂承受着舶来品棉货倾销、外资纺织厂势力扩张、国内手工纺织业抵制等诸多压力，发展历程一波三折。金志焕的《棉纺之战——20 世纪 30 年代的中日棉纺织业冲突》，以 20 世纪 30 年代中日两国在棉纺织业方面的竞争与冲突为切入点，通过棉纺织业窥视 20 世纪 30 年代中日两国关系及发展走向，为研究者提供了一个新的视野和层次。整体来看，这些研究成果不仅基本厘清了近代棉纺织业在中国的发展历程，探讨棉纺织业发展产生的影响，而且有些研究成果对中国近代棉纺织业的资本模式、管理方式、技术设备，以及与日本棉纺织业在某些方面的对比都进行了比较深入的探讨，对于我们研究青岛棉纺织史具有重要的启发意义。

第二个研究方向是对上海及其所带动的长江三角洲地区近代棉纺织业发展的研究。代表性成果有：王菊著《近代上海棉纺业的最后辉煌（1945～1949）》（上海社会科学院出版社，2004）、罗苏文著《高郎桥纪事——近代上海一个棉纺织工业区的兴起与终结（1700～2000）》（上海人民出版社，2011）、羌建著《近代南通棉业变革与地区社会变迁研究（1884～1938）》（中国农业科学技术出版社，2013）等，这些著作对以上海为代表的长江三角洲地区的棉纺织业史进行了比较系统的研究。另外，还有为数不少的学术文章和学位论文也从不同角度探讨了以上海为中心的长江三角洲地区的棉纺织业史，主要有：施正康《近代上海华商纱厂联合会与棉纺业的自救》（《上海经济研究》2006年第5期）、陆兴龙《1930年前后上海棉花价格变动及对棉纺业之影响》（《江汉论坛》2006年12月）、张忠民《第一次世界大战前日本棉纺织企业进入中国的路径与特点——以上海纺织株式会社为例》（《上海经济研究》2009年第1期）、刘栋梁《二战前上海日本棉纺织企业述评》（硕士学位论文，东北师范大学，2010）、吴焕良《近代上海棉纱业空间研究（1889～1936）》（硕士学位论文，复旦大学，2011）、肖爱丽《上海近代纺织技术的引进与创新——基于〈申报〉的综合研究》（博士学位论文，东华大学，2012）、柳成杰《近代上海纺织机器工业研究》（硕士学位论文，湖北大学，2014）、赵毛晨《走出困境：大萧条时期上海华商棉纺织业的危机与应对（1932～1936）》（硕士学位论文，华中师范大学，2015）、黄璐《民国长江三角洲城市棉纺业的发展与联系

（1912～1936）》（硕士学位论文，南京师范大学，2017）、沈佳伟
《近代无锡棉纺织业发展困境及其应对研究（1895～1937）》（硕
士学位论文，淮北师范大学，2018）等等。这些研究成果将视角
聚焦上海这个近代中国最大的棉纺织基地及其周边地区，反映了中
国棉纺织史研究由全国深入至地方。这些研究成果不仅深化了我们
对近代棉纺织业的认识，而且可以通过上海这个中国近代棉纺织业
发展的典型来窥探全国棉纺织业发展情况。特别要指出的是，罗苏
文《高郎桥纪事——近代上海一个棉纺织工业区的兴起与终结
（1700～2000）》通过对上海高郎桥这一典型的纺织工人聚集地变
迁的研究，不仅比较客观地揭示了近代上海纺织工人的生活状况，
而且延伸到 20 世纪 90 年代后的产业转型问题，探讨了作为传统纺
织业的基地，如何适应时代潮流，实现产业升级换代、功能更新等
现实问题。

　　第三个研究方向则是中西部和东北。在中国近代，中西部和东
北亦是棉纺织业发展的重要地区，中西部地区以武汉、西安、山西
为代表，对此进行研究的主要成果有：严鹏《1930 年代武汉棉纺
织工业的危机与应对》[1]、刘岩岩《民国武汉棉纺织业诸问题研究
（1915～1938）》（博士学位论文，武汉大学，2011）；罗萍、黎见
春《20 世纪 20 年代的动荡政局与民营企业险中求生的经营策
略——以裕华、大兴纺织股份有限公司为例》（《兰州学刊》2010
年第 6 期），刘鹏《延续与革新：民国时期关中手工棉纺织业研
究》（硕士学位论文，陕西师范大学，2017）；赵军《近代山西机
器纺织业发展的考察——以西北实业公司纺织工业为中心》（东华
大学，博士学位论文，2014）、张中强《晋中近代纺织工业发展的
研究》[2] 等。对于东北地区的研究成果，以许荣霞《近代日本向中

---

① 《江汉大学学报》（社会科学版）第 29 卷第 1 期，2012 年 2 月。
② 《太原师范学院学报》（社会科学版），2014 年 5 月。

国东北倾销棉纺织品研究（1905~1931）》（硕士学位论文，辽宁大学，2019）为代表。相比以上海为代表的长江三角洲地区，有关中西部和东北地区的棉纺织业的成果仍不够深入和丰富，但这些研究成果比较系统地梳理了地方棉纺织业发展情况，对于我们开展进一步的研究具有重要参考价值。

另外，近年来，国内学界加强了对国外优秀著作的引进、翻译力度，相继出版了一批有关棉纺织业的海外著作，代表作品有詹妮弗·哈里斯著《纺织史》（李国庆等译，汕头大学出版社，2011），艾米莉·洪尼格著《姐妹们与陌生人——上海棉纱厂女工，1919~1949》（韩慈译，江苏人民出版社，2011），乔吉奥·列略著《棉的全球史》（刘嫣译，上海人民出版社，2018），斯文·贝克特著《棉花帝国》（徐轶杰、杨燕译，民主与建设出版社，2019）等。这些论著基本上都着眼于全球视野，史料翔实，对于我们下一步的研究有很好的启发意义。

有关青岛棉纺织史的研究成果大体可分为以下三类。一是志书类，主要有：青岛市纺织工业总公司史志办公室编《青岛纺织史》（内部资料，1994）、青岛市史志办公室编《青岛市志·纺织工业志》（新华出版社，1999）。这两部史志基于对当时青岛棉纺织企业有关档案材料的搜集和整理，梳理了青岛棉纺织业的基本发展情况，其主要价值是史料性，研究时段集中于新中国成立后。二是论文类，主要有谷永清《近代青岛棉业研究（1897~1937）》（博士学位论文，南京大学，2011）、陈楠《初论青岛纺织历史的思想——对纺织企业家周志俊经营思想之研究》（《山东纺织经济》2006年第1期）、张雯雯《昨日辉煌：中国纺织工业"上、青、天"地理格局中的青岛——兼以青岛华新纱厂（1913~1953）为案例》（硕士学位论文，中国海洋大学，2009）、林雁《青岛纺织工业遗产的保护与再利用——青岛国棉六厂工业遗产建筑保护与再利用的策略研究》（硕士学位论文，青岛理工大学，2010）、张若洋《青岛地区纺织工业遗产演变与整合研究——以青岛 M6 为例》（硕士学位论文，青岛理工大学，2013）、初妍《青岛近代工业建筑遗产价值评价体系研究》（博士学位论文，天津大学，2016）、张文浩《基于青岛城市特色的殖民时期工业遗产保护与再利用研究》（硕士学位论文，青岛理工大学，2018）等，其中谷永清的《近代青岛棉业研究（1897～1937）》比较系统，有一定的研究深度，对于下一步研究具有重要参考价值，但该文侧重于棉业问题，对青岛近代的棉纺织工业涉猎不深。张雯雯的论文主要研究对象是青岛华新纱厂，对在青岛棉纺织史上影响深远的日商纱厂基本未涉及。其他的研究成果大多集中于青岛近代工业建筑遗产，特别是棉纺织工业建筑遗产的保护和利用，缺乏对青岛棉纺织史的集中研究和探讨。三是有关近代山东的论著中涉及青岛棉纺织厂的篇章，如庄维民、刘大可《日本工商资本与近代山东》（社会科学文献出版社，2005），该书利用丰富的资料，系统考察1876～1945 年日本工商资本在山东的投资、侵略和扩张活动，因为日本棉纺织资本是其工商资本的重要组成部分，而日本棉纺织工业资本在山东的主要投资设厂地区是青岛，所以书中有较多内容涉及青岛近代棉纺织史，对于我们研究近代青岛的棉纺织史有借鉴意义，但该书主要论述日本工商资本在近代山东的扩张，缺少对青岛棉纺织业本身发展历程的梳理，对青岛棉纺织业的历史背景、管理模式、工人生活状况及其发展变迁对城市的影响较少论及。

综上所述，目前学界对于青岛棉纺织业的发展历程尚缺乏系统深入的梳理，多学科、多维度、多视角的研究不足，从这个意义上说，本书具有填补空白的作用。

三　研究思路及方法

本书将运用以下研究方法进行研究：

（一）多学科的视角。本书在运用历史学基本理论和方法基础上，吸收借鉴经济学、管理学、社会学等相关学科知识，以多学科研究方法展现青岛棉纺织业的丰富性和复杂性。

（二）实证研究的维度。本书是历史学的研究成果，将大量运用近代青岛棉纺织业档案、调查报告、厂刊厂志等原始资料，进行实证研究，梳理总结近代以来青岛棉纺织业的发展历程及其特点和规律。

（三）实地考察与文献资料相结合。数次深入青岛各棉纺织工厂遗址、遗迹进行调查，获取实地调研资料，与文献资料相互配合，开展研究。

本书将依托原始的档案资料，并吸收借鉴国内外相关学者研究成果，对近代青岛棉纺织业发展历程进行梳理和总结，在此基础上划分阶段，对每一个阶段的发展特点、意义及影响进行分析，以求得到比较全面系统的认识，进而探讨近代青岛棉纺织业发展对青岛城市的影响和意义，探讨一种业态、一种工业生产模式对社会生活产生的影响和意义，探究近百年棉纺织工业给青岛留下了什么，又改变了什么。

全书分为七章，除绪论和余论外，第一章到第五章为本书的主体部分，主要是按照近代青岛棉纺织业发展历程将1902～1949年青岛棉纺织业划分为4个阶段，在每一个阶段中对青岛棉纺织业情况进行横断面的剖析，以期全面呈现近代青岛棉纺织业的发展轨迹。当然，关于近代青岛棉纺织业的历史分期只是笔者的一家之言，供大家参考、商榷。

　　青岛棉纺织业作为中国近代棉纺织业的重要组成部分和近代青岛最庞大、最重要的工业门类之一，所留下的档案资料是比较丰富的，然而受笔者能力所限，本书仍存在一定局限。首先，史料方面的不足。由于近代青岛棉纺织业特殊的发展历程，有关青岛棉纺织业的许多原始材料均为日文，虽然笔者已经借助众多师友的力量重点进行翻译，但本书在日文原始史料的运用方面仍还不够充分，对日文原始材料的理解有待进一步加深。另外，有关近代青岛棉纺织业发展的各个阶段的史料分布存在着比较明显的不均衡性，导致笔者在某些方面的研究存在不充分性。鉴此，本书大量引自当时档案文献中的表格资料，除对明显的数据差错等进行修订外，其他均尽量保持原貌。其次，知识储备方面的不足。近代棉纺织业与近代中国政治、经济、工业、金融、贸易、财税、工运等方面都紧密相关，需要众多的学科知识背景，笔者在这方面尚有欠缺，虽然在研究的过程中着重进行补充，但仍存在短板，导致某些方面的研究视野不够开阔，对某些问题分析论证的深度不够等。除此以外，本研究还存在诸多的疏漏和不足，随着笔者研究的深入，有待来日细化、充实。

第一章　发展背景及概况

　　古谚语曾说："一女不织，或受之寒"，足见纺织业在家庭和社会中的重要地位。宋元以前，中国人的衣着原料大部分取自丝麻，中国丝绸早在古罗马时代已经享誉西方。古罗马人并不知晓丝绸的生产原理，他们想象在遥远的东方有一个赛里斯国，那里的人从树叶上采集羊毛，织成丝绸，再通过中亚、西亚辗转卖到罗马。罗马诗人维吉尔（Vigile）在《田园诗》中提到："叫我怎么说呢？赛里斯人从那里的树叶上采集下非常纤细的羊毛。"[1] 显然，古罗马人并不了解蚕这种生物，自然也不理解丝的真正制造原理，只能通过自己的日常经验，将丝绸的原料想象为"森林里所产的羊毛"。中国的藩属国偶尔向朝廷进贡棉布，但只供皇室欣赏，中原人们尚不知棉花与棉布织物。直到唐代，棉布才引进中国，因为棉花原为热带特产，尚未在中国广泛种植。直到宋末元初，中国本土才开始种植棉花，同时开始纺棉。由于棉纺织品的舒适性和经济性，棉纺织业在中国迅速推广。大众所熟知的元代黄道婆，年轻时曾流落到海南岛，在那儿学到一手精良的制

---

[1]　转引自严鹏《简明中国工业史（1815～2015）》，电子工业出版社，2018，第18页。

棉纺织技术，后回到上海松江地区，传授棉纺织技术，受到群众的热烈欢迎，使上海松江地区成为近代中国棉纺织业的发达地区。明朝初年，为鼓励百姓种植棉花，政府发布植棉法令，促进棉纺织业的发展，最晚到明代末年，棉纺织已成为家庭不可或缺的生产活动。[①] 清代，棉纺织业得到长足发展。江南的南京布（Nankeen）闻名遐迩。1736 年，英国东印度公司的商船曾特意搜购南京布，并称，"它们有些比其他的结实，比在广州纺织的为好，广州织的洗后会脱色，而真正的南京布则肯定不会"，体现了江南棉纺织业在技术上的领先地位。[②] 经过明清两朝的发展，到鸦片战争之前，以耕织为基础的小农经济成为中国经济的主要形式，棉纺织业与农业一道成为支撑中国社会经济的基础性的两极。

对于中国近代以前棉纺织业的发展过程和特点，著名经济史学家严中平先生在其著作《中国棉纺织史稿》中曾指出，鸦片战争前的五百多年棉业史上，有三个现象值得注意：一是植棉和棉纺织业的广泛分布；二是纺、织、整、染各业商品生产的发展；三是封建剥削对中国棉纺织业的摧残束缚。[③] 严中平先生的评述可以说客观、全面。纵观鸦片战争前的几百年，我国的产棉区基本达到家家植棉，户户纺纱的程度，所生产的棉纺织品不仅满足了家庭成员的需要，而且还可当作商品出卖，赚来的钱贴补家用。即使在不合适种植棉花的地方，纺纱、织布也是妇女必备的能力，因为购买棉花来纺纱、织布，还是要比直接购买土布更划算。随着棉花种植和棉纺织业的推广和普及，棉纺织领域的商品经济发展起来，与此配套的染色等工业也随之跟进，棉纺织品迅速商品化和

---

① 严中平：《中国棉纺织史稿》，第 9 页。
② 严鹏：《简明中国工业史（1815~2015）》，第 19 页。
③ 严中平：《中国棉纺织史稿》，第 19 页。

市场化。但几百年间由于落后的政治制度和生产组织方式，中国的棉纺织业生产技术水平和商品化、市场化程度一直处于比较落后的状况，阻碍了棉纺织业的进一步发展，导致棉纺织业发展徘徊不前。

第一节　近代中国棉纺织业发展概况

1840 年鸦片战争以后，中国的棉纺织业受到国外商品和国外资本的连续冲击，经历了由手工小规模生产到机器大工业生产的转型，并逐渐发展成为近代中国重要的工业门类之一。关于近代中国棉纺织业的分期，不同的学者有不同的看法。近代著名经济史学家方显廷先生认为，近代以来，中国棉纺织业发展可分为四期：第一期自 1890 年至 1904 年，为草创时期；第二期自 1905 年至 1913 年，为渐兴时期；第三期自 1914 年至 1925 年，为勃兴时期；第四期为 1925 年以后，为衰落时期。第一期之发展以甲午战争（1894~1895）后的《马关条约》为最重要之动因。第二期之发展以日俄战争（1904~1905）为枢纽，当时战争结束，远东经济情形渐有起色，中国之纺织业也随之渐兴。第三期之欧战的发生为中国棉纺织业开辟一新时期。1925 年以后，日本工业资本大肆侵入中国，其中投资低、收益快的棉纺织业，加之我国丰富的原料、低廉的工资、较低的生产成本迅速吸引了日本工业资本的投资，中国的棉纺织业也逐渐为日本所独霸。[1] 近代经济学家严中平先生在其著作《中国棉纺织史稿》中，按照如下阶段对近代中国棉纺织史进行阐述：中国手工棉纺织业的解体（1840~1890）、中国近代棉纺织业资本主义生产的产生（1891~1895）、一

---

[1]　方显廷：《中国之棉纺织业》，第 354 页。

个国际商品市场上的棉纺织业（1896~1913）、一个国际投资市场上的棉纺织业（1914~1931）、世界资本主义经济危机中的中国棉纺织业（1932~1937）五个阶段。[①] 民国著名经济学家金国宝在其著作《中国棉业问题》中提出，近代我国棉纺织业的发展过程可分为 4 个时期：第一阶段 1891~1905 年，为草创时期；第二阶段 1906~1914 年，为渐进时期；第三阶段 1915~1925 年，为极盛时期；第四阶段 1926~1935 年，为衰退时期。[②]《中国近代纺织史》一书将近代中国棉纺织史划分为五个阶段：一是近代棉纺织业的初创（1890~1913）；二是近代棉纺织业的兴旺（1914~1931）；三是近代棉纺织业的调整与复苏（1932~1936）；四是全面抗战时期的棉纺织业（1937~1945）；五是抗日战争后的棉纺织业（1945~1949）。[③]

日本京都大学学者森时彦将中国近代棉纺织业的发展过程，大体分为两个阶段。第一阶段，来自印度的机纺粗纱流入中国农村市场，被用作土布（手织布）原料纱，以此替代了土纱（手纺纱）。第二阶段，日本或中国生产的机纺细纱开拓了新市场，即改良土布（手织细布）或机织布原料纱市场。这两个阶段虽然很难截然分开，但若要区分开，他认为，第二阶段的起点应在 19 世纪末 20 世纪初，而第一次世界大战以后则是其正式发展阶段。[④] 他认为，严中平先生在对中国近代棉纺织业史进行时期划分时，主要着眼于对外关系，因此将甲午战争作为分界点。而方显廷先生则以国内棉纺织业生产能力为衡量尺度，以纱锭增加速度为线索，将 1890~1904 年作为草创时期，1905~1913 年作为渐进时期；并非以甲午战争爆

---

① 严中平：《中国棉纺织史稿》，目录。
② 金国宝：《中国棉业问题》，第 13 页。
③ 《中国近代纺织史》编辑委员会编著《中国近代纺织史》下卷，中国纺织出版社，1997，目录。
④ 森时彦：《中国近代棉纺织业史研究》，第 1 页。

发的 1894 年，而是以 1905 年作为分界点。当然，除棉纺织生产设备外，从棉纺织业的其他几个指标来看，1905 年无疑是分界点，从分红率来看也反映了这一点。[①] 1904 年前，各家公司几乎都没有分红，一直惨淡经营，甚至连年亏损，但到 1905 年，各家公司相继派发红利，怡和纱厂配发红利 16%，老公茂纱厂 8%，瑞记纱厂 5%；1906 年鸿源纱厂配发红利 8%，怡和纱厂 20%，瑞记纱厂 10%，老公茂纱厂 8%；主要原因是原棉价格低，而纱价处于高位，也就是"纱贵花贱"的现象。[②]

　　总体来看，虽然学者对近代棉纺织发展过程的认识存在分歧，但也有很多相似的看法，如 1905 年为中国棉纺织发展史的转折点、第一次世界大战时期为中国棉纺织发展史上的"黄金时期"、1925 年以后中国棉纺织业发展面临着诸多危机等。方显廷先生的论断体现出近代中国激烈的社会变革对棉纺织业发展所产生的影响，基本反映的是中国民族资本棉纺织业发展的历程，有其科学性和合理性。严中平先生对中国棉纺织业的分阶段阐述，着眼于近代以来世界经济发展的大趋势，反映出世界经济趋势和近代中国社会变革对中国棉纺织业发展所产生的影响和发挥的作用，对我们理解和掌握中国近代棉纺织业发展的进程具有重要参考价值和借鉴意义。金国宝先生的时期划分鲜明直观，一目了然。森时彦先生的分类方法则主要着眼于中国棉纺织业本身的更迭，对棉纺织业与中国近代波澜壮阔的社会变革之间的关系关注度不够，没有深入探讨近代中国社会变革对棉纺织业发展所产生的深刻影响。

　　综合以上观点以及近代中国棉纺织业的发展历程，我们从棉纺织业本身产业发展的角度审视，按照时间断限大体可分为以下五个

----

① 森时彦：《中国近代棉纺织业史研究》，第 35 页。
② 森时彦：《中国近代棉纺织业史研究》，第 35 页。

时期：机器棉纺织业的肇始（1890~1895）、外商纱厂的大量侵入（1896~1913）、"黄金时期"的到来（1914~1931）、动荡与萧条（1932~1936）、特殊境遇下的棉纺织业（1937~1949）。

第二节　近代青岛棉纺织业发展概况

近代以来，棉纺织工业在青岛工业体系中独占鳌头，青岛是中国棉纺织业的龙头城市，在20世纪30年代与上海、天津并称"上青天"。关于青岛为何能成为中国纺织业的中心之一，方显廷先生认为，有以下六个原因：第一，处于中国棉产中心。近代以来，中国之棉纺织业，多集中于江苏之上海、无锡、通崇海[1]，山东之青岛，湖北之武汉，河北之天津等六市，均属产棉中心。1918年至1929年间，苏、鄂、冀、鲁四省年棉产量最高额曾占到全国产量的90.7%，最低也占到66.6%。1929年，四省的棉花产量占到全国产量的83.0%；其中以江苏所产最多，约占全国产额32.3%，其次湖北，占全国产量的22.0%，接着是山东，占全国产量的17.3%，最后为河北，占全国产量的11.4%。第二，煤、电力供给便利。河北与山东为中国产煤之区，两省的最低产额在1927年占全国煤产量的28.2%，最高产额在1924年占全国煤产量的34.9%。青岛凭借便捷的陆路和海路交通体系，可以非常方便地获取山东腹地的煤炭资源，为工业发展提供保障。第三，交通便利。六个棉纺织业中心，除通崇海外，都处于我国铁路干线的必经之地。青岛不仅处于胶济铁路之起点，铁路运输便利，而且还有青岛港，与日本、朝鲜，以及上海、天津等国家和地区均有密切的贸易往来。1912年至1929年期间，上海与青岛二处，棉花进口额达18431000

---

① 指南通市。

担之多，几占自外国输入中国之棉花总额 90%，而向外国输出者，仅 4633000 担，只占全国棉花输出外国总额 13%。第四，邻近广大市场。六个棉业中心所在的四个省份，人口多，密度大，市场需求大。当时六个棉业中心所在的四个省共有人口 125977632，占全国人口（485163386）的 26%。而四省所占面积为 261965 方英里，仅占当时全国面积（4786915 方英里）的 5.5%。山东省自古就是人口大省，人口密度在当时位列全国第三，每方英里 466 人，市场潜力巨大。第五，商业发达，金融便利。上海、汉口、天津与青岛，均系通商口岸。1926 年，这四个地方的贸易额，占全国贸易额的 50.07%，其直接对外贸易额占全国直接对外贸易总额的 67.93%，其内地通过贸易额占全国内地通过贸易总额的 78.51%。这些口岸都有大的出口商，专门经营棉花、棉纱及棉布交易，非常方便。此外，这些城市皆设有大的金融机关，如银行、交易所、保险公司等，因此地方资本较多，利率较低。近代青岛是山东省的商业中心和金融中心，是各种商业设施和银行在山东的集中地。第六，中国传统棉纺织业集中的地区，有着传统的产业优势，山东是传统的农业大省，农村经济比较发达，作为农村经济的两极，棉纺织业素来发达。①

近代青岛棉纺织业按其发展历程和阶段，可以划分为以下四个阶段。

（一）奠基期（1902~1922）

1840 年鸦片战争到 1895 年《马关条约》的 55 年时间里，是国外棉纺织品对中国全力倾销的时期。最先来倾销棉纺织品的是首先完成第一次工业革命的国家——英国。鸦片战争为英国纺织资本家打开中国的大门。鸦片战争前，英国棉纺织品出口到中国的最高

---

① 方显廷：《中国之棉纺织业》，第 20~27 页。

税率负担是 32.5%；鸦片战争后，最高税率负担只有 7%，① 当时负责签订条约的英国全权代表璞鼎查回国以后，洋洋得意地告诉英国纺织资本家，"英国已经打开了中国的大门，任听他们自由出入，而这个国家异常庞大，倾所有兰开夏纺织厂的出产，都不足供给她一个省消费用的"。② 据学者估算，自 1840 年以后的近半个世纪，以洋纱为主体的机制纱在中国市场上排挤了约 1/4 的手纺纱。③ 在外国倾销的强力刺激下，中国机器纺织业开始萌芽。19 世纪 60~70 年代，中国近代机器纺织工业发端于缫丝业和毛纺织业。1872 年，陈启沅在广东筹办继昌隆缫丝厂，引起大家纷纷效仿，到 1881 年广东省已经有 10 家缫丝厂。到 1894 年广东顺德县共有缫丝厂 35 家。④ 1882 年上海第一家机器缫丝厂——公和永缫丝厂成立。1902 年，青岛诞生了近代第一家机器纺织企业——德华缫丝厂，开启了近代青岛的机器纺织业。

　　1889 年，李鸿章在上海筹设的机器织布局试开工，为中国近代机器棉纺织业的滥觞。有学者提出，近代中国棉纺织工业之所以在与日本的竞争中失败，主要原因是李鸿章对上海机器织布局的创设处理不当，"在传统的官僚作风下，上海机器织布局筹办了 13 年才开工，而在这 13 年中李鸿章又为织布局请得了专利权，不许其他商人开办纱厂。自己开不了工，又不许别人设厂，中国棉纺织工业发展最有关键性的十几年便在这种情形下被糟蹋掉了，从此中国棉纺织业便处处站在日本人的下风"。⑤ 上海机器织布局享有专利权确实在一定程度上阻碍了中国民族棉纺织业的发展，但把近代中

①　严中平：《中国棉纺织史稿》，第 75 页。
②　严中平：《中国棉纺织史稿》，第 75 页。
③　许涤新、吴承明主编《中国资本主义发展史》第 2 卷，人民出版社，2003，第 282 页。
④　孙毓棠编《中国近代工业史资料（1840~1895 年）》第 1 辑下册，第 970 页。
⑤　赵冈、陈钟毅：《中国棉纺织史》，第 136~137 页。

国棉纺织业起步阶段的失利完全归咎于这一规定，好像也有失公允，毕竟近代中国和日本的国内、国际环境差异较大。首先，无论是从棉纺织企业的创办宗旨还是资本构成来看，这一时期的中国棉纺织企业与外国势力和晚清政府的关系非常紧密，还不能算是真正的市场主体。对此，严中平先生在其著作《中国棉纺织史稿》里有详细的论述。[①] 其次，从产业发展策略上看，与日本相比，中国的棉纺织企业一开始就犯了方向性的错误，上海机器织布局创办时，在洋货的冲击下，中国传统棉纺织业出现了纺、织的分离，这意味着机器纺纱有着广阔的市场前景，而机器织布在相当长的时间内市场有限，但中国的企业很长时间都没有意识到市场的变化。相较而言，1882 年日本创立大阪纺纱公司，第二年开工生产，到 1890 年日本的纺纱工厂增加到了 39 家。因此，日本的棉纺织工业不仅比中国起步早，而且从一开始就制定了正确的发展战略。[②]

1889 年上海机器织布局开工时，资本 40 万两，分 4000 股，每股百两。上海机器织布局是中国第一家机器棉纺织厂，虽然无论从管理上还是技术上看，尚存在着许多不足，但开工伊始，轧花、弹花、梳花、清花、卷花，以及纺纱等各式新式机器，都给当时的人们留下深刻的印象，不仅令国人耳目一新，外国人也是交口称赞，"实不枉数年苦心，成此一日之盛举"。[③] 据海关报告记载，到 1891 年 8 月上海机器织布局共有 550 架织机，年产量约为 5000 包，雇用外国技师 4 人，中国职工约 800 人。所产棉布的售价与同等质量的洋布相等或稍低，产品在上海销售不纳税厘，但如持有子口税运

① 严中平：《中国棉纺织史稿》，第 143 页。
② 严鹏：《简明中国工业史（1815～2015）》，电子工业出版社，2018，第 72 页。
③ 孙毓棠编《中国近代工业史资料（1840～1895 年）》第 1 辑下册，第 1060 页。

销内地或自上海运销他埠，则在海关缴纳正税，不纳转口税，[①] 织布局总体效益应该不错。不幸的是，1893 年 10 月 19 日，上海机器织布局发生火灾，熊熊大火从上午 9 点 20 分一直烧到深夜，三层厂房被烧毁，厂中的木料、煤堆、棉花、油、2.7 万枚纱锭等均化为灰烬，损失至少达 150 万两。火灾后，李鸿章责成津海关道盛宣怀来沪，与上海道台聂缉椝一同整理，分筹资本，一面恢复旧局，一面设法扩充。1893 年 12 月 30 日，上海机器织布局共筹设资本 100 万两，因股商们担心改为官办，所以改为"总厂"，称"华盛纺织总厂"，按照公司章程，一律商办，推举盛宣怀为总管。[②] 1894 年 9 月，华盛纺织总厂开工。1894 年 9 月 28 日《北华捷报》记载，旧织布局有布机 500 台，纱锭 2.5 万枚；新局现有布机 1500 台，纱锭 7 万枚，[③] 规模扩充了 2 倍。1897 年，盛宣怀上书李鸿章指出，杨树浦洋厂林立，华厂独受其挤，每月亏损数千金，很难维持。建议将华盛纺织总厂暂租给洋商包办三年，再行收回。华商用这部分租金在浦东另外设立华盛新厂作为保本。1900 年华盛纺织总厂亏损严重，将地基、房屋、机器等，按照原价 210 万两卖给集成公司，16 万两债务由集成公司负责偿还，[④] 上海机器织布局至此停业。

1895 年中日《马关条约》规定："日本臣民得在中国通商口岸、城邑任便从事各项工艺制造；又得将各项机器任便装运进口，只交所订进口税。日本臣民在中国制造一切货物，其于内地运送税、内地税钞课杂派以及中国内地沾及寄存栈房之益，即照日本臣民运入中国之货物一体办理；至应享优例豁除，亦莫不相同。嗣后

---

① 孙毓棠编《中国近代工业史资料（1840~1895 年）》第 1 辑下册，第 1063 页。
② 孙毓棠编《中国近代工业史资料（1840~1895 年）》第 1 辑下册，第 1081 页。
③ 孙毓棠编《中国近代工业史资料（1840~1895 年）》第 1 辑下册，第 1080 页。
④ 汪敬虞编《中国近代工业史资料（1895~1914 年）》第 2 辑上册，第 599 页。

如有因以上加让之事应增章程条规，即载入本款所称之行船通商条约内。"很快，英美根据最惠国待遇也获得在华设厂的权利，这标志着西方国家对华资本输出的开始。对于《马关条约》的影响，近代史学家郭廷以认为，日人得在中国各口岸从事工艺制造，机器只纳进口税，所制造货物豁免内地税、钞课、杂派。即日人有权在中国设立工厂，就近利用中国的原料、人工，产品又可免纳税捐，使中国的工商业无法与之竞争，西方各国亦援例办理。李鸿章与清廷对于这项关系经济命脉的条款，却轻轻放过。① 但是，《马关条约》后，日本并没有立即对中国实行大规模的资本输出，而是把重心放到了解除本土棉纺织业危机上，主要是加大日纱对华输出，反倒是根据最惠国待遇的英美各国率先在中国设立了最早的外商棉纺织企业。其中主要原因是日本政府凭借免除棉花进口税、棉纱出口税的关税优惠政策，在日本本土建设棉纺织企业，并且棉纱出口中国尚十分有利可图。日本国内的纺织企业对在中国直接设厂较之于在日本本土设厂究竟是否能获得更多利益，并没有十足的把握。② 另外，日本企业家对在当时的中国如何购置土地、建设新厂认识模糊。③

虽然日本棉纺织企业对来华投资设厂的盈利还存在一定的疑虑，但中国具有的优势也很明显，日本棉纺织企业进入中国还需等待更佳的时机，凭借更有效的途径。按照日本学者樋口弘的分析，投资少、见效快、利润高的棉纺织业一定会成为日本在华投资的重点，原因在于：一是关税的改变，原先中国关税是按协定税率征收，但从 1918 年起关税税率提高，这成为日本国内向中国输出纺

---

① 郭廷以：《近代中国史纲》（第 3 版），格致出版社，2012，第 191 页。
② 张靓：《第一次世界大战与中国棉纺织工业的发展》。
③ 张忠民：《第一次世界大战前日本棉纺织企业进入中国的路径与特点——以上海纺织株式会社为例》，《上海经济研究》2009 年第 1 期。

织品的一大障碍，相比之下，直接在中国投资设厂更为有利。二是
从经营角度看，在工资、税捐、劳动时间以及原材料供应方面，在
华发展纺织业比在日本国内投资纺织业条件优越很多。第一次世界
大战前后，日本机纱很快丧失了对中国的出口竞争力，特别是原棉
成本比重较大的低支纱，在一战前就已经无法与竞争力得到加强的
中国机纱相抗衡。以开设日资纱厂的形式进行对华资本输出，其动
机正是调整日本国内工厂和在华工厂之间的分工，以挽回这种劣
势。正如富士瓦斯纺织公司社长和田丰治所说，"应将粗纱工厂设
在支那"。[1] 三是第一次世界大战期间，日本国内工业急剧膨胀，
造成产能过剩，加之日本本币升值，这就为向海外输出资本提供了
基础。四是日本政府扩大对华侵略，刺激了日本纺织工业资本的对
华投资。

　　1902 年，日本纺织资本开始来华投资，三井物产上海支店的
山本条太郎与上海的棉布商号公信、吴仲记、大丰等共同出资白银
30 万两收买了占地 44 亩、纱锭 25480 枚的兴泰纱厂。同年 12 月，
上海纺织会社成立，注册资本白银 50 万两，实收 35 万两。这是日
本纺织集团在中国投资机器棉纺织业的肇始。1905 年，山本等又
租办上海大纯纱厂，次年更名为三泰纱厂，1908 年三泰纱厂与兴
泰纱厂合并，组成后来的上海纺织株式会社，兴泰纱厂改称上海纺
织第一厂，三泰纱厂改为上海纺织第二厂，这是日本在华自立纺织
公司的开始。在上海纺织株式会社设立之前，英国等在华的纺织企
业基本上都是采用新建工厂的办法，如怡和纱厂、老公茂纱厂等，
但是作为一战前首家"进入"中国的日商棉纺织企业，上海纺织
株式会社却采用了完全不同的"收购"现有纱厂的路径，对此，
王子建先生早就说过，"在尝试时期之初，日本人不敢贸然自建工

---

[1]　森时彦：《中国近代棉纺织业史研究》，第 41 页。

厂，先收买或租办华人及西人经营失败的纱厂以测进心"。① 这种做法一是没有建设周期，在时间上优于建设新厂；二是收购成本低于建设新厂投资，预期效益上较建设新厂更有保障。

上海纺织株式会社的做法对以后日商棉纺织业进入中国产生了重要的影响，其中最重要的是让日本国内的棉纺织业界看到了在华直接投资设厂的巨大收益和广阔前景，上海纺织株式会社在中国开设纱厂的经营绩效比在日本本土开设的纱厂利润率高10%以上。② 这给日后投资中国棉纺织业的日商吃了"定心丸"，尽管此后的内外棉纺织株式会社采用了完全不同的在华开设工厂的路径和方法，但是不可否认，如果没有上海纺织株式会社的大胆"进入"，并取得经营上的成功，内外棉等其他日商来华设厂恐怕就会是另外一种情景。

第一次世界大战期间被誉为棉纺织业的"黄金时期"，日本纺织巨头在中国均获得巨额利润。1921~1922年是日商来华设棉纺厂的高峰期，其间日本纺织资本先后在上海设立富士、大康、丰田、公大、同兴和裕丰等6个公司，在青岛新设内外棉、大康两个纱厂，增设东华第二，日华第三，上海纺第三，内外棉第十二、第十三等五个纱厂和内外棉一个布厂，日本棉纺织巨头对中国棉纺织业的投资自此确立了强固基础。③ 在高额利润的刺激下，中国纺棉织业出现了建厂与扩厂的高潮，1914年到1920年是我国纺织业设厂最多的时期。④ 此外，中国棉纺织业纱锭数从86万

---

① 转引自张忠民《第一次世界大战前日本棉纺织企业进入中国的路径与特点——以上海纺织株式会社为例》，《上海经济研究》2009年第1期。
② 丁汉铺：《近代中外纺织企业经营管理的比较》，《中国纺织大学学报》1994年第3期。
③ 严中平：《中国棉纺织史稿》，第220页。
④ 陈维稷：《中国纺织工业的今昔》，中国人民政治协商会议全国委员会文史资料研究会编《工商经济史料丛刊》第1辑，文史资料出版社，1983，第1页。

锭（1913）增加到 364 万锭（1924），增加了 3 倍多，其增速堪称空前绝后，中国棉纺织业可以说在数量上完成了一个飞跃。（见表 1-1）

表 1-1　新建华商纱厂一览（1916~1922）

公司	所在地	开业时间	创办人或大股东	创办人或大股东的身份或资本来源
申新	上海	1916	荣宗敬、荣德生	面粉、纱厂厂主
直隶	天津	1916	直隶省政府	公款
鸿裕	上海	1916	郭子彬、郑培之	潮汕商人
广勤	无锡	1917	周学熙、杨翰西	官僚
厚生	上海	1918	薛宝润	棉商兼纱厂主薛文泰之子
溥益	上海	1918	徐静仁	官僚
华新	天津	1918	周学熙、杨昧云	官僚
裕元	天津	1918	王郅隆	官僚
成兴	武陟	1919	鲁连城	布商
裕中	芜湖	1919	？	商人
鲁丰	济南	1919	潘复、王占元、靳云鹏	官僚、军阀
统益	上海	1920	吴麟书	纱商
汉口	汉口	1920	李紫云	商人
大丰	上海	1920	吴麟书等	纱商
宝成	上海	1920	刘伯森	绅士，曾佐张謇办大生纱厂
恒源	天津	1920	陈玉亭	潮汕商人
纬通	上海	1921	章瑞廷、曹建亭	帆布厂主
鸿章	上海	1921	郭子彬、郑培之	潮汕商人
振华	上海	1921	余葆三、王启宇	布商
永豫	上海	1921	许松春	棉商
崇信	上海	1921	邵声涛	纱商
豫康	无锡	1921	李砚臣、华孟英、华翰臣、薛醴泉、贝润生	纱商、钱庄主、沪商
大纶	武进	1921	蒋盘发	布商

公司	所在地	开业时间	创办人或大股东	创办人或大股东的身份或资本来源
大中华	上海	1921	聂云台	官僚之后代，纱厂主
华丰	上海	1921	聂云台、李国钦、王行堂	官僚，纱厂主
北洋	天津	1921	黄献忱、范竹斋	资本多来自纱号与银号
经华	长沙	1921	吴作霖	公款
裕大	天津	1921	王克敏	官僚
恒大	上海	1921	穆杼斋	纱商
裕华	武昌	1922	徐荣廷、张松樵	徐荣廷为汉口商人
大通	崇明	1922	杜廷珍、姚锦林、沈世仪等	上海花纱丝茧商人
大兴	石家庄	1922	徐荣廷、张松樵	徐荣廷为汉口商人

资料来源：严中平先生《中国棉纺织史稿》，《中国纱厂沿革表》。

据表 1-1，新建纺织公司之中以商人的投资为最多，商人中尤以棉纱棉布商人为多，其次为官僚军阀，由工业资本积累而来者则寥寥无几。

1914 年 11 月，日本占领青岛，采取了与德国不同的城市管治策略，使近代青岛城市功能发生第一次转折，由德占时期商贸为主的城市转型为工商并举的城市，规模化的近代工业开始在青岛兴起，其中代表性的产业就是棉纺织工业。在青岛日本守备军司令部的庇护下，日本棉纺织集团很快就在青岛建立分支企业。最先来到青岛的是日本内外棉株式会社。日本内外棉株式会社总社位于日本大阪市，成立于 1896 年，总资本额为 1600 万元，最初业务只是为日本国内各棉纺公司提供原棉。后来鉴于棉纺行业逐渐兴盛，便开始经营纺织厂，资本增加到 500 万元，开始在大阪建起纺织厂，继而增加兵库县三之宫工厂，兼营织布业，逐渐巩固扩大其势力。日俄战争后，日本纺织业飞速发展，产能过剩，开始向海外开辟市场。上海纺织株式会社的组建，无疑极大地刺激了内外棉株式会社。内外棉董事会遂于 1909 年 7 月做出决定，在上海购置厂基，以备建厂之用。1909 年，日本内外棉株式会社首先来华筹办上海第三场，[①] 当年的资本盈利率达到 49.8%，1910 年达到 45.6%，[②] 这些信息传到日本纺织界，引起轰动效应。1909～1914 年，内外棉迅速在上海新开设了 3 家纱厂，其规模不仅很快超越最早进入中国的上海纺织株式会社，而且把在华日商开设纱厂的活动推向一个新高潮。1915 年 4 月，日本内外棉株式会社开始在青岛创办棉纱厂。1916 年 7 月 18 日，日本内外棉株式会社在青岛建厂，即青岛内外棉纱厂，该厂位于四方嘉禾路，资本额为 775 万日元。1918 年 1 月，该厂正式投产，这是山东第一家近代棉纺织企业，年产能 2 万枚。到 1937 年底，该厂共有纱锭 54052 枚，线锭 12280 枚，布机 627 台。该厂的商标为银月牌，故又称"银月纱厂"，生产的棉纱不仅在山东省内畅销，而且还远销河北、河南、陕西等地。1938 年 3 月，日本第二次占领青岛期间，进行重建。1938 年 11 月 23 日部分开工生产，并新设织布厂，挡车工全部为女工，成为当时该厂的一大特色。1946 年，国民政府正式接收青岛内外棉纱厂，该厂改称为"中国纺织建设公司青岛第二纺织厂"。

青岛大康纱厂是继青岛内外棉纱厂之后，日本棉纺织集团在青岛建立的第二家纱厂。青岛大康纱厂，位于四方武林路。1919 年创设，1921 年 10 月开工生产，有纱锭 2 万枚。1924 年，青岛大康纱厂在建成两个纺纱工场之后，开始兴建第三工场，专门织布，采用边建厂、边安装、边生产的方法进行。到 1937 年全面抗战前，该厂有纱锭 152000 枚，线锭 14000 余枚，布机 3000 台。1938 年重

---

① 按，在文献资料中，日商纱厂多称"工场"，民族纱厂多称"工厂"。
② 张忠民：《第一次世界大战前日本棉纺织企业进入中国的路径与特点——以上海纺织株式会社为例》，《上海经济研究》2009 年第 1 期。

建后，有纱锭 54980 枚，线锭 4956 枚，布机 1255 台，1938 年 12
月正式投产。该厂的主要产品种类有：童鱼牌 10 支纱、金货牌 16
支纱、宫女牌 20 支纱，销往胶济铁路沿线城镇，少部分经海路销
往上海、大连等地。1946 年，国民政府接收后，改为"中国纺织
建设公司青岛第一纺织厂"，有纱锭 43548 枚，线锭 6900 枚，布机
1204 台。

青岛富士纱厂是日本富士瓦斯纺织株式会社在青岛办的工厂。
日本富士纱厂成立于 1895 年，总社在日本东京，是日本纺织工业
巨头，在日本国内设有 10 多家工厂。1921 年 10 月，日本富士瓦
斯纺织株式会社继日本内外棉纱厂、大康纱厂之后在青岛设厂，
地址为沧口大马路；一年后，纱厂建成，投入生产，安装细纱机
31360 锭，合股机 1600 锭，商标为"五彩星"。到 1937 年全面抗
战前，该厂有纱锭 31360 枚、线锭 1600 枚、布机 480 台。1946
年，国民政府正式接收青岛富士纱厂，该厂改为"中国纺织建设
公司青岛第八纺织厂"，有纱锭 50120 枚，线锭 5572 枚，布机
1336 台。

除此之外，这一时期日本棉纺织资本在青岛设立的纱厂还有公
大纱厂、隆兴纱厂和宝来纱厂，总称为青岛"六大日本纱厂"，其
中青岛公大（钟渊）纱厂无论是从建筑设备还是规模而言，均在
青岛市各纺织厂中处于领先地位。青岛公大纱厂的投资方是日本钟
渊公大实业股份有限公司，是钟渊公司在华第五厂，1923 年开始
建设，同年 4 月第一纺纱工场完成，开始生产。后来又续建第二纺
纱工场及织布工场，到 1925 年全部完成；共有两座纺纱工场，三
座织布工场，纱锭 130000 枚，织布机 4400 台，全厂面积为
17882.27 公亩，建筑物占地面积为 109.07 公亩，规模比较大。
1946 年，国民政府接收后，改为"中国纺织建设公司青岛第六纺
织厂"。

（二）增长期（1923~1937）

日本对中国棉纺织工业的扩张侵略经历了三个阶段。第一个阶段是 20 世纪初，日本大量向中国出口机纱，当时的日本机纱与印度机纱一样，是作为土纱的替代品，作为新土布的原料进入中国。第二个阶段是第一次世界大战前后，此时由于中国机纱的蓬勃兴起，日本机纱很快丧失了对中国的出口竞争力，特别是原棉成本比重较大的低支纱，已经无法与中国机纱相抗衡，所以，日本棉纺织巨头开始转变发展思路，改商品输出为资本输出。第三个阶段开始于 1924 年，结束于 1929 年，这一时期随着中国国内棉纺织市场和国民政府税率发生变化，日商棉纺织企业在发展策略和产品品种上又进行了一次调整，以适应新的形势。1924 年之前，在华日商纱厂生产的机纱与从前的进口日本机纱一样，主要集中在 16 支纱、20 支纱等，高于 20 支的很少。但 1924 年以后由于中国棉纱市场变化，从日本进口细纱已不具有竞争力，在华日商纱厂开始走高支化的道路，到 1929 年，在华日商纱厂高于 20 支的机纱已经占到了 1/3。同年日商纱厂生产的机纱，其纱支结构与 10 年前即 1919 年的进口日本机纱（14 支以下占 0.8%，16 支 24.4%，20 支 37.1%，30 支以上 37.6%）已十分接近。可以说，进口日本机纱撤退后余下的市场空间，完全被在华日商纱厂所掌握，进口日本机纱供应改良土布原料而开拓的市场，也被在华日商纱厂所承续。[①] 这一时期，由于机织纱快速替代手纺纱，纱厂自行织布变得更为有利可图，于是在华日商纱厂开始增加布机，以动力机织布挤占土布市场。1931 年后，在华日商纱厂在日本国内织造棉布转变为在中国设厂织造。1931~1936 年后的五年内，在华日商纱厂附设织机增加了 76.8%，而同时华商纱厂却只增加了 41.7%。华商纱厂的增长速

---

① 森时彦：《中国近代棉纺织业史研究》，第 42 页。

度远低于在华日商纱厂。[①]

1930 年末，国民政府裁撤厘金，开始对纱布等五项商品筹征统税。所谓统税，是指一物纳税一次即可通行全国，此税适用于卷烟、面粉、棉纱、火柴及洋灰等类货物。这一新税制的颁布为在华日商纱厂加快生产高支纱提供了条件。按照新税制，23 支以下的粗纱，每包征税 8.58 元，23 支以上的细纱，每包征税 11.625 元。这种固定的两极从量税使纱支愈细，纳税愈少，纱支愈粗，纳税愈多。按照当时的统计数据显示，日商纱厂所生产的棉纱平均支数为 26 支，而华商纱厂平均纱支仅为 17 支，华商和日商负税的轻重非常明显。棉布的征税规则与棉纱大同小异。以 1931 年为例，华商大发牌 10 支纱负税率为 4.27%，而日商水月牌 42 支纱负税率仅为 2.41%。当时的上海日文报纸《每日新闻》吹嘘此次税率的制定，使"日商纱厂获得最有利的条件……日商对华商之优越地位，即在税率的划分上，所谓 23 支为界限是也"。[②] 纱支越高，纳税越少，无形中增加了日商纱厂的利润空间。从整个棉纺织业的发展来看，纺纱高支化、纺纱与织布一体化，这是棉纺织业发展的必然趋势。日本学者森时彦认为，纱厂兼营织布表明机纱需求结构发生变化。如果说机纱高支化是为了给产品附加更高价值，因而是纺纱业发展的标志，那么，纱厂兼营织布，则是为了通过生产产品进一步提高附加值，标志着一种更高的发展阶段，[③] 从此日商纱厂和华商纱厂之间拉开明显的差距，并在 1930 年前后分别占据了不同层次的市场。[④]

1931~1935 年，中国民族棉纺织业发展开始进入低迷期，大量

① 严中平：《中国棉纺织史稿》，第 298 页。
② 严中平：《中国棉纺织史稿》，第 275 页。
③ 森时彦：《中国近代棉纺织业史研究》，第 48 页。
④ 森时彦：《中国近代棉纺织业史研究》，第 282 页。

华商纱厂停工减产。1933 年，华商纱厂中，停工的纱锭达到 67.7 万枚，布机 4700 台，占全国的 1/5～1/4，各厂岌岌可危。[①] 1935 年，棉纺织业的危机进一步加深，除了市场萎缩等固有的市场危机、原料危机外，再加之白银风潮引起的金融紧缩，华资纱厂流动资金严重短缺，导致减工率大增，6 月底，59 家华商纱厂完全停工者有 24 家，减工者有 14 家，停工减产总锭数超过 100 万枚。[②] 但相比之下，在华日商纱厂的运转情况比华商纱厂好很多。20 世纪 30 年代日本棉纺织资本继续加大在青岛的投资，使青岛的棉纺织生产能力达到新中国成立前的高峰，超过天津，成为仅次于上海的全国第二大棉纺织业基地，俗称"上青天"。1935 年，日本丰田纺织株式会社在青岛开设工场，占地 17 余公顷，主要机件皆系日本株式会社丰田自动织机制作所的最新设备。1935 年 5 月，上海纺织株式会社在青岛设立青岛上海纱厂。次年 2 月着手增建第二纺织工场，嗣因战事爆发未实施。1936 年 10 月，日本同兴纺织株式会社青岛工场建成投产，厂址位于沧口大马路，临胶州湾，旁依胶济铁路，交通便捷。至此，日本纺织集团在青岛建成 9 个纱厂，而同时期青岛的华商纱厂仅华新纱厂一家，日商纱厂对华商纱厂形成绝对优势地位，垄断青岛棉纺织业。在此背景下，为了维持生存，青岛华新纱厂采取了多种措施：一是实行"少分配、多积累"的原则，解决华商纱厂资本不足的难题。据学者估算，当时中国的棉纺织厂 90%，甚至 100% 的资本都投在机器和厂房，此为固定资本，这是华商纱厂的普遍情况；流动资本须向银行借贷，债多而息重，经常有周转不灵的危险。更为严重的问题是，大多数的纱厂都以利

① 杨德惠：《我国之棉纺织工业》，载上海市商会出版、商业月报社编《纺织工业》，1947 年 7 月，第 33～48 页。
② 周天度等：《中华民国史（1932～1937）》第 8 卷（下），中华书局，2011，第 827 页。

润分红，不考虑机器的折旧，一旦机器损坏，就要重新举债购买机器，债多而息重，息重而复举债，循环往复，最后无法周转。[①] 鉴于此，青岛华新纱厂特意降低分配的比例，提高积累的占比，这一举措为华新纱厂的长远发展奠定了基础。二是培训专业人才。近代华资纱厂发展面临的突出问题是缺乏技术人员，管理不良，机器运转不好，工人效率低下，造成生产上的损失。[②] 为此，青岛华新纱厂专门设立职工培训学校，制定技术人员奖励措施，大力培养技术骨干。

此外，为了与青岛日商纱厂竞争，华新纱厂实行与日商纱厂不同的发展战略，错峰发展，大力更新生产设备，提高管理水平、工人工资，广泛开辟市场等等。整体来看，这些措施的效果不错，青岛华新纱厂不仅没有出现停工减产的情况，而且还开发出一些新产品，保持了一定的发展速度，始终在青岛的棉纺织业中占有一席之地。由于时局动荡，战争迫在眉睫，为避免更大的损失，1937年，青岛华新纱厂拟将部分机械设备运到重庆，重新生产，但由于战事影响，最后只运到上海，在上海租界内建立信和纱厂、信孚印染厂、信义机器厂，史称"三信"工厂。青岛华新纱厂还保留有厂房和部分设备。之后为了保全工厂，防止工厂被日本侵占，1938年周志俊将其卖给美国平安保险公司。令他始料不及的是，日本占领青岛后，采取暴力手段，将华新纱厂与日本宝来纱厂强行合并，成立青岛国光纺织工场。

这一时期青岛的九大日商纱厂基本未受中国国内不利环境的影响，这与当时全国日商纱厂的情况类似，特别是九一八事变后，日

---

① 陈真编《中国近代工业史资料》第3辑《清政府、北洋政府和国民党官僚资本创办和垄断的工业》，生活·读书·新知三联书店，1961，第792页。
② 陈真编《中国近代工业史资料》第3辑《清政府、北洋政府和国民党官僚资本创办和垄断的工业》，第792页。

本占领东三省，关内棉纺织品的东北销路便全部断绝了。东北市场之关闭，对于外商造成的损失极小，但对于国货造成重大影响。① 青岛日商纱厂生产的产品仍然可以销往东北地区。

（三）沦陷期（1938～1945）

从1937年日本全面侵华开始到1945年时，中国大部分地区处于一片战火之中，棉纺织业受时局的影响，形成特殊境遇下的"特殊发展"。上海租界内华商纱厂的短暂"繁荣"、以陕西为代表的西北棉纺织业的兴起、青岛日商纱厂的"报复性"恢复都是在这一境遇下的"特殊发展"。

随着日本加紧侵华的步伐，1936～1938年日本对沦陷区中国纱厂实施强制性的经营管理，主要有两种方式：军事管理和委任经营。② 到1938年，全国范围内日商经营的纱厂达到50家，纱锭有154万余枚，形成日商纱厂对中国棉纺织业的绝对垄断地位。从1938年到1941年，鉴于上海租界的"特殊地位"，10多家华商纱厂迁入租界内生产，主要有荣丰、新生、信和等纱厂，出现短暂繁荣。1941年以后，这些纱厂逐渐衰落，主要原因：一是黑市外汇难得，很难购买到外国的棉花；二是交通困难致国内销路不振，产品运不出去；三是电力供应不足，不得不减产。1941年太平洋战争爆发后，外棉绝迹，华商纱厂受到沉重打击。

另外，值得一提的是，这一时期陕西的棉纺织工业，在投资和战时需求量增加，以及技术有所改进等诸种条件刺激下，一度出现蓬勃发展的局面。当时华北、华中、华南大片国土沦陷，我国工业中心不得不向西南、西北转移。陕西作为西北大后方的重心，其战略地位不断上升，工业得到迅速发展，不仅保证了战争期间对军需

---

① 严中平：《中国棉纺织史稿》，第259页。
② 严中平等编《中国近代经济史统计资料选辑》，中国社会科学出版社，2012，第101页。

民用的支持，而且奠定了新中国成立以后陕西作为西北工业基地的基础。① 其中棉纺织工业方面，这一时期对陕西乃至西北机器纺织工业起到基础作用的商办大华纺织厂，由石家庄大兴纺织厂和武汉裕华纺织公司合股创办，该公司的成立填补了陕西机器纺织工业的空白。1936 年，河北省民生工厂也在西安建立分厂。战前陕西仅有棉纺织企业 2 家，战时增加到 19 家。全面抗战前陕西原有纱锭1.2 万枚，抗战全面爆发后，一部分企业内迁，连同全面抗战前订货和战后转运到陕西的纱锭达 8 万枚，陕西省的纺织能力大大增加，年产纱 48300 件、布 522092 匹。1938 年底，武汉的申新第四纺织厂、震寰纱厂，以及湖北官纱局和官布局及民用药棉厂等迁到陕西后，当地纺织工业生产能力更为壮大。

　　1937 年 7 月，卢沟桥事变爆发。1937 年 12 月，青岛市市长沈鸿烈下令炸毁在青岛的日商纱厂、丰田油厂等设施后，带领青岛党政要员撤离青岛。1938 年 1 月，日本军队重新登陆青岛，日本第二次在青岛进行殖民统治。面对被摧毁的棉纺织厂，日本青岛殖民机构迅速制定了"报复性"的产业"复兴计划"。为加快"复兴"进度，日本青岛殖民机构一方面快速重建厂房，另一方面从日本国内将棉纺织机器直接用船运到青岛，加速组装投产，这些纺织机械均为当时世界上最先进的，日本这一举措无意中使青岛棉纺织机械实现了升级换代。到 1938 年底，"九大日商纱厂"基本全部投产，但生产能力一直未恢复到战前水平，据《青岛纺织劳动调查》统计，到1939 年 6 月末，青岛日商纱厂共完成 389632 枚（重建批准数 389704枚）细纱纱锭、29396 枚（重建批准数 29396 枚）捻纱、5830 台织机（重建许可数 7100 台）的转运，与七七事变前相比，在短时间内

---

① 曹敏：《抗战时期的陕西近代纺织工业》，《西安工程科技学院学报》第 19 卷第4 期，2005 年 12 月。

恢复了52%的设备、56%的劳工力量。[①] 除此以外，日本棉纺织资本还通过收买、合办、新建等形式吞并、摧残青岛的民族纺织工业。到1945年初，日本在青岛开办的纺织企业达54家，形成绝对的垄断地位，青岛棉纺织业进入了日商独占时期。

（四）　自救期（1946~1949）

日本侵华行为造成百业凋敝，生产停滞，物资不足，引发物价上涨、人心不稳、社会动荡等许多社会问题，尤其是棉制品等日用必需品供需矛盾突出，成为游资的主要投机对象。抗战胜利后，为防止敌伪财产被侵吞、流失，平抑物价，并迅速恢复生产、保障供应和安定人心，国民政府决定将抗战胜利后接收的近70家日商纺织企业合并，成立中国纺织建设公司，统一领导全国国有纺织的生产和经营。1945年12月4日，中国纺织建设公司在重庆成立，聘请束云章为总经理，李升伯、吴味经为副总经理。中国纺织建设公司是一个拥有180万锭的纺织大公司，仅在上海就有棉纺厂18所、印染厂6所、毛纺厂5所，另外还有纱带厂、针织厂等；天津有棉纺厂8所，机械厂、印染厂、梭管厂、针织厂、化工厂各一所；青岛有棉纺厂9所，印染厂、纺织机械厂、针织厂各一所。1946年1月2日，中国纺织建设公司开始在上海办公，天津、青岛分公司也相继成立。还先后在重庆、西安、沙市、汉口、广州、南通、杭州、汕头、郑州成立办事处，作为收棉和销售中心，后又增设东北分公司及各办事处。[②]

在国民政府的大力扶持下，1947年前中国纺织建设公司的发展整体而言比较平稳，但1947年后，特别是进入1948年，随着国民党在战场上的溃败，中国纺织建设公司的生产经营一落千丈，这

---

① 〔日〕水谷国一：《青岛纺织劳动调查》，南满洲铁道株式会社，1940，第5页。按，捻纱机1台＝纱锭3枚，织机1台＝纱锭35枚的比例换算。

② 金志焕：《中国纺织建设公司研究》，第62页。

些都反映出时代变局对棉纺织业的深刻影响。另外，由于工业基础薄弱，加之受到战争的破坏，中国整个工业体系在战后恢复缓慢，相比较而言，棉纺织工业的生产恢复是比较快的。其中的原因有：首先，国民政府制定的棉业统制政策发挥了作用；其次，中纺公司作为全国最大的棉纺织企业，在恢复生产、平抑纱布价格方面起到了应有作用；最后，生产原料棉花的价格低，大大降低了生产成本。客观地说，中纺公司在短短 3 年多的时间里，恢复和发展了纺织生产力，提供大量的纺织产品，并在改进技术、改善管理、培养人才等方面，取得成绩，这些为中华人民共和国成立后大规模、有计划地发展国营纺织工业创造了条件，提供了经验。[①]

1946 年 1 月，中国纺织建设公司青岛分公司成立。成立伊始，雄心勃勃，要恢复青岛的棉纺织业。在中纺总公司的领导下，青岛分公司推出一系列举措：一是改革人事制度，建立严格规范的用人制度。按照总公司的要求，中纺青岛分公司规范各厂技师主任的聘任资格，不随意凭关系进人，避免人浮于事。二是注重发挥日本技术人员的作用，为使日籍人员能继续服务于中纺公司，中纺公司设法给日籍人员提供诸多便利条件。如允许他们住在厂办宿舍，所有待遇与本公司同人相同，中纺青岛分公司留用了多名日本技术人员。三是建立严密的生产管理制度，降低生产成本，为政府平抑物价做贡献。如果以 1946 年 1 月 7 日中纺公司开业时的价格为标准，到 1947 年 6 月，各项主要商品价格指数上涨幅度为：大米 59 倍、肥皂 32 倍、棉花 26 倍、强生油 25 倍、人造丝 23 倍、棉纱 9~11倍，棉布在 10 倍之内。[②] 在所有的生活必需品中，棉纱、棉布上涨幅度较小，说明中纺公司在当时国民政府平抑物价工作中发挥了作用。但到了 1948 年以后，由于政治形势日趋紧张，棉纱布价格

---

① 《中国近代纺织史》上卷，第 46 页。
② 中纺公司编《纺建要览》，1948 年 1 月，第 158 页。

已经无法控制，万物齐贵。

1947 年 6 月后，因战局影响，中纺公司各厂的生产经营开始走下坡路。1948 年，受内战扩大、通货膨胀、交通运销迟滞等影响，中国经济情况日益恶化，棉纺织工业几乎陷于绝境。同年 1 月后，中纺公司东北各厂准备撤退，局势混乱，不少工厂陷于停顿。同年 11 月，据中纺公司天津分公司报告，天津各纱厂原料等物资供应困难，生产基本停滞。中纺青岛分公司也面临着原料紧缺、电力供应困难等难题。中纺青岛分公司曾展开艰难自救，一方面在总公司的带领下，积极与政府协调，解决原料、动力问题；另一方面积极提升企业内部科学管理水平，提高劳动生产率。但当时内战扩大，国民政府自顾不暇，工人人心惶惶，生产时断时续，生产能力与 30 年代鼎盛时期相比，大幅下降。到 1948 年 12 月，中纺青岛分公司因原料、煤炭不足几乎全部停工。难能可贵的是，青岛解放前夕，面对复杂的政治形势，中纺青岛分公司的员工从上到下掀起了爱厂护厂运动，几乎完整地保存了青岛各大纱厂的生产设备设施，为新中国成立后青岛棉纺织业的发展奠定了基础，棉纺织业也成为新中国成立后青岛最早恢复生产的行业。青岛棉纺织业在 50~60 年代为全国棉纺织业的发展和布局做出突出贡献。

第二章　青岛棉纺织业的奠基期
（1902~1922）

特殊的历史发展进程，使得近代青岛从一个小渔村一跃成为中国东部沿海重要的经济城市，历史进程的特殊性导致青岛城市历史发展呈现出明显的跳跃性和阶段性。这一特征同样反映在青岛近代工业方面，特别是作为青岛近代工业重要组成部分的棉纺织工业受政治局势的影响较大，其发展历程随着青岛局势的变化呈现出明显的跳跃性和阶段性。

1902 年，德占青岛时期，德国殖民当局创办德华缫丝厂，开近代青岛机器纺织业的先河，该厂是青岛第一家完全按照西方企业模式管理和运营的纺织企业。第一次世界大战后，中国民族工业获得空前的发展机遇，棉纺织业作为投资周期短、回报高的行业，自然受到众多民族实业家的青睐。1919 年底，中国近代著名实业家、被誉为"南张北周"的周学熙在青岛创办华新纱厂，这是青岛第一家民族棉纺织企业，标志着青岛近代民族棉纺织业的诞生。1914 年 11 月日德战争后，日本取代德国，占领青岛。1915 年，日本棉纺织资本开始进入青岛，建厂速度非常迅速。到1923 年，日本棉纺织资本已在青岛建立了 6 家纱厂，几乎一年一厂，扩张速度惊人，至此，日本棉纺织资本完成在青岛投资的第一轮高峰，客观上为 20 世纪 30 年代青岛棉纺织业的全面"繁荣"，进入中国棉纺织业"上青天"时代奠定基础。从整个青岛棉纺织业的发展历程综合考量，1902～1922 年这一时期可以说是近代青岛棉纺织业的奠基时期。

第一节　工业化肇始

青岛近代工业化肇始于德占时期。1897 年德国占领前，青岛地区的工业基本上是手工业，主要是一些陶瓷、草辫等传统工艺品的手工作坊。德国占领青岛后，为把青岛变成其向远东地区进行经济扩张的据点，德国胶澳总督府在第一次提交德国国会的备忘录中就强调："所有措施须以地区开发的经济观点居先，将地区开发成为工商业殖民地，使之成为德国企业界开发一片腹地的前进据点。"[1] 但关于当时青岛的规划，德国经济界的大企业主和中小企业主及一般商人的主张很不相同，殖民当局对他们的态度也大不一样。如银行和工业部门的大康采恩就认为投资山东带有很大的冒险性，对青岛的经济前景并不看好。因此，尽管德国胶澳总督府极力争取他们到青岛投资建厂，但除了铁路和矿山经营，他们没有更大举动。到青岛来淘金的主要是一些中小企业主和商人，而他们又受到殖民当局的歧视，被视为只知道赚钱，缺乏"爱国心"的投机者。[2]

据目前的档案资料统计，德国胶澳总督府在青岛建立现代工业的计划基本落空，直到 1903～1904 年，除山东铁路公司的一些工厂外，德国国内较大的私营工业制造业几乎都没有来青投资建厂。

---

① 庄维民：《近代山东市场经济的变迁》，中华书局，2000，第 373 页。
② 孙立新：《近代中德关系史论》，商务印书馆，2014，第 70 页。

从贸易来看，从事中国贸易的大型德国商家虽然开设了分店并且买卖很好，但它们主要依靠胶澳总督府的订单以及山东铁路公司和山东矿务公司的订单。据统计，1903 年底，青岛地区共登记注册了51 家私人企业，绝大多数经营商业贸易。除了几家较大的进出口公司，还有数家商店、一家钟表店，以及煤店、旅馆、装卸公司、洗衣房、书店、照相馆、副食品商店和白铁加工厂、建筑公司等。所有这些企业实际上都依靠胶澳总督府的订单存活。总体来看，企业破产率较高，到 1903 年底，51 家企业中有 6 家停业（约占12%）。① 这种情况一直持续到德国在青岛殖民统治的终结，直到1914 年，胶澳租借地并没有出现资本主义生产的工业化，只在个别工业部门出现了部分由殖民当局创办的企业。主要原因在于：山东与扬子江下游（上海周围）、珠江三角洲（香港周围）和东南沿海（厦门周围）地区不同，现代的加工业几乎为零，当地居民的购买力非常低，价格昂贵的欧洲商品在这里根本无法大批量销售。②

在这种情况下，殖民当局不得不采取行政干预的手段来发展工业，海军造船厂、发电厂、屠宰厂、啤酒厂等均是这一策略的产物，这些企业主要集中在城市基础设施、交通设施、日常生活必需品等领域，目的是维持青岛城市的日常运转和满足侨民生活需要。整体而言，资本和规模都不大，但是它们客观上为近代工业在青岛的兴起奠定了基础。

1914 年，日本第一次占领青岛后，日本资本以前所未有的规模涌入青岛及胶济铁路沿线地区，加大在工业、商业、金融业、

---

① 余凯思：《在"模范殖民地"胶州湾的统治与抵抗——1897~1914 年中国与德国的相互作用》，孙立新译，刘新利校，山东人民出版社，2005，第 164 页。

② 余凯思：《在"模范殖民地"胶州湾的统治与抵抗——1897~1914 年中国与德国的相互作用》，第 164 页。

盐业、矿业等领域的投资力度，并在若干行业达到垄断地步。据
日本人田原天南所著的《胶州湾》记载，日本人最早来到青岛是
在 1901 年前后，有 50～60 人，以卖春妇居多，正当营业的只有
神户西门子洋行支店，该店有日本人 2 名。较早来青的高桥德
夫、今村德重以经营酒楼、妓馆起家，均成"巨富"。① 德占时期
谋乐编纂的《青岛全书》记载，1904 年日本人首次来到青岛，
共有 152 人。1905 年，在青岛的日本人有 207 人，1907 年达到
361 人，1910 年达到 1621 人。②《胶澳志》的记载与此有些出入。
按照《胶澳志》的记载，1907 年青岛共有日本侨民 33 户 196 人，
其中从事照相业 5 户 21 人，咖啡店 6 户 15 人，娼妓馆 4 户 59
人，③ 对于其他日本人的从业情况，《胶澳志》未做记载。据中国
海关统计，1921 年青岛的日人总数为 21609 人，1927 年约为
13294 人，1930 年约为 12000 人，在 20 世纪 30 年代，除上海外，
青岛是日侨最多的地方。④ 虽然有关这一时期青岛的日人数量，
各个史料之间的记载有所出入，但其中有一个现象值得关注，即
很可能 1907 年是日本侨民移居青岛的转折之年，从此之后，青
岛的日本侨民人数增加速度明显加快，日本很多大公司相继来到
青岛开设支店或营业所，其中包括后来垄断中国棉纺织业交易市
场的日信洋行和江商洋行。到 1909 年德日在青岛的贸易竞争发
生转折，当年德国在青岛的进出口贸易额为 403 万海关两，占青
岛直接对外贸易的 26%，而日本的贸易额达到 413 万海关两，占
27%，日本首次超过德国。此后，日本在青岛的贸易额增长迅
速。1913 年日本在青岛的贸易额达到 1042 万海关两，占青岛当

①　袁荣叟：《胶澳志》卷 1《沿革志三·日本占据始末》，1928，第 29 页。
②　谋乐辑《青岛全书》，青岛市档案馆重刊，青岛出版社，2014，第 193 页。
③　袁荣叟：《胶澳志》卷 1《沿革志三·日本占据始末》，第 29 页。
④　雷麦：《外人在华投资》，蒋学楷、赵康节译，商务印书馆，1959，第 341～342 页。

年贸易额的 1/6，远超德国在青岛的贸易额（571 万海关两）；在直接对外贸易中，日本占 53.7%，而德国仅占 18.6%。[①] 随着日本各大公司来青发展，日本商业资本在青岛的实力和影响逐步增强，至 1914 年，青岛日商企业发展到 143 家，资本总额 26.5 亿日元。

第二节　纺织先锋——德华缫丝厂

从纺织专业角度看，缫丝工业不属于棉纺织工业，但从青岛纺织工业发展的历程来看，德华缫丝厂（见图 2-1）不仅是青岛第一家近代纺织企业，而且在该厂的基础上诞生了青岛第一家民族棉纺织企业——华新纱厂。

1901 年，德商在柏林成立德中蚕丝工业公司。1902 年，德国殖民当局将目光转向当时利润较高的纺织业，认为"把丝织工业引入殖民地的努力具有特别的国民经济意义"，[②] 1902~1903 年在沧口附近大村河旁建成德华丝绸工业公司营业所，占地面积约 52 摩尔干（Morgen）[③]。德华缫丝厂参照欧洲工厂的建筑布局进行设计，在考虑到气候条件和现代技术的情况下，按居住在保护区的德国建筑师提供的设计图以砖石建造而成。[④] 整个厂区分缫丝、纺织两大部门，还建有净化水槽过滤污水，截留污物和沉淀物，避免污染环境，体现出当时欧洲人比较现代的企业经营和管理理念。"厂区的东部、南部和西部都设有大的院落，部分院落中分布有库房、中国监工的住房和一个敞开的雨棚，在雨棚里，中国工人即使在潮

---

① 山东每日新聞社『山東に於ける邦人の経済発展並びに日華親和策』1934、18-19 頁。
② 青岛市档案馆编《青岛开埠十七年——〈胶澳发展备忘录〉全译》，中国档案出版社，2007，第 341 页。
③ 欧洲各国的土地面积单位，1 摩尔干为 0.25~0.34 公顷。
④ 《青岛开埠十七年——〈胶澳发展备忘录〉全译》，第 341~342 页。

湿的条件下或下雨的天气里也能继续工作。"①

德华缫丝厂一开始表现出比较明显的"水土不服"的症状，主要为对生产原料把控不到位。缫丝是以桑蚕为原料，将桑蚕茧抽出蚕丝的工艺，所以，选择质量优良的蚕茧非常重要。最初德华缫丝厂采用山东诸城附近出产的野生蚕茧试缫，结果因蚕丝韧力不够而失败。此次失败引发当时德国国内的议论，德国的专业刊物《丝绸》上刊登的一封读者来信称，"每个跟丝绸打交道的人都知道，要经过许多年方可期待一门新兴工业繁荣起来"，认为该厂的产品与真正的丝绸制品还相差甚远。

几经周折，德华缫丝厂改以中国东北的野生蚕茧为原料才生产出合格的产品。之后，该厂又从意大利、法国引进优良蚕种，低价售给胶济铁路沿线农民养育，定期派人收购，最终生产出质地优良、粗细均匀、容易染色的新品种，主要有柞蚕丝、黄白生丝、黄白厂丝等，最终打开销路。《远东劳埃德报》载，上海的一家大型英国公司认为该厂的产品"是我们看到的最好的绸子"。到 1907 年底，该厂生产出粗细均匀、质地优良的蚕丝，其在欧洲市场上的销售价格比烟台地区生产的最好的野生蚕丝高 40%。到 1909 年，在青岛口岸十大类出口商品中，德华缫丝厂生产的柞丝绸和丝分居出口额第二和第三位，丝绸商品出口约 522.45 万海关两，占当年青岛口岸出口总额的 20%。② 1910 年德国殖民当局编的《胶澳年鉴》记载，"众多载满货物的轮船第一次从青岛开往欧洲大陆。和过去一样，最重要的出口产品是草辫（1100 万元）、丝绸（500 万元）、皮革（200 万元）、油脂（50.5 万元）、蛋制品（30 万元）和煤炭（759268 元）"。③

---

① 《青岛开埠十七年——〈胶澳发展备忘录〉全译》，第 341～342 页。
② 青岛市档案馆编《帝国主义与胶海关》，中国档案出版社，1986，第 129 页。
③ 《青岛开埠十七年——〈胶澳发展备忘录〉全译》，第 760 页。

1908 年，德华公司柏林总部与青岛公司经理发生矛盾，最后宣告停业。1910 年，有青岛、烟台等 6 家华商公司，准备接办该厂，但后因 1911 年初青岛发生瘟疫，华商接办该厂的计划未能付诸实施。1913 年 8 月，民族实业家周学熙出资购买德华沧口缲丝厂，鉴于其缲丝失败的教训，改建为棉纺织厂，定名"青岛华新纱厂"，成为青岛乃至全国民族棉纺织工业的代表之一。

图 2-1　德华缲丝厂

资料来源：青岛市档案馆馆藏。

第三节　第一家民族棉纺织企业——华新纱厂

1919 年底，周学熙在青岛创办华新纱厂，经过近 20 年的发展，到抗日战争全面爆发前，华新纱厂已发展成为拥有纱锭 44000 枚，线锭 8000 枚，布机 500 台，并配有全套漂染、印花、整理设备，成为华北地区纺织印染全能厂，[1] 是青岛民族纺织工业的标杆

①　周小鹃：《周志俊小传》，兰州大学出版社，1987，第 30 页。

和 20 世纪二三十年代青岛最大的华商企业。（见图 2-2）

青岛华新纱厂的创办者周学熙来自著名的安徽建德周家，周家是中国近代史上的名门望族：第一代周馥是清末显赫一时的封疆大吏，曾任山东巡抚；第二代周学熙是近代工业先驱，曾出任北洋政府财政总长；第三代中，周志俊为近代著名的实业家，周叔弢为实业家及古籍收藏家，周叔迦为佛学家，周明达为数学家；第四代中，周一良、周钰良、周以良、周治良、周景良等均为中国近代史的著名学者。

周馥，字玉山，是青岛华新纱厂创办者周学熙的父亲。晚清时期，周馥最初是李鸿章的幕僚，因办事干练、写得一手好字，深受李鸿章器重，协助李鸿章办理洋务 30 多年。他先后参与筹建北洋海军、开办海军学校、设立天津电报局和创办开平煤矿等重要洋务运动。1871 年，周馥在津海关道任内创议建设北塘至山海关电报线路。1873 年，主持建设胥各庄至阎庄运煤铁路，这是我国最早的商办铁路，以后又负责督建天津至林西段铁路。1902 年，周馥任山东巡抚。在山东为官期间，长期从事治河工程，著有《治水述要》十卷本，还曾主持和参与了不少农业、工业和文教方面的建设工作，政绩比较突出。[1] 其积极发展农桑事业，在济南设立农桑总会、农事试验场，雇日本农学士进行农学试验。在各地设农桑分会、养蚕场，并试种落花生；在济南、登莱设树艺公司；在德州、诸城设草辫公司。教育方面，周馥创办山东高等学堂、师范学堂，在全省重要府县设立初级师范及师范传习所，并将各府、州、县的书院改为中小学堂，普及教育；至 1904 年山东全省高小学堂已达 80 余处。1902 年，作为山东巡抚的周馥，曾经到当时是德国租借地的青岛进行考察，当时的胶澳总督瓦尔

----

① 周小鹃：《周志俊小传》，第 8 页。

德克接待了他，青岛的城市建设、教育、港口等给周馥留下深刻印象。

在协助李鸿章办理洋务的过程中，周馥"粗得窥见各门学经"，[①]并且受洋务派"中学为体，西学为用"思想的影响，深感以科举之途所造就的人才已不能适应社会的发展。他认为，后代儿孙要想在社会上立足，除以八股求仕之外，还要掌握新的知识技能，才能在将来的社会中保持竞争力，为此，他专门聘请老师给他的儿子们讲授新式学问。可以说，周馥的先见之明使得他的第四子——周学熙在年幼时就对西方自然科学知识产生浓厚的兴趣，而正是父亲让他多学些新学问，"以备将来不时之需"的决定，改变了他的一生，使他成为民国时期北方的"工业巨子"，与著名的实业家张謇齐名，被誉为"南张北周"。

周学熙，字缉之，晚年号止庵，是周馥第四子，生于同治五年（1866）。光绪十九年（1893）参加顺天乡试中举人，后来以道员候补山东。袁世凯任山东巡抚期间，任命周学熙为山东大学堂总办。在山东大学堂任职期间，周学熙整肃校风，订立章程，选编孔、孟、程、朱等人的著作，印成《中学正宗》一书，用来教学，以正"中学根本"。与传统学校不同的是，山东大学堂在以"中学为体"的同时，还非常重视学习西方先进的科学技术，为此周学熙主持编撰了《西学要领》，内容包括西洋史学、哲学名人的格言，以及声、光、电、化的知识。这些做法在当时旧的教育体制中确实起到开风气之先的作用。

周馥任山东巡抚后，周学熙依例回避，转任直隶候补。光绪二十六年（1900）任直隶开平矿务局总办。当时该局督办张翼屈从洋人，讨好上峰，与矿务局总工程师胡佛（即后来美国第 31 任总

---

① 姚抗：《北国工业巨子：周学熙传》，河北人民出版社，1995，第 29 页。

统）订立合同，将矿务局让给英国公司。周学熙以此合同丧权辱国，拒绝签署，被迫辞职，自行组织滦州煤矿公司（即滦州矿务公司）。1903 年，周学熙去日本考察，对日本明治维新的影响印象深刻，在归国后与傅增湘谈话时曾说，"日本之兴也，其在工商乎"，[1] 产生了发展工商业的强烈愿望。周学熙之后任直隶按察使兼工艺总局督办，在天津创设劝业铁工厂，筹集股本，重办启新洋灰公司，前后任该公司经理 20 年之久。1908 年，周学熙筹设北京自来水股份有限公司，这是近代我国自来水公司的肇始。周学熙凭借家族的政治地位和卓越的活动能力，在清末民初，创办一系列工业企业，他本人也成为"民国初期北方财政实业界的著名代表"。[2]

第一次世界大战期间，棉纱市场的需求飞快上涨，但当时开办的纱厂多集中在江浙一带，作为我国棉花主产地的华北却阒然无闻。周学熙看到这个大好机会，萌生在华北筹建纱厂的打算，组织了华新纺织公司的筹委会。1916 年，华新纺织公司注册成立，拟定资本 1000 万元，纱锭 10 万枚，在天津、通州、郑州、石家庄、青岛设 5 厂。先筹资本 250 万元，开办两厂，其中财政部拨 100 万元，商股招足 150 万元，但直到 1918 年拨款和商股皆未落实。[3] 为此，华新公司督办及创办人都被段祺瑞政府撤换，几经周折，1919 年 1 月，天津华新厂正式投产。1919 年底，青岛华新纱厂投产。1920 年，唐山华新纱厂成立。1922 年，河南卫辉华新纱厂建成。其间，周学熙又设兴华棉业公司。1919 年，徐世昌出任总统，周学熙被任命为全国棉业督

① 周小鹃：《周志俊小传》，第 10 页。

② 陈旭麓等：《中国近代史词典》，上海辞书出版社，1982，第 463 页。

③ 淳夫：《周学熙与北洋实业》，《天津文史资料选辑》第 1 辑，天津人民出版社，1978，第 6 页。

办，在此期间他还筹办植棉试验场，组织全国棉业公会，设立整理棉业筹备处，开办全国仅有的棉业传授所，对棉纺织业的发展起到引领作用。

1911 年辛亥革命期间，周馥避居青岛，周学熙到青岛侍养父亲。当时周学熙已在北洋政府主办新政，了解到全国棉纺织业的发展情势。1913 年，德华缫丝厂濒临破产，周学熙遂将该厂的厂房、仓库、设备全部买下，并向德商瑞记洋行订购英国爱色利斯纱机。但订购的纱机未到，第一次世界大战已爆发，日本出兵围攻青岛，周家举家迁往天津。第一次世界大战期间，英商和记洋行擅自占用德华缫丝厂厂房，招募华工赴欧参战。1918 年，战事结束，但厂房一直没有归还。周学熙聘请英国律师与英商多次交涉，颇费周折，英商才归还所占厂房。1919 年，因德商瑞记洋行停业，原订纱机作废，周学熙改向美商美兴公司订购美式怀丁纺纱机 14688 锭。1919 年底，青岛华新纱厂正式投产。

第四节　日商纱厂在青岛

1914 年 11 月，日本占领青岛，日本棉纺织资本由此进入青岛，从 1916 年日本内外棉株式会社在青岛建立第一家棉纺织厂到 1922 年青岛隆兴纱厂设立，短短 7 年间，日本在青岛建立 6 家纱厂，几乎平均一年一厂，6 家日商纱厂纱锭总数 231800 锭，固定资本 5000 万元，流动资本金 1200 万元，年生产棉纱 25 万捆，产值 5500 万元，共雇用日本人 550 人，华工 1.5 万人，年生产费用750 万元，年煤炭消耗量达 7.5 万吨，[①] 这是日本棉纺织资本在青岛投资的第一次高潮，投资规模仅次于上海，日商棉纺织业由此开始

---

① 青岛居留民团等『山東に於ける邦人の企業』1927、5-6 頁。

图 2-2　20 世纪 20 年代青岛华新纱厂全景

资料来源：青岛市档案馆馆藏。

主导青岛工业，这是 20 世纪 30 年代全国棉纺织工业"上青天"局面出现的肇始。日本棉纺织资本在华设立纱厂的投资方式主要分为两种，一种是设总厂于中国而在日本有总公司，主要有上海公大纺织（上海绢丝制造、钟渊纺织系统）、同兴纺织（东洋纺织系统）、上海纺织（三井物产系统）等；另一种是设分厂于中国而总厂在日本，如大康纱厂（"大日本"纺织系统）、内外棉纱厂（内外棉纺织系统）、富士纱厂（富士纺织系统）、隆兴纱厂（日清纺织系统）、宝来纱厂（国光纺织系统）等，这些厂组织严密，各成系统，又称日本在华纺织业"八大系统"。① 日本在华纺织公司与英、美等国有所不同，英美大多数厂家都是通过洋行开办或个别商人独立开设的，和本国联系不如日本密切，亦无总厂在本国。② 不管是哪种方式，大部分日商纱厂作为在华的代理机构不同程度受制于日本总社的规划。然而，由于在华日商纱厂所处的经济、政治、社会环境与日本国内完全不同，在其发展与扩张中也形成了自己的特色。上海、青岛、天津三地的日商纱厂中，上海日商纱厂具有较多的经营主体性，富有强烈的独立生产性格，相比之下，青岛、天津的日商纱厂则大多具有日本国内纺织会社的"分厂"性质，一般被视为"日本纺织势力在华的延伸"。③

　　这一时期日本棉纺织业在青岛迅速扩张，得益于日本侵占青岛后实施的城市发展战略。在青岛城市发展战略上，日本实行的是与德国完全不同的城市发展战略。德占时期的青岛主要是一个商贸旅游城市，工业在城市发展战略中属于次要位置。但第一次日占时期，日本驻青岛守备军当局在"施政纲领"中明确提出"特别注

---

① 为行文方便，以下正文叙述中将钟渊纱厂统称为公大纱厂，日清纱厂统称为隆兴纱厂，国光纱厂统称为宝来纱厂。
② 《中国近代纺织史》上卷，第 30 页。
③ 王萌：《战时环境下日本在华棉纺织业研究（1937～1941）》，第 33 页。

意者，厥为市面之扩充与工厂之提倡"，[①] 将青岛城市的扩张和工业的发展提升到城市发展规划的首要位置，标志着青岛城市发展方向性的转折。为了达到青岛城市扩张与日本工业在青岛发展的目标，同时解决近代以来日本国内人多地少的矛盾，日本开始大规模地向青岛及胶济铁路沿线移民。1914 年 12 月 1 日，日本驻青岛守备军当局宣布，自该日起，凡经日方许可，外来人口即使无财产关系也准移居青岛。12 月 28 日，日本驻青岛守备军当局宣布，青岛向日本本土居民开放，吸引了大量日本侨民赴青，由此掀起日本移民青岛的第一次高潮。截止到 1915 年 1 月，青岛新增日本移民人口 698 户，3743 人。[②] 此后，移入青岛的日本人急速增加。到 1915 年 10 月，青岛的日本移民已达到 1693 户，15255人。同期，青岛地区共有中国居民 4339 户，39619 人，日本移民占到青岛总人口的 38.5%，与中国居民的人口比例为 1∶2.6。[③]1916～1919 年是日本人移居青岛的第二次高潮。据胶海关报告记载，仅 1916 年以旅游和行商等名义到青岛的日本人就有 1.7 万余人，其中滞留定居的有约 7000 人。据日本人统计，1917 年青岛共有日侨 18576 人，其中市区 4295 户，16697 人。到 1921 年，青岛地区日侨人口达到 24551 人，约占当地居民人口（215669 人）的约 11.38%。[④]

　　大量的日本移民导致了严重的住房紧张。1920 年，青岛守备军土木部编写了《土木志》，记录了第一次日占时期青岛的城市基础设施建设情况。该书对当时日本移民大量增加造成的住房拥挤等问题有比较详细的记述，"我军（日军）于 1914 年 11 月

---

① 日本陆军省编《青岛施政方针》，1914 年 12 月 16 日。
② 〔日〕田中次郎：《山东概观》，1915 年 7 月，第 130～131 页。
③ 〔日〕山东研究会：《山东的研究》，1916 年 4 月，第 56～58 页。
④ 《帝国主义与胶海关》，第 163、266、279 页。

19 日对青岛及李村实施军事管制。在努力恢复秩序、保护占领地居民的同时，允许我国（日本）人进入。青岛市因为我国（日本）人的入住而人口徒增。同时，躲避战乱的中国人也陆续返回，于是出现了住宅及店铺严重不足的现象。我国（日本）人和中国人同住一地，有的还在中国人家的地下室安家，这等状况不忍入目。这般情形让我国（日本）人颜面难堪，所以我们认识到尽快拓展街道，修建用于接纳我国（日本）人的住宅是十分必要的"。①

为安置大量的日本移民和方便日商来青投资建厂，日本殖民当局主要采用了两种办法：一是开放土地买卖，采取压低土地价格的办法，强行收买当地人的土地，然后廉价转售或出租给日人。二是填海造地，扩张城市规模。为加快土地集中，日本殖民当局大幅降低土地交易成本，日侨买地价格仅为德占时期的几成，地税也由德占时期的 6% 降至 2%。1920 年，为便于日侨攫取利益，日本殖民当局取消土地增值税，规定买卖土地只征收千分之二的契税。据《胶澳志》记载，日本殖民机构"一方面取消增价税，以便有土地者乐于出卖，俾日人得以平价购买；一方面则为该国商民预留居住土地，极力收买民间土地，以为扩张地盘之用"。②1918~1922 年，日本殖民机构先后共收买台东镇、沧口等处土地3511546 坪。③

1915 年，日本殖民机构制定"青岛市街扩张计划"（见图 2-3），城市拓展计划分为三期进行：第一期工程的第一阶段是大量增加对于日本人的应急性设施，拆除位于城市中央上海町（今上海路）和所泽町（今北京路到大窑沟段）中间斜坡地带的原德国

---

① 〔日〕青岛守备军土木部编《土木志》，1920 年未刊本，第 6 页。
② 袁荣叟：《胶澳志》卷 9《财赋志一·税制》，第 17 页。
③ 督办鲁案善后事宜公署秘书处编《鲁案善后月报特刊·公产》，1925，第 78 页。

殖民当局经营的砖瓦厂，将其作为餐饮娱乐业指定地域及主要街道，并在其下方低洼处设置市场及附属街道。扩充帆船贸易的要冲——小港，修整货物装卸区域，将其附近开发为沿海贸易市场及仓库用地。以上措施大大缓解了住宅用地和经营用地的紧张。第二阶段是把若鹤山（今贮水山）的山脚以北，沿台东镇街道一带约 12.5 万坪的地方作为工厂指定区域，大和町（今热河路）和上海町中间的斜坡地带、濑户路（今乐陵路）附近的大港火车站前一带的高地，以及沿胶州町的测候所山（今观象山）北段的斜坡地带，用作住宅和商业，建成之后陆续租赁给民众，这个新街区的面积为 37 万余坪。花咲路（今武定路）中央的空地是小学用地，若鹤山半山腰是神社用地，若鹤山周边建有高等女子学校、公园、火葬场、墓地等，形成日本人的街区。① 这一新街区成为"日本人专用的商业地"，街区内遍布日本人开设的商行。

第二期工程在若鹤山下及广岛町（今广州路）和台西镇所夹高地一带展开，面积约 20 万坪。这一地带用作住宅及商业区域。填埋位于大港东部的货运铁路线和客运铁路线中间的低洼地带，用作商业区和铁路仓库，面积约为 15 万坪。另外，旅顺町（今莱阳路）、忠海町（今南海路）的沿街高地约 2 万坪区域作为住宅用地。②

第三期工程是拓展台东镇的东北部。进一步填埋大港防波堤内侧一带的浅滩，面积约 60 万坪，用作建设大商业街。在其北边，约 20 万坪的帆船港口建设也在筹划之中。到 1922 年底中国收回青岛时，殖民机构规划的三期城市拓展工程中，第一、二期都已完成，第三期部分开工，但尚未完成。

---

① 《土木志》，第 7 页。
② 《土木志》，第 7 页。

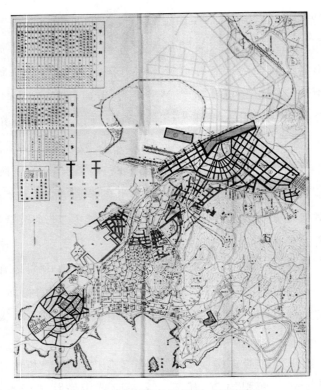

图 2-3　青岛市街扩张计划（1915 年）

资料来源：青岛市档案馆馆藏。

　　1914 年日本占领青岛时，青岛市区是以经由静冈路（今中山路南段）、山东路（今中山路北段）直至大港的道路为主干道，向左右两边展开而成，面积约为 60 万坪，其中包括"欧人区"约 24.1 万坪，"华人区"约 12 万坪。[①] 1923 年，曾任日本驻青岛守备军民政长官的秋山雅之介曾说："道路在德国时代有 8 万迈当，现又延长 8 万迈当，为当初之两倍。市街地则仅就市内言之，合住

---

① 《土木志》，第 7 页。

宅与工场用地，已有德国时代之三倍。"① 据青岛守备军民政部编
的《山东铁道沿线重要都市经济事情》记载，1922 年中国接收青
岛时，青岛市街总面积约 230 万坪，② 约相当于德占时期的 4 倍。
这些说法与青岛守备军土木部编的《土木志》记载的城区扩展的
数据有出入，但总的来说，在第一次日占时期青岛城市面积确实有
了较大的扩张，这一点是毫无疑问的。

图 2-4　第一次日占时期建设的青岛台东工业区

资料来源：青岛市档案馆馆藏。

　　从 1915 年 11 月起，日本国内棉纺织业进入繁荣期，不但以前
限制生产的规定全部撤销，各公司的盈利也快速增长。以 30 余家
日本纺织联合会会员的记录看，日本棉纺织业的股息率由 1915 年
下半期的 15.5%，1916 年同期逐步升高至 23.5%，1917 年同期为

---

① 督办鲁案善后事宜公署编辑处编《鲁案善后月报特刊（公产）》，北京和济印刷
　　局，1923，第 377 页。
② 〔日〕青岛守备军民政部编《山东铁道沿线重要都市经济事情》（上），1919，第
　　14 页。

41.4%，1918 年同期为 47.4%，至 1919 年则高达 51%。[1] 在此背景下，日本棉纺织厂一面积极扩充织机设备，一面积累起庞大的资本，形成极为强固的资本力量，足以向外投资。另外，1919 年中国开始实行新税法，对由日本进口棉纱的征税规定做了调整，以前棉纱进口仅征单一税种，也就是从价税；新税法则分为粗细二等，凡棉纱在 45 支以下的均征从量税，超过 45 支的则征从价税，导致细纱税率增高，这引起日本国内纱厂的恐慌。由于日商纱厂在华设厂生产的产品无须遵循新税法，它们纷纷来华设厂。1919 年，日商在华纱厂之纱锭合计不过 30 万余枚；到 1921 年，一跃而为 85 万枚；到 1933 年则达到 200 万枚以上。[2] 第一次世界大战结束后，日本棉纺织业很快出现战后萧条。1920 年 5 月，日本纺联会会员开始实行每月停工 6 天的决议；6 月又变更办法，每月停工 4 天，每日工作时间由 22 小时缩短为 20 小时，封闭纱锭 10%，8 月起封闭纱锭提高至 20%。[3] 而这时正是中国棉纺织业的发展期，于是日本棉纺织厂家在战时订购而此时开始交货的纺织机器，正好转运到中国来，于是 1921~1922 年便成为日商来华设厂的鼎盛期。

对于当时的日本棉纺织资本来说，将产业转移到中国是一个必然选择，但具体到中国什么地方是他们要考虑的问题。近代以来，外国资本多选择中国的沿海地区作为投资地，日本当然也不例外，他们将目光对准了上海和青岛。日本棉纺织资本选择青岛投资设厂的原因主要有以下几点：

一是青岛纬度与日本本土相近，距离日本本土又比较近，日本人来此居住生活比较容易适应。同时，青岛的温度、湿度有利于发展棉纺织业。（见表 2-1）

① 严中平：《中国棉纺织史稿》，第 219 页。
② 金国宝：《中国棉业问题》，第 17 页。
③ 严中平：《中国棉纺织史稿》，第 219 页。

表 2-1　青岛平均温度、湿度（1916）

月份	1	2	3	4	5	6	7	8	9	10	11	12	平均
平均湿度	28.8	31.6	39.7	50.2	59.7	67.5	74.5	77.4	70.2	60.3	46.6	34.0	55.8
平均温度	66	67	68	70	75	82	90	83	72	65	63	64	72

注：温度单位为华氏度；相对湿度单位为%。
资料来源：〔日〕水谷国一《青岛纺织劳动调查》，第 3 页。

从表 2-1 我们可以看到，青岛的湿度最高时是 7~8 月，达到 70%以上；最低时是 1~2 月，为 30%左右。一般雨季（4~10 月）的平均湿度约为 77%，其他月份平均湿度约为 65.5%，全年平均湿度为 55.8%，在这个湿度条件下，机器设备的损耗最小。

二是青岛当地劳动力充足，且成本低。当时在日本国内经营棉纺织业，劳动力非常短缺，对于棉纺织业这种劳动密集型产业来说，劳动力不足是致命缺陷，而山东劳动力资源无疑极大吸引了日本棉纺织巨头。20 世纪 20 年代中期，日本驻青岛领事堀内歉介曾说，山东生活消费低，劳动工资低，同时山东作为人口大省，劳动力充足。山东工人脾气温顺，身体强壮，所以，适合做很精细的工作，其技术能力不一定卓越，和很早就接触西方文化的南方工人相比，山东工人理解力相对弱一些，适于长期从事简单的工作，团结起来罢工的情况很少，而且由于他们很节俭，习惯于过简易生活。[1] 从工资待遇来看，据统计，20 世纪 20 年代以前，日本纺织工人的工资，男工平均每日 4 角左右，女工平均每日 2 角 5 分左右；30 年代男工每日平均在 1 元 5 角左右，女工每日平均 1 元 2 角左右。而中国纺织工人的工资仅为日本纺织工人工资的 1/2，甚至 1/4。[2]

---

① 青岛市纺织工业总公司史志办公室编印《青岛纺织史》，1994，第 150 页。
② 王云五主编《日本对华商业》，万有文库，1933，第 64 页。

三是靠近原棉产地。青岛背靠山东腹地，种植棉花区域广阔，山东棉花品种繁多，多达 23 种，主要分为本地棉种和美国棉种两个品种。20 世纪 20 年代中后期，山东开始有计划地推广美棉种植，培育出不少改良棉种，如"脱"字棉系，纤维长、色白且容易着色，一改以前山东本地棉种纤维短的特点，纺 16 支纱、20 支纱、32 支纱均没有问题。这些棉花通过运河运输很容易集中在济南和胶济铁路沿线各站，然后经铁路运输到青岛，满足青岛纱厂的需要。

四是靠近较为广阔的消费市场。山东省自古就是人口大省，人口多，密度大。20 世纪 20 年代，山东人口密度为每平方英里 466 人，在当时中国次于江苏、浙江两省，列全国第三位，市场潜力巨大。[①] 从着装习惯看，山东人普遍把棉衣作为家常服饰，需求量大，销路有保障。

五是靠近煤炭产地。胶济铁路沿线有淄川、博山两个煤矿，采煤费用较低，运输费用亦不高，而且淄川、博山出产的煤炭是优质的无烟煤，非常适合发展现代工业。青岛的纺织工厂平均一个月消费 1 万吨煤炭，75% 以上的煤炭都是由这两地的煤矿供应的。[②]

六是水陆交通便利。从水路来看，青岛处于华北、华东两大经济区的接合部，并与东北经济区跨海相连，是天津与上海之间最大的经济中心城市，是大连与上海之间重要的港口。国内可通往广州、天津、大连、烟台、上海等港口，国外可通日本、朝鲜诸国港口。从陆路来看，青岛作为胶济铁路的起点，串联起山东半岛东部，通过济南，胶济铁路将青岛与陕西、河南、北京、天津等地区连接起来。胶济铁路是当时中国连接内陆与沿海的交通大动脉之

---

① 方显廷：《中国之棉纺织业》，第 25 页。
② 《青岛纺织史》，第 152 页。

一，对动力机器、纺织原料的运进，机器纺织产品的运出具有重要的意义。

七是商业发达，金融便利。上海、汉口、天津与青岛，均系通商口岸。1926年，这四个地方的贸易额占全国贸易额的50.07%，此四地直接对外贸易额占全国直接对外贸易总额的67.93%，其内地通过贸易额占全国内地通过贸易总额的78.51%。这些口岸都有大的出口商，专门经营棉花、棉纱及棉布交易。1912年至1929年期间，上海与青岛棉花进口额达18431000担之多，约占自外国输入中国之棉花总额的90%，而向外国输出者，仅4633000担，只占全国棉花输出外国总额的13%。[①] 近代青岛是山东省的商业中心和金融中心，各种商业设施和银行集中，有利于棉纺织业的发展。

八是土地价格低廉。日本驻青岛守备军司令部将通过各种名目掠夺的土地以极低的价格优先出售或出租给日本工商企业，如日本棉纺织巨头租赁的沧口工业用地每坪年租金仅为2分，而市区近郊用地每坪年租金为2角。为了最大限度地保证日本工商企业中标，日本殖民当局在承租资格和手续上设置种种限制，使中国人很难租到土地。到1922年中国收回青岛时，青岛市郊附近的重要土地租出殆尽，领租者多半为日本人，未租出者皆为荒郊野地。[②]

最早来青岛投资设厂的日本棉纺织企业是日本内外棉株式会社。总社位于大阪，成立于1896年，总资本额为1600万元，最初的业务只是为日本国内各棉纺公司提供原棉，后来经营纺织厂，最初在大阪建立起棉纺厂，之后又在兵库县建立工厂，兼营

---

① 方显廷：《中国之棉纺织业》，第21页。
② 督办鲁案善后事宜公署秘书处编《鲁案善后月报特刊·公产》，1925，第76~77页。

织布业。早在 1884 年，被认为是日本纺织业界"恩人"的内外棉株式会社社长——川邨氏曾到中国调查棉花情况。1887 年他再次到中国考察，萌生了在中国经营纺织业的意图。川邨认为，"利用《马关条约》的权益，我们亲自打入中国去办企业，是另一个长策"。[1] 川邨主张通过着手在中国设立工厂来确保日本"商权"，从而使纺织企业的"公司利益"与日本的"国家利益"相一致。内外棉自 1911 年于上海设厂以来，其规模不断扩大，到 1923 年内外棉在华工厂已达 13 家，纱锭数达 30 万枚以上。到 1937 年时已居在华日本棉纺织企业之首。[2] 主要原因是内外棉纱厂经营灵活、产品丰富、技术先进，可称为日商纱厂在华经营的"典范"。

日本占领青岛后，内外棉株式会社在青岛海岸路附近圈地建厂。当时海岸路周边有以农为主兼营渔业的百余户居民，紧邻胶济铁路，往西是胶州湾，水陆交通方便，穿行而过的胶济铁路连接着山东腹地以潍县为中心的广阔的产棉区，获取原料等资源十分方便。1915 年 10 月 30 日，日本内外棉株式会社从日本青岛军政署租赁空地 22600 坪，折合 74708.82 平方米，筹建棉纺厂。[3] 1918 年 1 月，青岛内外棉纱厂开工建设，称内外棉株式会社第六工场，为青岛历史上第一个开工的纱厂。周学熙创办的华新纱厂本来应该是青岛第一家棉纺织厂，但受第一次世界大战的影响，订购的棉纺织机器迟迟不能到货，加之日本殖民当局的重重阻挠，华新纱厂投产一波三折，直到 1919 年底才正式投产。青岛内外棉纱厂初建时，棉纱市场供不应求，利润非常可观，1917 年 16 支纱每包 36.93 元，1919 年则高达 70.56 元，价格几乎翻了一番。1918 年，内外棉纱

---

① 庄维民、刘大可：《日本工商资本与近代山东》，第 128 页。
② 王萌：《战时环境下日本在华棉纺织业研究（1937~1941）》，第 28 页。
③ 《青岛纺织史》，第 186 页。

厂棉纱产量为 4905 捆，产值 760275 胶平两。1920 年纱厂资本扩充至 1600 万日元，纱锭增至 2 万枚，年产棉纱达 2 万捆。[1] 1923 年前后，内外棉株式会社又在青岛设立了第二、第三工场，纱锭增加至 63000 余枚。[2]

图 2-5　青岛内外棉纱厂职员俱乐部

资料来源：青岛市档案馆馆藏。

从 1916 年日本内外棉株式会社在青岛建立第一家棉纺织厂到 1922 年青岛隆兴纱厂的建成，是日本棉纺织资本在青岛的第一次投资建厂高潮；1922~1934 年十多年间，日本棉纺织巨头未在青岛开设新纱厂；直到 1935 年才进入第二次投资高潮，创设青岛上海纱厂和青岛丰田纱厂，但它们的纱锭分别为 54856 枚和 37908 枚，规模分别是 1919 年大康纱厂的 39.87% 和 27.56%。1936 年 10 月开设的同兴纱厂纱锭仅为 30720 枚，仅是大康纱厂规模的 22.33%。

① 庄维民：《近代山东市场经济的变迁》，第 381 页。

② 《青岛纺织史》，第 188 页。

相比之下，更能看出日本第一次占领青岛期间，日商棉纺织企业发展的速度。另外，从纺织机器的进口数额也能看出这一时期日商纱厂的发展速度。当时中国纱厂所用的机器几乎全部是进口，主要来自英国、美国和日本。上海虽有制造各种纺织器械的铁厂 600 家，但规模不一，资本最少的才 500 元，最多也不过数十万元，均为小规模工厂，产品主要是纺织机器的小件及附件。当时国内规模较大、比较著名的是中国铁工厂和大隆机器厂。中国铁工厂成立于 1922 年，主要从事织机附件的生产，总厂设在上海吴淞，1932 年毁于战火。位于上海的另一家纺织机械厂——大隆机器厂历史较为悠久，以制造织机的附件闻名，该厂曾仿造日本丰田式平面织机和圆形摇纱机以及英国道白生清棉机、钢丝机、棉条机、粗纱机等机械设备，但在全国棉纺织厂的普及程度有限。方显廷先生《中国之棉纺织业》中有统计表"中国之纺织机净进口值按其到达地之分配（1911~1930）"（见表 2-2）。虽然此表统计的是纺织机器，但在当时的海关报告册中并无分目，就我国当时的情形，方显廷先生认为，"纺织业之发展除棉纺织业外，均甚有限，故进口之纺织机器，多数均可认为是棉纺织机器"。①

表 2-2　中国之纺织机净进口值按其到达地之分配（1911~1930）

单位：海关两

年份	上海	胶州	天津	汉口	大连	其他	总值
1911	271516		14389	14065		12915	312885
1912	424305		4539	1054	115	24988	455055
1913	675022	1140	33681	1267	21955	81888	814953
1914	1873483		41268	14252	5351	99823	2034177
1915	1238753	13328	12119	14728	2766	47015	1328709

① 方显廷：《中国之棉纺织业》，第 104 页。

续表

年份	上海	胶州	天津	汉口	大连	其他	总值
1916	1269017	26954	410881	146019	4633	71329	1928833
1917	917772	109085	20750	114676	698	60762	1223743
1918	1130045	201352	87101	49086	5962	216891	1690437
1919	2516528	358581	290556	124482	175168	259488	3724803
1920	5951822	175740	446906	202327	82030	80224	6939049
1921	18751225	1944776	3668594	1080739	671213	707846	26824393
1922	20067240	5101992	2574730	1153774	1022143	564372	30484251
1923	6012405	2804884	251329	1752119	429390	424157	11674284
1924	2448327	541932	291881	756195	1334285	156312	5528932
1925	1946464	221441	134167	844886	169844	205710	4522512
1926	3129021	279827	41242	335663	187420	111111	4084284
1927	3012801	351661	96803	56967	184178	19415	3721825
1928	3163512	246299	215419	197193	317505	52651	4192579
1929	6546582	975767	834987	250395	219697	107686	8935114
1930	10507176	1581946	620668	509230	309930	920805	14449755
总值	91853016	14936705	10092064	7619117	5144283	4225388	133870573
每年平均值	4572650	746835	504603	380956	257214	211268	6693529

资料来源：方显廷《中国之棉纺织业》，第 107 页。

表 2-3　中国各口岸纺织机净进口所占百分比（1911~1930）

单位：%

年份	上海	胶州	天津	汉口	大连	其他	总值
1911	86.78		4.6	4.49		4.13	100
1912	93.24		1.0	0.23	0.03	5.49	100
1913	82.83	0.14	4.13	0.16	2.69	10.05	100
1914	92.10		2.03	0.70	0.26	4.91	100
1915	93.23	1.00	0.91	1.11	0.21	3.54	100
1916	65.79	1.40	21.30	7.57	0.24	3.70	100
1917	75.00	8.91	1.70	9.37	0.06	4.96	100

年份	上海	胶州	天津	汉口	大连	其他	总值
1918	66.85	11.91	5.15	2.90	0.35	12.83	100
1919	67.56	9.63	7.80	3.34	4.70	6.97	100
1920	85.77	2.53	6.44	2.92	1.18	1.16	100
1921	69.90	7.25	13.68	4.03	2.50	2.64	100
1922	65.83	16.74	8.45	3.78	3.35	1.85	100
1923	51.50	24.03	2.15	15.01	3.68	3.63	100
1924	44.28	9.8	5.28	13.68	24.13	2.83	100
1925	55.26	6.29	3.81	23.99	4.82	5.84	100
1926	76.61	6.85	1.01	8.22	4.59	2.72	100
1927	80.95	9.45	2.60	1.53	4.95	0.52	100
1928	75.46	5.87	5.14	4.70	7.57	1.26	100
1929	73.27	10.92	9.35	2.80	2.46	1.21	100
1930	72.72	10.95	4.30	3.52	2.14	6.37	100
每年平均值	68.61	11.16	7.54	5.69	3.84	3.16	100

资料来源：北平社会调查部编《第一次中国劳动年鉴》，1928，第227页。

从表2-2、表2-3可以看出，上海作为中国棉纺织业发展的中心，1911年至1930年，纺织机的年平均进口值占全国纺织机器总进口值的68.61%，胶州（即青岛）占11.16%。1913年至1922年间青岛纺织机器进口值从1140海关两飙升到5101992海关两，上涨了4474倍，占全国纺织机器的比例也从1913年的0.14%上升到1922年的16.74%，1923年更是上升到24.03%，达到顶峰，特别是从1920年至1922年这三年间，青岛纺织机器的输入值从175740海关两上升到1922年5101992海关两，三年增长了28倍，青岛纺织机器输入值占全国纺织机器总输入值的比例从1920年的2.53%上升到1922年16.74%，而这三年正是日本棉纺织企业在青岛集中扩张的时期，这些数据从另一个侧面反映了这一时期青岛棉纺织的发展速度。

另外，青岛港棉纱进出口贸易的变化也反映出这一时期青岛棉纺织工业的发展。随着青岛本地棉纺织工业的兴起，"棉纱尤其是日本棉纱的进口大幅减少，青岛棉纱进口由 1916 年的 279822 担减至 1920 年的 139055 担，减少了一半以上。到 1924 年又进一步减少至 24025 担。青岛日商纱厂生产的棉纱、棉布逐渐成为青岛港重要的贸易商品，各厂所出之纱与粗布不仅敷供境内之需求，且有多数余货运往外洋及通商口岸"。（见表 2-4）1924 年，青岛共输出棉纱 1.32 万件，翌年增长 1 倍，1927 年达 6.4 万件。1925 年输出细布、粗布 26 万匹，1927 年输出增至 55 万匹。青岛棉纱除在本省即墨、潍县、昌邑等处销售外，还行销至京津地区、长江流域和东南沿海以及东北地区。①

表 2-4　1916~1920 年青岛棉纱进口统计

单位：担

年份	华厂纱	日本纱	印度纱	合计
1916	30639	220779	28404	279822
1917	86944	158452	40500	285896
1918	132886	105035	10817	248738
1919	118834	43348	11560	173742
1920	62242	68855	7958	139055

资料来源：叶春墀《青岛概要》，1922，第 65~66 页。

与此同时，青岛输入外棉的数量逐年增加。1920 年，青岛棉花进口仅 7871 担，1921 年增至 41447 担，1922 年更增至 96502 担，三年增加了 11.26 倍。（见表 2-5）增加额度如此之大皆"缘本埠

---

① 庄维民、刘大可：《日本工商资本与近代山东》，第 286 页。

棉纺织业发达，需要渐多"，① 到 1922 年达到十年间的峰值，这说
明到 1922 年青岛棉纺织业的发展达到高峰。

表 2-5 1913~1922 年中国各商港输入外棉情况

单位：担

年份	上海	青岛	天津	其他	合计
1913	109161		5	25867	135033
1914	96007		7	21256	117270
1915	325325	206	418	31540	357489
1916	383669	92	1067	22952	407780
1917	259650	212	490	22952	283304
1918	157758	554	2497	29537	190346
1919	205895	335	1551	31437	239218
1920	558112	7871	15819	204571	786373
1921	1434888	41447	126712	101013	1704060
1922	1458283	96502	167749	61187	1783721

资料来源：冯次行《中国棉业论》，上海北新书局，1929，第 62 页。

第五节 日商纱厂的生产经营状况

在管理制度上，在华日本纱厂移植了日本国内的纱厂管理制
度，废除了中国旧式工厂的买办制和工头制，建立起比较科学周密
的组织管理系统，使管理更加精细、高效。近代日本棉纺织业经营
管理制度的特点是高度集中、集团化运作，在华"日商纱厂没有
中国纱厂那样传统的市场组织影响和经营管理、生产管理的重重困

---

① 《帝国主义与胶海关》，第 317 页。

难，而继承了日本棉纺织业的竞争和独占的经营体制"。①

首先，从资本来看，日本财阀为在华日商纱厂提供资金保障。在华日本纱厂中，除内外棉株式会社和大康纱厂外，其余纱厂皆有日本财阀背景，而且日本在华企业大多数为日方独资，即使是中日合办企业，日方资本所占比例也达到50%。② 在华日商纱厂大都是由在华或日本国内的棉花或纺织大会社投资，而这些大会社又各以日本大财阀为其母体，也就是说它们以棉货对华竞销，更以棉货竞销之所得转回投资于中国棉纺织业。③ 日本财阀为在华日商纱厂的生产经营提供了稳定的资金支持。稳定的资金供给链是日后日商与华商纱厂竞争中占优势的主要原因之一，同时也是在经过多次工人罢工运动、抵制日货运动后，日商纱厂依然能够在中国市场上存续而没有破产的重要原因之一。

其次，从生产经营来看，在华日商纱厂生产经营的集中性、垄断性特征非常明显。近代以来，日本财阀与日本政府的关系非常密切，它们受到政府的庇护和扶持，带有强烈的官僚资本主义色彩，"日本的金融是操在财阀手里的，自然日本工商业也操在财阀手里了。日本财阀握金融及工商业在手，全国经济命脉便完全握在手"。④ 在华日商纱厂凭借日本财阀的支持，建立起高度集中的生产经营模式，统一收购原料，并利用城乡各地设置的销售网点，控制棉纱交易，有效地在各工厂之间实行生产分工和协作，以提高劳动生产率，降低成本，增加利润率，这种由大企业带来的规模经济效益，为一般的中小企业望尘莫及。日本棉花株式会社、东洋棉花

---

① 《中国近代纺织史》上卷，第181页。
② 《中国近代纺织史》上卷，第30页。
③ 严中平：《中国棉纺织史稿》，第223页。
④ 许兴凯：《日本财阀的政治经济势力：日本财阀研究之一》，《外交月报》第7卷第5期，1935年，第12页。

株式会社和江商株式会社三大棉商基本垄断了在华日商纱厂的原料
供应和产品销售，三大棉商以其遍布全球的供应网给纺织业界提供
低价的原棉，而大纺织厂能以其左右全国的势力，将制成品以低价
售给棉商，再向外推销。①

　　为保证青岛日商纱厂的利润和垄断地位，日本棉纺织企业和日
本商行可谓费尽心机，派出调查人员对山东产棉区以及棉花产量、
质量进行调查，并根据需要促使农民植棉。因山东原产的棉花纤维
短而硬，不宜于纺，收采、装包亦不得法，② 早在 1910 年，日本商
社就开始在山东、河北引进"美棉"种植。1914 年，日本占领青
岛后，日商凭借政治特权，开始深入胶济铁路沿线进行棉种改良及
推广工作。1917～1918 年，日本人基辅在高密蔡家庄等地劝说民众
放弃籽小、纤维短的本地棉而改种美棉，并发放美棉种子给农户，
承诺出资回收所产新棉。但由于对当地气候观测推算不准确，多数
棉田在收获前遭到霜击。基辅为此折本数万元，美棉拓展事业受
挫。③ 1917 年，日资商号和顺泰依托东洋拓殖株式会社及隆和公
司，从美国和朝鲜木浦购入美棉种子在鲁北地区奖励棉农试种。
1918 年，日商又在胶济铁路沿线向农民分发种子，承诺秋后直接
收买籽棉，美棉种植范围扩大到邹平、张店等县。1920 年，日商
开始致力于引进美国"脱字棉"，并将育成的种子分发给当地棉
农。相比之下，青岛华新纱厂的植棉基地筹建较晚，直到 1924 年
才开始建设，先后在清平、滨县等县散发棉种，签订合同承诺秋后
高价收购。④

　　在鼓励植棉的同时，日商开始在山东腹地设立棉花交易市场，

---

① 严中平：《中国棉纺织史稿》，第 214 页。
② 袁荣叟：《胶澳志》卷 5《食货志六·商业》，第 71～72 页。
③ 《高密县志》卷 7《实业》，台北：成文出版社，1968，第 68 页。
④ 《山东棉业报告》，《山东农矿厅公报》第 2 卷第 6 期，1931 年 3 月，附录，第 12 页。

并且垄断棉花交易市场。一战后期，日本人在滨县等地开设收花处，大量收购原棉，以保证在青日商纱厂的原料供给。[1] 1918 年起，日本东洋拓殖会社也在山东开展棉花推广，贷给济南日籍棉花商号和顺泰 20 万元，令其于胶济铁路沿线的邹平、张店、高密县收购棉花，直到济南惨案发生后才停止。[2] 从 20 世纪 20 年代起，山东棉花交易几乎被日商洋行所垄断，其贸易主要集中在济南、青岛、张店三地。其中济南的棉花交易市场规模最大。济南棉花市场兴起于清末。据统计，1912 年由济南站外运的棉花有 15.6 万担，其中胶济铁路沿线的农村消费 5.9 万担，运到青岛仅 9.7 万担；青岛当地仅消费 2.7 万担，大部分出口。1923 年，由济南站外运的棉花有 28.9 万担，是 1912 年外运棉花的 1.85 倍，其中胶济铁路沿线农村消费不到 2 万担，绝大部分运到青岛供应当地的棉纱厂，青岛本地的棉花消费量增长到 22.2 万担。（见表 2-6）特别是 1920 年后，青岛纱厂成为济南棉花市场的最大主顾，其消费量占山东棉花上市量的 76.8%。[3]

表 2-6　济南站外运棉花数量（1912~1923）

单位：担，%

年份	胶济铁路沿线		青岛				合计
			本地消费		出口或外运		
1912	59000	37.8	27430	17.6	69570	44.6	156000
1921	56882	25.7	147104	66.4	17462	7.9	221448
1922	71284	30.3	129216	54.9	34951	14.8	235451
1923	19333	6.7	222095	76.8	47670	16.5	289098

资料来源：森时彦《中国近代棉纺织业史研究》，第 324 页。

---

[1]　《民国八年棉产调查报告》，《华商纱厂联合会季刊》第 1 卷第 2 期，1919 年 12 月，第 225 页。
[2]　《中国棉产改进统计会议专刊》，第 19 页。
[3]　森时彦：《中国近代棉纺织业史研究》，第 324 页。

　　济南的棉花市场基本上操纵在日商商行手中，主要有日本东棉洋行、日本棉花株式会社、江商株式会社、中外棉花会社、内外棉花会社等等，操纵远东棉货贸易的最大商业组织是东棉洋行、日本棉花株式会社和江商株式会社，三大会社均在济南设有分店。这三大会社在世界各棉产地和日本棉货销售地都有分店，其在中国开办的分店尤其繁密。利用这些组织，他们差不多垄断了中国全部的棉花进出口贸易，也操纵中国国内的棉纺织交易市场。这些洋行大都不需要自备资本，只需在济南花行或棉商与青岛日厂之间进行接洽，促成交易。棉花的品质、市价和数量完全受青岛日商纱厂左右，由此青岛日商纱厂对济南棉花市场有绝对的控制权。青岛日商纱厂每天向济南日商棉花商行报告青岛的棉纱价格，济南日商棉花商行根据此报告决定当日济南棉花的收购价格与数量，而济南全市的棉价升降也不得不以此为标准，济南华商花行也不得不听从日商所定的价格，平时如此，到了新棉花上市时更是如此。上海、无锡等地的华商纱厂曾派人到济南收购棉花，济南日本棉商以青岛日商纱厂为后盾，任意抬高价格，垄断市场，待华商走后，又压低价格进行收购，从中获利。[①] 济南这个新兴的原棉转运市场就是这样被日商控制的，日商从原棉收购运输，经纺织制造，到制成品的推销形成一套完整的投资经营系统，无须华商参与即可完成全部过程。另外，日商还深入产地集散市场，直接从当地花行手中收购，三井、山积洋行在临清设立营业所，从当地 23 家花行收购棉花，临清逐渐成为山东腹地另一个规模较大的棉花集散中心。东棉洋行和日本棉花两家商行还分别在济南、周村设立轧棉工厂，就地加工收购来的棉花。在原棉上市时，"日商派人四处收买，种种利诱，而

---

① 严中平：《中国棉纺织史稿》，第 229 页。

内地农夫亦利其现金，乐与成交。日商组织既佳，资本充裕，华商无可如何"。①

正是通过雄厚的资本，高度的集中和垄断，在华日商纱厂在这一时期获得较高的利润。棉纺织品的制造成本，主要分为原料及其他两类，据方显廷先生估算，在纺纱业中原料成本约占总成本的 4/5，但纺纱的支数愈高，原料成本愈低。如天津某一纱厂，纺 10 支纱原料成本占其总成本的 87.92%，14 支纱占84.78%，16 支纱占 82.61%，20 支纱占 77.64%。其他成本主要是工资、动力、材料、折旧、利息、税捐及固定成本（包括保险费、办公费及其他杂费等）。我国纱厂对机器及建筑折旧的计算，多在确定官利及公积金之后，如无红利可分，就不再计算折旧。②

青岛内外棉纱厂作为青岛日商纱厂的典型，它的盈利情况在一定程度上反映了整个青岛日商纱厂的盈利情况。1921 年，青岛内外棉纱厂资本金利润率非常高，前期为 74%，后期为 84.9%；③ 青岛华新纱厂的利润发展趋势与此类似，说明当时的市场是非常有吸引力的。从当时中国进口棉纱的数量来看，1909~1911 年进口棉纱1320197 公担，1919~1921 年减少到 807249 公担。市场上进口棉纱少了，而需求量并没有减少，使棉纱的价格上涨，纱厂盈利增加。1916 年每生产一件 16 支纱可获利 7.61 元，1917 年盈利增加到36.93 元，1919 年竟达到了 70.56 元。④ 上海日商纱厂较早地引进大牵伸式纺纱技术中最先进的丰田式自动织机等，生产效率较高，效益较好，每期分红率均能维持在 10% 左右。⑤ 学者雷麦估算，以

① 侯厚培：《中国近代经济发展史》，上海大东书局，1929，第 102 页。

② 方显廷：《中国之棉纺织业》，第 108 页。

③ 庄维民、刘大可：《日本工商资本与近代山东》，第 288~289 页。

④ 《青岛纺织史》，第 157 页。

⑤ 《中国近代纺织史》上卷，第 229 页。

1927 年日本商工省统计的 89 家公司情况来看，日本在华纺织业投资为 15360 万日元，利润为 840 万日元，利润率约为 5.5%。[①] 综合来看，以青岛内外棉纱厂为代表的青岛日商纱厂在这一时期的利润普遍高于在华日商纱厂的平均利润。

这一时期在华日商纱厂的利润之高，甚至引起了美国有关方面的注意。1914 年美国驻华商务参赞奥德尔在报告中提到："在上海开设的日本纱厂是在中国办得最成功的纱厂，据说是由于管理有效，使用美棉和中国棉花混合纺制一种高级棉纱……我在日本时曾听见一位在上海设有分厂的纱厂经理说，上海分厂的利润要比在日本的纱厂平均超过 10% 至 15%，有两家在上海的日本纱厂的生产能力已增加 1 倍。"[②]

1919~1924 年青岛华新纱厂的经济效益整体来看亦非常不错，但与青岛内外棉纱厂相比仍有差距。（见表 2-7）

表 2-7　青岛华新纱厂经济效益情况（1919~1924）

年份	1919	1920	1921	1922	1923	1924
结余		346638	414165	375468	200366	4284
折旧		109164	201102	57235	77752	
股利		8 厘 96000 6 厘 72000	8 厘 134362 10 厘 141236	8 厘 174101 4 厘 69205	5 厘 118442	
花红		50400	98865	48443		
股本	1200000	1200000	2145000		2700000	2700000
机器产业	593569	744633	1079248		1931494	1889459
房地产业	350823	373820	420894		738171	744806

---

① 雷麦：《外人在华投资》，第 371~373 页。
② 汪敬虞编《中国近代工业史资料（1895~1914 年）》第 2 辑上册，第 358 页。

续表

年份	1919	1920	1921	1922	1923	1924
家具	3558	17124	23071		36634	39292
证券	22000	73478	76978		221063	217876
公积金		11873	32581	48250	54380	54380

资料来源：周小鹃《周志俊小传》，第 32 页。

从表 2-7 我们可以看出，1921 年青岛华新纱厂的结余、股利和花红均达到了顶峰，这得益于当时的市场棉贱纱贵，棉纺织业利润非常可观。据青岛华新纱厂的老职员说，1920~1921 年是青岛华新纱厂盈利最多的年份。[1] 据有关档案记载，1920 年华新共有纱锭 1.5 万枚，1921 年增加到 2.2 万枚，当时青岛华新纱厂主要生产 16 支棉纱，如果以每 12 小时每锭产 16 支棉纱 0.4 磅、每年开工 300 天（每天两班）计算，则 1920 年可产棉纱 9000 件，1921 年可产 13176 件，当时每件纱的成本为 52 元左右，而市价每件 130 元，每件可获利 70 多元，可推算华新这两年盈利不下 155 万元。[2] 与表 2-7 中这两年结余、股利和花红的总和相差不多，这说明青岛华新纱厂的利润率基本可信。另外，青岛华新纱厂 1919 年底投产时只有资本 120 万元，纱锭 1.5 万枚，1921 年和 1923 年先后增资，股本增加到 270 万元，扩建厂房，添置美式怀丁纱机 6960 锭，纱锭增加到 3.2 万枚，不到两年的时间，青岛华新纱厂的资本及纱锭都增加了 1 倍以上，充分说明这一时期企业利润比较可观。

从全国的情况来看，这一时期也是棉纺织企业盈利较多的时期，全国纱厂盈利最高的年份是 1919 年，每包纱盈利达到 70.56 元，而到 1922 年则每包纱要赔 20.63 元。（见表 2-8）

————

[1] 《青岛纺织史》，第 186 页。
[2] 《青岛纺织史》，第 186 页。

表 2-8　中国华商纱厂的盈利情况（1914~1922）

年份	全国纱厂				申新一厂实际盈利(元)
	棉价（每担/元）	成本（每包/元）	纱价（每包/元）	纱盈利（每包/元）	
1914	29.37	119.58	139.16	19.58	
1915	32.17	130.95	126.57	-4.38	20000
1916	33.71	136.45	144.06	7.61	110000
1917	43.71	175.66	212.59	36.93	400000
1918	51.75	200.25	221.68	21.43	800000
1919	47.90	209.16	279.72	70.56	1000000
1920	47.20	206.64	271.61	64.97	1100000
1921	45.45	200.28	210.49	10.21	600000
1922	50.14	217.13	196.50	-20.63	

　　资料来源：严中平等编《中国近代经济史统计资料选辑》，第116页。

第六节　"到青岛去"

　　1898年即德占青岛之前，青岛地区仅有为数不多的手工业者，尚未形成产业工人队伍。伴随着德国在青岛兴办工厂企业，青岛产业工人队伍逐渐形成，特别是棉纺织业作为典型的劳动密集型产业，需要大量的工人，而胶济铁路的建成，使山东腹地的农民到青岛打工成为可能。胶济铁路是山东历史上第一条现代化铁路。这条铁路的建成与通车，是晚清山东历史上重要事件之一，对青岛和山东半岛东部的社会、经济、政治、军事、文化、观念等方面均产生了广泛深远的影响。胶济铁路的开通不仅促进了山东东部的工业化、现代化、城市化，胶济铁路沿线的很多市镇商业繁荣、贸易发展，而且也改变了山东东部民众的思想观念，很多内陆居民乘火车来到新兴城市——青岛，寻求发展机遇。他们成为商人、工人、手工业者，构成了青岛城市的第一代移民，这一点与近代上海的情况相类似，"到上海去"成为近代江苏苏北、苏南一带发财谋生的一句口号，可能在山东腹地也存在着这样的情况，"到青岛去"也是他们出外谋生的第一选择。

德华缫丝厂建厂后，工人主要来源于青岛当地和邻近各县的破产农民、灾民和城镇贫民等。德国人认为，中国工人尽管手巧能干，但缺乏系统训练；他们好学勤快，但也必须严格加以纪律约束和组织，使其工作满足生产优质丝织品的要求。① 所以，该厂建设之初，专门建立一所培训学校，挑选约 100 名男童，签订长期劳动合同，对他们进行严格培训，培训课程是量身定制的，除学习技术课程外，还学习德语、汉语文学、数学和地理，计划将他们培养成日后的工长或监工。② 1902~1907 年，先后有 1700 人通过培训进入生产岗位。

1920 年，山东发生严重旱灾，大批农民破产，流离失所。华新纱厂先后在利津、章丘、临清、滨县等地广设招工站，大量招工，充实工人队伍。招募的工人年龄为 12~25 岁，由于年龄小的工人更听话，所以进厂后一般是 13 岁以下的学细纱，14~16 岁学摇纱，17~19 岁学粗纱，20 岁以上的则被分配在前纺工作，个别的培养保全工，先后共招募 1200 余人，③ 这是青岛华新纱厂"艺徒"的缘起。

青岛日商纱厂的工人主要来源于山东腹地，日商派出"保护员"即工头去山东内地招募工人。为便于管理，日商将工人的管理权下放给"保护员"，按照工人籍贯每个县指定一个"保护员"，一个"保护员"管理 100~500 名不等的工人。"保护员"对工人管理严苛，在学徒期间，工人的住宿、吃饭、工钱都由"保护员"

① 《青岛开埠十七年——〈胶澳发展备忘录〉全译》，第 342 页。
② 《青岛开埠十七年——〈胶澳发展备忘录〉全译》，第 342 页。
③ 《青岛纺织史》，第 157 页。

控制。据后来大康纱厂的工人回忆，大康的"保护员"中势力最大的一帮是蒲台帮（今属山东滨州地区），蒲台帮的李文光和乔五春两人管理 200~300 名工人，开设食堂，要求他们的工人必须到他们所办的食堂吃饭，每月每人缴纳饭钱 1~2 元。[1] 另外，为解决工人短缺问题，大康纱厂还招聘临时工，每天在工厂门口用临时"验工"的方法招收那些因破产流落青岛街头的农民以及因生计无着，终日不得温饱而不得不到纱厂做工的城市贫民，这些贫民很可能是不久以前来青岛的农民，他们大多是通过同乡或亲戚的介绍来到青岛。这一情况与天津相似，据方显廷先生的研究，天津织布业工人的雇用制度是："工人进厂，必须与雇主熟识之人，为之介绍。此人大都为同业中人，或为雇主朋友，或为同乡，或为亲戚，或为本家，或为邻里，或为同伙。"[2]

虽然从待遇上看，纱厂工人的待遇仅是一般水平，但在当时，饥荒遍地，衣食无着，纱厂的条件对大多数人来说，有较大的吸引力，所以，青岛周边及山东腹地的农民会蜂拥而至，成为近代机器工业流水线上的一员。

第七节　　"养成工""艺徒"阶层

近代中国纺织工厂的用工制度主要有学徒制、包工制、包身工制和养成工制。[3] 学徒制，最早流行于手工业生产中，学徒一般先要与厂主签订合同，并找保人，交纳一定的保证金。学徒期一般为 3 年，厂主负责学徒的吃住，后期会发一定的零花钱，但没有工资。包工制，又叫工头制，是在华日商纱厂普遍采用的雇佣工人和

---

①　《青岛纺织史》，第 12 页。
②　《天津织布工业》，《方显廷文集》第 2 卷，商务印书馆，2012，第 80 页。
③　《中国近代纺织史》上卷，第 31 页。

管理工人的制度。最早实行包工制的是 1897 年英国人在上海设立的怡和纱厂。当时外资纱厂为了便于招聘和管理工人，一般会找一些中国人作为工头，负责招工并管理工人，上面我们提到的蒲台帮就是典型的包工制，这些工头利用帮会和同乡关系层层剥削工人。包身工制是包工头招收包身工的一种制度，是包工制的一种特殊形式，也可以说是包工制的"升级"。当时青岛日商纱厂企业主意识到，由于工头对纺织技术一窍不通，对工人盘剥严重，包工制严重阻碍技术升级和生产效率的提高，于是青岛从同兴纱厂开始便实行"包身工制"。工头先到农村招工，招来的工人与包工头订有契约，期限一般为三年。工人进厂后先学习 3 个月，然后根据学习情况分派工种。包工期间，包工头分期付给工人家庭 30~40 元的报酬，包身工的衣、食、住均由包工头负责。厂方给包身工的工资和津贴全部由包工头领取，包身工每月只能拿到几角零用钱。[1] 这种对包身工本人及其家人发放一定报酬的方式，一定程度激发了包身工的积极性。包身工制在上海日商纱厂中非常普遍，据日本学者估计，1937 年前在华日商纱厂中包身工占全体工人的一半以上，华资纱厂这一比例为 20%~30%。[2] 与青岛不同的是，上海日商纱厂的包身工绝大多数是女工，现代作家夏衍所写的《包身工》反映的就是上海日商纱厂中包身女工的情况。这些包身女工最初来自上海的贫民阶层或者周边农村，但随着纺织工业的扩大，来自江北偏远地区的年轻女性成为上海纺织女工的主力军。[3] 包身女工日工资初为 0.1~0.15 元，两年后可得 0.3~0.38 元，凡是不需要技术的工种，甚至是男工的工作，都可以由包身女工来做，包身女工的工资只有

---

① 《青岛纺织史》，第 207 页。
② 转引自〔日〕高村直助《近代日本绵业と中国》，东京出版会，2012，第 175 页。
③ 罗苏文：《女性与近代中国社会》，上海人民出版社，1996，第 291 页。

男工的三分之一。①

养成工制，这是在华日商纱厂比较流行的用工方式。养成工制最先是日本国内纱厂的一种用工制度，后随着日本纺织资本一并引入中国，对于提高纱厂工人的技术水平具有积极作用，在日商的内外棉纱厂中比较普遍。青岛内外棉纱厂曾从工人中选出 68 名文化层次较高的，分别送往上海和东京进行培训，这批工人之后成为该厂的技术骨干。② 养成工一般是日本纱厂主委托工头到内地农村招录，招录对象主要是一些家境贫寒的孩子，他们来到工厂后先接受 3~6 个月的训练，其间除在工头监督下劳动外，也学习文化知识，由厂方提供吃住，但不给工资，只发少量津贴。训练期满后，工人必须在厂内干满一年或三年才能成为正式工人，这一时期工资相当于正式工人的一半。试用期满后，由工厂负责考核，考核合格后聘为正式工人。青岛公大纱厂曾在李村公学堂招收一批具有高小以上文化程度的青年，送到日本神户、大阪等地的纺织厂学习 3~6 个月，称之为"练习生"，实际上也是"养成工"。青岛公大纱厂规定，练习生必须与纱厂签订合同，承诺学成回厂，5 年内不准离开该厂。如离厂须拿出 500 元来抵偿其间的各项费用。该厂先后共招收了 4 批练习生，约 200 人。③ 青岛日商纱厂早期工人运动的领袖之一——王星五，曾经就是公大纱厂纺部的练习生。后来，由于这种制度在操作规范化、技术水平提高方面有积极作用，中国民族棉纺织厂也纷纷效仿。

另外，为加强对工人的管理，青岛日商纱厂一般都会与工人签订雇用契约书，在档案中保留有"青岛中日纱厂雇用工人学徒契

---

① 罗苏文：《女性与近代中国社会》，第 290~292 页。
② 《青岛纺织史》，第 187~188 页。
③ 《青岛纺织史》，第 16 页。

约（1925 年前）"。①

青岛钟渊（公大）纱厂②

对于内地派遣的练习生（约 200 名），受理 5 年期间勤务的契约书。

对于一般职工有如下契约：

誓约书

此次被贵公司录用，上工后须要遵守上司之命令，严守一切规则，诚实竭力，忠实地作本岗位工作，专心钻研技术，以图上进，决无违背。如有违背规则者，或无理由歇工以及于工厂若有损害时，无论如何处分，情愿服罪或被贵公司规则处罚，将工钱充工及减薪等，亦甘心情愿，决无异心，空口无凭，立合同存照。

民国　　　年　　月　　日

本人　　　　某　印

保人　　　　某　印

钟渊纱厂　　　台鉴

青岛宝来纱厂（长崎纺织厂）③

誓约书

自从贵公司应允入厂佣工后，情愿循规蹈矩，以尽厂职，并遵守下列六项条规，若有违反等情，任凭贵厂处罚。

一、参加罢工运动者按情节轻重处罚；

二、窃取东西者依条件罚；

---

① 《青岛华工待遇状况》，日本国立公文书馆亚洲历史资料中心藏，档案号：B372101。
② 《青岛华工待遇状况》，日本国立公文书馆亚洲历史资料中心藏，档案号：B372101。
③ 《青岛华工待遇状况》，日本国立公文书馆亚洲历史资料中心藏，档案号：B372101。

三、破坏房屋（器具）者按价赔偿；

四、自由离开公司者罚七月以内工钱（工资，特别之情由不在此限）；

五、对于司员若有任意谩骂和暴力行动等事，一定严加处罚；

六、其他使公司受害者，处以相当之赔偿。

> 本人　　　　姓名　　　　年龄
>
> 原籍（老家）
>
> 现住址
>
> 保证人　　　　姓名　　　　年龄
>
> 现住址
>
> 　　　　　　　　年　月　日
>
> 宝来纱厂宝号台照　　　班部号

青岛华新纱厂最初实行艺徒制。艺徒制在中国近代工业中广泛存在，特别是一些劳动密集型、对技术要求不高的行业比例更高。华新纱厂工人进厂后，先与纱厂签订协议，承诺入厂学艺五年，学徒期间半工半读，衣食住由工厂负责，每人每月发给 5 角钱的工资，每年发服装两套，七天一休假。[①] 为防止艺徒擅自离厂，华新纱厂制定了严格的管理制度，规定如欲学徒期间离厂，另谋职业，必须交纳40 元的饭费。[②] 关于华新纱厂艺徒的数量，一直存在争议，从 1925年的青岛华新纱厂住厂工人年龄情况，我们可以看出，在整个住厂工人中，16~20 岁的男性工人最多，约占工人全体的 38%，11~15 岁男性约占 19%，两者相加约占 57%，纱厂工人呈年轻化，但这些工人是不是"艺徒"身份，我们不得而知。（见表 2-9）

---

① 《青岛纺织史》，第 158 页。
② 《青岛纺织史》，第 158 页。

表 2-9　青岛华新纱厂住厂工人年龄情况（1925）

年龄	男工	女工
11~15 岁	94	13
16~20 岁	194	12
21~25 岁	84	1
26~30 岁	34	1
31~35 岁	29	1
36~40 岁	11	0
41~45 岁	14	1
46~50 岁	3	6
51~55 岁	3	0
56~60 岁	3	0

合计：504 人，其中男性 469 人，女性 35 人；男性占 93%，女性占 7%

资料来源：北平社会调查部编《第一次中国劳动年鉴》，1928，第 380 页。

第八节　工作条件、福利待遇

1925 年 8 月 15 日，日本外务省社会局书记官吉坂俊满将日本国内纱厂与在华日商纱厂的劳动条件、工资等做了详细对比，编制为《日中劳动条件比较》表，[1] 虽然从时间上看，该表形成于 1925 年，比我们论述的时间稍晚一些，但考虑到当时纱厂管理制度的延续性和相对稳定性，在一定程度上它也可以反映 1925 年以前日本在华纱厂的情况。

从劳动时间来看，近代棉纺织企业一般都实行日夜轮班制，机器不间歇运转。[2] 日本国内工厂工作时间是从早上 6 点钟到下午 6 点钟，夜班从下午 6 点到早上 6 点，白班中间休息 1 小时，故实际

---

[1]　中共青岛市委党史资料征委会办公室、青岛市档案馆编《青岛党史资料》第 1 辑，1987，第 179~180 页。

[2]　关于各地纺织业工作时间，可参见《各地织染业工作休息时间表》，《第一次中国劳动年鉴》，第 310 页。

白班工作时间为 11 小时。从 1925 年开始，日本国内的 53 个会社中，已有 24 个会社，工作时间改为从早上 6 点钟到下午 5 点钟，夜班从下午 5 点钟到早上 6 点钟，白班中间休息 1 小时，白班实际工作不到 10 小时，其中，上午 9 点钟休息 20 分钟或 15 分钟，正午休息 30 分钟或 40 分钟，下午 3 点钟休息 20 分钟或 15 分钟，合计至少可以休息 1 小时。相比之下，青岛日商纱厂工作时间相对长一些，基本上是从早上 6 点钟到下午 6 点钟，夜班从下午 6 点钟到早上 6 点钟，白班中间有 20 分钟的休息时间，但公大纱厂比别的日商纱厂早下班 10 分钟，每天 5 点 50 分下班。1925 年 4 月工人大罢工后，青岛日商纱厂每天下午 3 点增加 1 次休息，时间为 15 分钟，休息时间增加到 35 分钟。天津日商纱厂每天休息时间为 30 分钟。青岛华新纱厂仅在正午休息 25 分钟，机器不停。[1]

日本国内纱厂每七日休假 1 次，每月休假 4 天。在休假日，因机器停止 24 小时，故一组的休假时间为 24 小时，而另一组则为 36 小时。遇到重大节庆日，纱厂工人不全部休息，可轮流休假。在华日商纱厂虽然采用每月休假 4 日的制度，但由于机器并非停 24 小时，大多数仅停 12 小时，故名义上虽是休假 1 日，但实际上多数仅休息半日，也就是 12 小时。也有一些工厂是每月一次停止机器 24 小时，其他三次则停半日。[2]

据方显廷先生统计，到 20 世纪 30 年代，华商纱厂之工时一般为 12 小时，而日商纱厂则为 11 小时，每日正午或深夜，有半小时至 1 小时用膳时间。纱厂之休息日，各处规定不同，有每星期日休息者，有每十天休息一日者，更有每月休息两日者。天津诸厂盛行之办法，即为第一种，所有班次之更换，亦均于此时进行。[3]

---

① 《青岛党史资料》第 1 辑，第 179~180 页。
② 《青岛党史资料》第 1 辑，第 179~180 页。
③ 方显廷：《中国之棉纺织业》，第 178 页。

　　关于这一时期青岛棉纺织工人的工资统计资料比较多，但记载
零散且不一致。据《胶澳志》记载，1917～1918 年，一个上等纺
织男工日工资为 0.65 元，普通纺织男工日工资为 0.20 元；上等纺
织女工日工资为 0.30 元，普通纺织女工日工资为 0.15 元。12～15
岁纺织童工日工资为 0.08 元，除工资外，棉纺厂负责供给工人饭
食。[1] 据农商部 1919 年调查，全国普通纺织工人平均日工资，不供
膳食的男工为 0.33 元，女工为 0.25 元；其中吉林的男工最高
（0.49 元），北京的男工最低（0.21 元）；江苏的女工最高（0.36
元），吉林的女工最低（0.18 元）。[2] 1920 年 11 月，北平社会调查
部对青岛棉纺织工人工资进行调查，形成了青岛四方纱厂工人每日
工资表。（见表 2-10）结合前述标准来看，青岛纺织工人的工资在
当时整个中国处于最低水平。

表 2-10　　　1920 年青岛四方纱厂工人每日工资情况

单位：元

部别	每日工资	部别	每日工资
混棉部	0.20～0.28	精纺部	0.15～0.48
打棉部	0.20～0.36	纽部	0.12～0.38
栉棉部	0.20～0.36	荷造部	0.20～0.80
练纺部	0.20～0.36	仓库部	0.20～0.25
粗纺部	0.20～0.42	选棉部	0.20～0.25

资料来源：《第一次中国劳动年鉴》，第 227 页。

　　虽然该调查资料未说明调查对象具体是青岛哪个纱厂，但根据
四方纱厂这一地理方位来推断，应该是内外棉纱厂或大康纱厂，因
为这一时期隆兴纱厂尚未投产。同时，北平社会调查部还统计了这

① 袁荣叟：《胶澳志》卷 3《民社志七·工资》，第 82 页。
② 《中国近代纺织史》上卷，第 33 页。

一时期青岛华新纱厂和内外棉纱厂的工人工资情况，从这个信息推断，表 2-10 的四方纱厂应该是指大康纱厂。青岛华新纱厂各部工人日工资为 0.15~0.45 元，实习生为每月 2.00 元，女工为每月 3.00 元。对青岛内外棉纱厂工资情况的调查比较宽泛，只说明普通工人日工资为 0.17~0.32 元。[①] 从工资的数值来看，1920 年青岛纱厂工人的工资相较 1917~1918 年有一定的增长，因为 1917~1918 年普通纺织男工日工资为 0.20 元，1920 年除了纽部和精纺部外，大康纱厂工人最低日工资为 0.20 元，内外棉纱厂的最低日工资为 0.17 元，但这只是从数值上来看，如果考虑到物价上涨等因素，结果就并非如此。与青岛日商大康纱厂、内外棉纱厂相比，华新纱厂的最低日工资更低，当然，这只是绝对数值的对比，其中还要涉及工种、休息时间、劳动强度等多个变量，总体而言，从这些统计数据来看，这一时期青岛的华商纱厂与日商纱厂工人工资待遇差别不是很大，不像流传的顺口溜说的那样，"想混日子去华新，想挣钱去大康"。

我们再来看一下 1920 年上海某纱厂工人工资情况，粗纱间男工的日工资在 0.30 元左右，同一车间的童工日工资为 0.18 元，同一车间女工日工资为 0.22~0.31 元，女工头日工资为 0.55 元。在细纱车间，男工、女工、童工的日工资相比粗纱车间均有所提高，可能是因为细纱车间对纺织技术要求更高。[②] 如此看来，在上海某纱厂的粗纱车间男工、女工的工资差别不是很大，决定工资待遇的主要因素显然不是性别。童工工资较低可能是因为从事的工作相对轻快、简单。将 1920 年青岛日商纱厂工人工资与上海日商纱厂工人工资进行对比，我们发现，上海日商纱厂男工最低日工资要比青岛日商纱厂男工最低日工资高一些。青岛华新纱厂女工每月 3.00

---

① 《第一次中国劳动年鉴》，第 227 页。
② 《第一次中国劳动年鉴》，第 227 页。

元的工资收入与上海日商纱厂女工月工资相比，差距较大，整体而言，上海地区纱厂的工资要高于青岛地区。

我们再比较青岛日商纱厂中日本工人和中国工人的工资差别。1921 年，青岛日商纱厂中，中国下等纺织男工的日工资仅为 0.27 元，而日本下等纺织男工的日工资为 1.40 元，[1]后者是前者的 5.19 倍左右，可以看出青岛日商棉纺织企业对日本人的特殊优待。在青岛日商纱厂管理层，中日之间的待遇亦非常悬殊，以青岛大康纱厂为例，大康纱厂的管理层分为四个层级：厂长、总管（每班一人）、职员（各部一人）、管工（每车间一人），前三个职务几乎全部由日本人担任，中国人最高的职位就是在车间内担任管工、把头或者组长，负责管理工人。[2] 据工人口述回忆，大康纱厂厂长月薪为 200~700 元，总管月薪 180~260 元，职员月薪 100~140 元，管工月薪只有 70~90 元。[3]

从横向对比来看，1920 年青岛 33 个行业中，下等纺织女工日工资为 0.20 元，是最低的。上等纺织男工的日工资为 1.70 元，是最高的，与印书排字工并列第一，上等纺织女工的日工资仅为 0.40 元，同级别男女工人工资差别较大，与上海日商纱厂的情况截然不同。普通纺织男工的日工资是 1.00 元，在青岛 33 个行业中处于靠前的位置，次于造船木匠。[4] 1920 年，胶济铁路的公役日工资为 0.44 元，普通工人日工资为 0.35 元，技术含量较高的电气工日工资则为 0.80 元，石匠的日工资为 0.68 元。[5] 从以上这些数据，我们似乎可以得出这样的结论：20 世纪 20 年代前期，青岛纺织工

---

① 袁荣叟：《胶澳志》卷 3《民社志七·工资》，第 86 页。
② 《大康纱厂的组织机构和管理》，山东省总工会工运史研究室、青岛市总工会工运史办公室编《青岛惨案史料》，1985，第 399~400 页。
③ 《青岛纺织史》，第 12~13 页。
④ 袁荣叟：《胶澳志》卷 3《民社志七·工资》，第 89 页。
⑤ 日军铁道部编《胶济铁路统计年报》，1920。

人的工资整体来看处于全社会工资水平的中上游，当然，出于技术水平不一、性别差异等原因，行业内部，以及男工、女工之间工资差距还是较大的，青岛男工、女工之间工资差异的情况与上海日商纱厂截然不同。

在工资支付方式上，近代中国纱厂通行的支付工资制度有三种，分别是：记时、记件及记时记件混合制。在记时制之下，按日或按月发给工资；在记件制之下，工资之多寡，须视每个工人之出品与其单位工资率之乘积而定。在混合制下，不但每日工资率已经确定，且每日应做之工作量，亦有规定，超额完成者，则除应得当日之工资外，复加以记件制计算所应得之工资。混合制一方面可保证每个工人必有其每日应得之最低工资，还可鼓励工人增加出产，于厂方并无不利。[1] 日本国内工厂比较规范，每月支付一次工资，一般在 10 日或者 25 日结算，月底进行支付。在华日资纱厂的工资支付方式，一般也是每月支付一次，但亦有一月支付两次的。[2] 另外，由于近代中国币制的混乱，在华日商纱厂工资支付方式经常变化，纸币、大洋、小洋、铜币等，因货币市价涨落不一，工人由此受到不少损失。

物价水平是衡量工资的重要标准。据《胶海关贸易报告（1902~1911 年）》记载，青岛自建置以来，素以物价高而闻名全国。无论中外食品的价格都要比上海贵 15%，青岛外商经营的商店要价 1 元的商品相当于在德国国内要价 1 马克的商品。青岛中国人经营的商店要价 1.25 银元的商品相当于上海要价 1 银元的商品，主要原因是青岛的住房和商店房租比上海要贵 30%~50%。[3] 在食品价格方面，青岛所需的大米、面粉，以及土豆和其他各种蔬菜都需要从上海输入，导致价格较高。另外，由于德占时期青岛驻军人口经

① 方显廷：《中国之棉纺织业》，第 156 页。

② 《青岛党史资料》第 1 辑，第 179~180 页。

③ 《帝国主义与胶海关》，第 141 页。

常变动，每年约有 1/3 的军事人员需要换防，而新来的德国人习惯于以欧洲的物价和工资标准在青岛花销，进一步推高了物价水平。

　　青岛物价昂贵的状况在 20 世纪 20 年代亦未有较大改观，北平社会调查部所制作的《历年全国物价表（1920~1924 年）》中，① 以机制面粉的价格为例，在青岛、北京、上海和济南四地中，1920 年青岛 1 斤机制面粉的价格是 0.09 元，济南为 0.07 元，北京为 0.07 元，上海为 0.11 元。② 青岛的机制面粉价格仅低于上海，高于北京和济南。鉴于这一时期青岛工人与上海工人工资的差距，以及北方人的饮食以面食为主，青岛面粉的价格较高则对工人的日常生活应该有比较大的影响。从 1920 年到 1924 年，青岛的主要商品价格呈逐年上涨的态势，这一点《胶澳志》也有记载，1918~1924 年，物价逐年上涨，1918 年每千个鸡蛋的售价为 9 元，到 1924 年上涨到 15 元，1926 年上涨到 32 元；上涨的原因在于，虽然青岛蛋厂林立，但大部分都出口。唯一下降的是盐的价格，1918 年每吨 7 元，1922 年中国收回青岛后下降到每吨 3~5 元；盐价格下降的原因，应该与中国收回青岛后，赎回盐田有关。③

　　我们再将青岛物价与同期工人收入做一个对比，1920 年青岛四方纱厂工人日工资区间为 0.12~0.80 元。1920 年，青岛 1 斤机制面粉的售价为 0.09 元，1 斤豆油售价为 0.16 元，1 尺土布价格为 0.13 元，1 斤煤油售价为 0.12 元，1 斤木炭价格为 0.06 元，1 斤豆饼售价为 0.04 元。④ 按照这些数据来推算，纱厂工人一天的最低收入能买 1 斤面粉，最高收入能买约 8 斤面粉。一般来说，1 斤面粉可做 7~10 个馒头或 10~15 个包子。如果工人需要养活家人，

①　《第一次中国劳动年鉴》，第 67~118 页。
②　《第一次中国劳动年鉴》，第 69 页。
③　袁荣叟：《胶澳志》卷 3《民社志八·物价》，第 97 页。
④　《第一次中国劳动年鉴》，第 73、83、109、108、118 页。

按照最低工资来计算的话，尚可养活全家人。另外，据《胶澳志》，市内工匠等体力劳动者以小米为主食，每日需铜元 60~70 枚，从整个日常花销来看，食品支出占总收入的四五成，衣服支出占二成，居住支出占一成。① 另据有关资料统计，1917~1930 年，在工人生活开支中食品占 57.5%，衣服占 7.5%，房租占 7.5%，燃料灯火占 10%，其他占 17.5%，四口之家共食每人需 4 元多，全家需 16 元。② 按照 1920 年青岛四方纱厂工人日工资标准，一个工人每月的收入为 3.6~24 元，从这些数据可以看出，当时熟练工人的收入是可以满足四口之家日常生活需要的，维持全家生计。

为加强对工人的管理以及解决工人的住宿问题，近代纺织企业基本都配有工人宿舍。青岛德华缫丝厂的管理层认为，工人集中居住，并将其组织成一个固定的联合体，不仅可以使工人享受现代卫生设施的各种便利，而且不因住地遥远而疲于奔命，这样工人们便可以精力充沛地投入工作。只有这种聚居方式，并根据固定的劳动合同，才有可能逐步实施培训，并向中国工人提出相应的要求，这有助于保障当时公认的德国丝绸工业公司产品的质量，对于商业成功而言是必要的。③ 为此，德华缫丝厂在厂区内建立了工人生活区，生活区内配有厕所和专门的排水设施，即使在暴雨天也可迅速排走大量积水，阿理文称其为"同类聚居区中的典范"，可以与"欧洲的任何同类聚居区相媲美"。④ 未婚工人都居住在生活区内，男女分开。每幢宿舍约 100 名工人，设有楼长，管理宿舍的秩序和卫生。后又在距离工厂 2 公里处修建了一个工人生活区，供已婚工人居住，有宽阔的街道和广场，每户都有一个小园子和一小片耕地。⑤ 到

---

① 袁荣叟：《胶澳志》卷 3《民社志五·生活》，第 72 页。
② 《中国近代纺织史》上卷，第 33 页。
③ 《青岛开埠十七年——〈胶澳发展备忘录〉全译》，第 342~343 页。
④ 《青岛党史资料》第 1 辑，第 283 页。
⑤ 《青岛开埠十七年——〈胶澳发展备忘录〉全译》，第 342 页。

1906 年底，共有 900~1000 名男女工人住在工人生活区内。① 到 1907 年底，居住在工人生活区的工人总数达到 1500 名。②

1937 年，青岛华新纱厂编印厂刊——《青岛华新纱厂特刊》，主要记述该厂 20 年来的发展历程及各项事业的发展情况，刊名由曾任中华民国国务总理的许世英题写。另外，当时国民党的众多领导和名人，如林森、孙科、宋子文、颜惠庆等均有题词，时任山东省主席韩复榘、青岛市市长沈鸿烈亦分别题词，可见青岛华新纱厂当时地位之显赫。

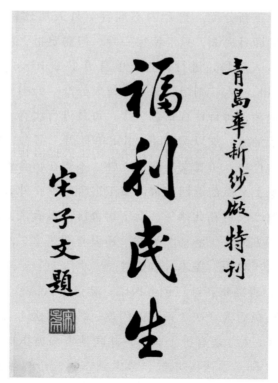

图 2-6　宋子文在《青岛华新纱厂特刊》上的题词

资料来源：《青岛华新纱厂特刊》。

---

① 《青岛开埠十七年——〈胶澳发展备忘录〉全译》，第 414 页。
② 《青岛开埠十七年——〈胶澳发展备忘录〉全译》，第 498 页。

据《青岛华新纱厂特刊》记载，华新纱厂为安定职工起见，早在建厂之初就建造宿舍将近 1000 间，容纳全部或大部分职员，住单身宿舍的职工一律免收租金，携家带口的收取少量租金及灯费，较一般房租低 2/3。① 为管理好宿舍，华新纱厂在宿舍区内设管理处。另设有消防队和清洁队。还制定了单身男工宿舍规则和单身女工宿舍规则，其中男工宿舍规则规定：凡未成家者在厂居住的男工，可向管理处登记申请宿舍，工人必须按照管理处指定的房间、铺号居住，不得随意迁移，如有不得已理由可申报管理处，由管理处审查，重新分配。宿舍内不准容留外人居住，如有亲友探访，实在不能即日离去，只准留宿一晚，但需要报告消防队长，由消防队长报告人事科，进行调查。单身男工每 10 人或 12 人为一组，每组选组长一人，副组长二人，每天分派一人担任宿舍整洁组长进行卫生保洁；每日检查宿舍一次，每月进行比赛。特别整洁者可定为模范清洁组，加以奖励。② 相比单身男工宿舍，单身女工宿舍的管理更为严格，单身女工除上工外，不得在宿舍外过夜，如有外出，须在晚上 9 点前返回宿舍。女工宿舍区禁止外人进入，设有会客室，如有亲友可在此接见。女工宿舍区内设有洗涤处、女浴室及晒衣场等，方便女工清洁。另外，还设有游艺室、阅览室，并聘请教师教授女工音乐、美术、编织等。③

1920 年，青岛华新纱厂创办医院，初设中医门诊，聘用中医 1 名，中药司药员 1 人。次年设西医门诊，聘请西医 1 名，产科医师 1 人，药剂师 1 人，还有护士 3 人，并聘请青岛德国医生卫士英为顾问，内外分科，中西医并重。考虑到李村、沧口乡区无公立医院，华新纱厂医院对不是本厂职工的病人也给予积极治疗，故患者

① 《青岛华新纱厂特刊》，1937 年，第 142 页，青岛市档案馆馆藏，资料号 A1325。
② 《青岛华新纱厂特刊》，第 143 页。
③ 《青岛华新纱厂特刊》，第 144 页。

越来越多，尤其是中医部门诊日益繁忙，又聘请中医医师 1 名。纱厂还斥资购买各种新式医疗器械，如电气消毒、电炉蒸汽锅、太阳灯、内科电疗器、新式血压计等，还免费进行接生。到 1937 年，华新医院开办 17 年，得到了乡民的信赖，平均每年门诊号数达 2 万~3 万号，病人有 5000~6000 人。① 华新纱厂作为华商所办纱厂，其职工福利比日商纱厂更全面，配备宿舍、医院、子弟学校、消费合作社等，宿舍区内设有饭馆、洗衣池、浴室、理发室、裁缝铺等，生活较为便利。

　　青岛日商纱厂都建有工人宿舍，大康纱厂的"华工宿舍"是其中的典型，关于大康纱厂"华工宿舍"的档案资料较多。据记载，大康纱厂的工人宿舍每间约 7.5 平方米，住四至八人，为适应北方人的居住习惯，屋内设有炕。住宿工人分成甲乙丙班，昼夜轮流住人。② 据 1925 年的《日中劳动条件比较》，在华日商纱厂的单身工人需要支付住宿费，每月 1.2~2.5 银元，而日本国内纱厂的单身工人无须支付宿舍费，而且由厂方供给被褥。另外，在华日商纱厂工人住在宿舍里，青岛日商纱厂只供应午餐，对值夜班的工人给予 0.04 元膳费补贴或提供食物。对每月工作满 15 天的工人，可以以低于市场价的价格 0.40 元配给面粉 1 袋，但一个月仅限 1 袋。③

　　近代日本的棉纺织业与金融业的关系密切，很多日本国内棉纺织企业建立保证金制度和储金制度。截止到 1925 年 8 月，在华日资纱厂中，只有内外棉设立保证金制度，作为鼓励工人的方法。保证金制度一般是按照工人的工资额，扣除一部分工资且不付利息，累积一年，到 12 个月时全部支付。具体标准是：月工资在 4~6 元

① 《青岛华新纱厂特刊》，第 138~140 页。
② 《青岛纺织史》，第 191 页。
③ 《青岛党史资料》第 1 辑，第 178 页。

的熟练工，每月扣除 0.40 元，月工资在 6~8 元的熟练工，每月扣除 0.60 元。青岛大康纱厂虽有保证金制度，但只限于工头，每月扣五角至一元，并有 6 分利息。公大纱厂每月以某一天的工资，即每年以 12 天的工资作为保证金，但这一制度遭到了工人的反对。1925 年工人大罢工后，这一制度有所改变。①

---

① 《青岛党史资料》第 1 辑，第 181 页。

第三章　青岛棉纺织业的增长期
（1923～1937）

1923～1937 年，全国局势相对比较稳定，国民政府大力提倡国货运动，发展民族经济。在此背景下，青岛进入新中国成立前发展最好的时期，特别是沈鸿烈执政青岛期间，青岛的城市建设以及工商业、文化发展等均达到了高峰。与此同时，青岛棉纺织业快速发展，日商纱厂始终保持增长态势，但其强势地不断扩张规模对青岛民族棉纺织企业——华新纱厂造成严重威胁。华新纱厂积极求变，多种经营，才得以在夹缝中求得生存发展。1922 年中国收回青岛后，日本对在青企业的经营策略发生改变，日本利用其技术、资金等方面的优势"全神于纺织"。[①] 1935～1936 年，日商棉纺织资本掀起在青岛投资的第二轮高潮。1935 年 5 月，日本上海纺织株式会社在青岛开设上海纱厂；1935 年 6 月，日本丰田纺织株式会社在青岛设立丰田纱厂。次年 10 月，日本同兴纺织株式会社在青岛设立同兴纱厂。与此同时，从满铁华北经济调查所的调查数据来看，从 1936 年到 1937 年 8 月中旬一年多时间，日本棉纺织业资本

---

① 潜园：《青岛纺织业之状况与希望》，《华商纱厂联合会季刊》第 4 卷第 1 期，1923 年 1 月，第 29～30 页。

在青岛迅速膨胀，几乎所有纱厂都进行了大规模的设备扩充，纱锭、线锭、织布机数量均大幅度增加，精纺机总数达 662524 锭、线锭 58296 锭和织布机 12616 台，分别比前一年增长了 27.3%、93.9%和 43.6%。[1] 从投资主体看，在青岛投资设厂的日本棉纺织资本既有未在上海设厂的富士纺、隆兴纺和长崎纺等日本国内实力雄厚的纺织业巨头，也有已在上海投资的丰田纺、上海纺、同兴纺等，投资主体更加广泛。到 1937 年 6 月，青岛地区形成了公大纱厂、大康纱厂、同兴纱厂、上海纱厂、丰田纱厂、内外棉纱厂、富士纱厂、隆兴纱厂、宝来纱厂九大日商棉纺织集团，总占地面积约 100 万坪。[2]

图 3-1　青岛富士纱厂

资料来源：青岛市档案馆馆藏。

从全国范围来看，20 世纪 30 年代上海日商纱厂的增长速度已趋于缓慢，在华日商纱厂的发展重心已逐步北移。30 年代之前，日本在华棉纺织业的投资六成以上在上海，从中期以后，在华日本纱厂的地域分布结构发生变化，上海所占比重下降，青岛、天津所占比重上升。1925 年，上海日商纱厂的纱锭数约占在华日商纱厂

---

① 满铁北支经济调查所：《北支那工场实态调查报告书（青岛支部）》，1940，第44～50 页。

② 〔日〕水谷国一：《青岛纺织劳动调查》，第 1 页。

纱锭总数的 79.1%，1937 年这一比例缩减至 64.9%；青岛则由
19.3% 提高至 28.3%。1925 年上海日商纱厂的织机数约占在华日
商纱厂总织机数的 83.89%，至 1937 年下降至 56%；青岛则由
17.5% 上升至 36.2%。① 青岛成为日本棉纺织资本在中国第二大集
中投资区域，成为日本在华北"首屈一指的纺织地带"，全国棉纺
织业进入"上青天"时代。

从全市来看，棉纺织业无疑是青岛当时最大的工业门类。1933
年，棉纱出品总值 26335755 元，棉布出品总值 21335637 元，分别
占青岛全市工业出品总值的 28.5% 和 23.1%，两者合计占 51.6%。
这些棉纺织品绝大部分经胶济铁路及海路输往济南、天津、上海、
大连、汉口及香港等地，棉纱外销货值总计 25694790 元，占总数
的 97.57%；布匹外销货值总计 20335637 元，占总数的 95.31%。
棉纱外销占青岛全市外销总货值的 30.2%，棉布占 23.9%，两者合
计占 54.2%，② 棉纺织工业在当时青岛城市工业发展中的重要地位
可见一斑。以棉纺织为龙头的现代工业的发展，使青岛成为近代中
国重要的工业城市之一，对青岛的城市地位和形象均产生深刻影响。

第一节　日商纱厂扩张

1922 年青岛回归后，青岛的日本工商资本由此丧失了大部分
直接形式的特权，失去一直依仗的政策扶持，一部分日商停业或
收缩业务，特别是"小本营生之日商，因日本官吏与军队、铁路
人员以及眷属人等离青，亦复大受影响"。③ 青岛日本侨民人数也

---

① 小岛精一：《北支经济读本》，千仓书房，1937，第 115~120 页。
② 光廷署：《胶济铁路沿线经济调查报告分编》，殷梦霞、李强选编《民国铁路沿线
经济调查报告汇编》，国家图书馆出版社，2009，第 42、46 页。
③ 《帝国主义与胶海关》，第 322 页。

开始下降，大批日侨跟随日本军队一同撤回日本。与此同时，第一次世界大战后，全球的经济形势也发生重大变化，英美势力特别是美国势力开始在远东地区占据主导地位，在经济领域美国资本与日本资本的竞争日趋激烈。据统计，1926年，青岛的欧美商行由1922年的19家增加至64家，而日本公司（商社）则由1922年的138家减少至96家。① 同时，日本国内经济因战时极度膨胀，战争一结束便出现严重的产能过剩，由此引发经济萧条。为应付这种情况，日本在华工商资本开始收缩，资本输出的规模不断缩减，加上从1925年开始中国国内此起彼伏的抵制日货运动，也迫使大部分的日本工商资本采取观望的态度，如盐业、榨油业、蛋粉业等，但棉纺织业却是个例外，尤其是青岛的日商棉纺织业却一直处于不断扩张中。1929年日本企业在青岛的投资合计8800万元，其中棉纺织业4300万元，各种制造业1500万元，其他不动产3000万元，纺织投资占日本企业在青总投资的49%。②

1925年，日本棉纺织界重新调整日本棉纺织业在中国的规划，拟将其在华棉纱事业中心由上海统一转移到青岛，以便集中力量，实现突破和扩张。这一构想基于如下考虑：一是便于就近吸收原棉，因为山东气候及土质适宜培育优质棉花，山东棉花改良如获成功，可获"丰饶的供应"；二是山东劳工朴实勤劳，便于管理和提高工作效率；三是青岛距离日本及其殖民地朝鲜较上海更近。③ 日本棉纺织巨头认为，"上海的日本纱厂已经接近饱和点，与此相反，青岛从工厂用地的选择、经营工厂的条件、原棉的取得等方面

---

① 青岛居留民团等『山東に於ける在留邦人の消長』1927、10-11页。
② 刘大钧：《外人在华投资统计》，中国太平洋国际学会，1932，第23~28页。
③ 高向杲：《山东棉商应注意得几件事》，《实业部青岛商品检验局检验月刊》第15期，1931年1月，第14~15页。

来看，它的发展可能性是较大的"。①

　　1929 年，青岛日商纱厂的纱锭开始大幅度增加，当年共增加纱锭 22500 余枚。1929 年 9 月 2 日，内外棉株式会社曾租四方海岸公地 40648 方步，扩大纱厂的规模。② 1930 年，内外棉、隆兴、公大三家纱厂共增加纱锭 7.3 万余枚，几乎相当于新设了一家大型纱厂。1932~1936 年五年中，公大纱厂先后三次增加纺机数量，大康纱厂和宝来纱厂也先后增加纺机数量。③ 纱厂的大规模扩张使得对土地的需求陡增。1934 年 11 月 2 日，青岛市社会局开会讨论如何答复内外棉株式会社增租海滩的申请。内外棉株式会社申请的土地位于下四方村，是一片滩涂，水深 1~2 米，目前是作为电机厂储存煤炭用地；经讨论，青岛市社会局准予内外棉株式会社租地，按照每公顷 120 元征收费用。④ 1935 年 5 月，上海纺织株式会社在青岛开设上海纱厂，厂址选在沧口四流南路 70 号，占地面积 50000 坪，约 165250 平方米，建厂之初有丰田式纺织机 40448 台，自动织机 720 台。1937 年进行扩充，纱锭增至 54856 枚，织机 1440 台。1937 年又增建第二场，拟设纱锭 51808 枚，织机 1008 台，捻线机 5160 枚。后因日本国内缺铁，改为纱锭 43948 枚，织机 800 台，线锭 3969 枚，主要生产 16 支、20 支、32 支棉纱和棉布，年产棉纱 8000 捆，棉布 116 万匹。1935 年 4 月，丰田纺织株式会社投资 1000 万元在青岛设立丰田纱厂。1936 年 10 月，同兴纺织株式会社在青投资 1500 万元设立同兴纱厂。⑤ 到 1937 年全面抗战前夕，青

①　樋口弘：《日本对华投资》，1959，第 39 页。
②　《内外棉株式会社关于增租海滩的议决案》，青岛市档案馆馆藏，档案号：B0021-003-00085-0104。
③　《关于沧口宝来纱厂领地填海的申请》，青岛市档案馆馆藏，档案号：B0030-002-01149-0002。
④　《内外棉株式会社关于增租海滩的议决案》，青岛市档案馆馆藏，档案号：B0021-003-00085-0104。
⑤　《青岛纺织史》，第 199 页。

岛九大日商棉纺织企业共有棉纺织厂 19 家，资本 22050 万元，纱锭 523214 枚，线锭 38762 枚，织机 8790 台，形成庞大的生产规模。（见表 3-1）

表 3-1　青岛日商纺织业投资概况（1937）

公司名称	资本（万元）	厂数	线锭（枚）	织机（台）	中国工人（人）	年产棉纱（捆）	原棉消费（担）
同兴	1500	1	—	1152	1670	—	12315
富士	4500	2	1600	480	1539	18722	98761
公大	1500	6	9240	3218	7255	11819	312408
隆兴	2850	1	3746	520	1659	28259	82870
内外棉	3300	3	8000	—	3619	66000	233000
宝来	1000	1	2040	—	1446	22400	80161
上海	1200	1	—	720	1915	10197	90113
大康	5200	3	14136	2160	3940	36112	272279
丰田	1000	1	—	540	1539	14676	85000
合计	22050	19	38762	8790	24582	208235	1266907

资料来源：据《北支八省的资源》（1937），《北支经济大观》（1938），《日本对华投资》（1959）等资料整理而成。

随着生产规模的扩大，青岛日商纱厂占用大量土地，与四方沧口一带居民多次发生冲突，这些在档案中都有记载。1923 年 11 月 8 日，四方湖岛村代表徐学堂向胶澳商埠财政局控告大康纱厂、内外棉纱厂扩张，将海湾堵塞，导致湖岛村的帆船不能进港。[①] 同年 12 月 18 日，胶澳交涉署向胶澳商埠财政局呈文：该案件得到妥善解决，纱厂填充地点与原立凭据并无逾越，徐学堂等人的理由并不充分，为示体恤，胶澳交涉署特函商日本驻青领事馆转饬纱厂，经

---

① 《关于大康纱厂将海湾填塞请予查勘免起纠纷的呈文》，青岛市档案馆馆藏，档案号：B0030-002-00226-0019。

胶澳交涉署、日本驻青领事馆、大康纱厂、内外棉纱厂，以及保学堂等一起实地勘察，内外棉纱厂同意让出一块公地作为湖岛村停船之用。[①] 1924 年，胶澳商埠财政局处理了隆兴纱厂占用四方村和湖岛村村民坟地的纠纷，该纠纷主要涉及湖岛村和四方村的 5 位村民，最后议定隆兴纱厂按照坟头数给予补偿，每一个坟头补偿 50 元，共 8 个坟头，补偿 400 元。[②] 1936 年 10 月，青岛市沧口乡区建设办事处向市财政局申诉，宝来纱厂堆在海湾的煤严重影响了周围地区的公共卫生，刮风时还影响对面海上民船的交通安全。[③] 1937 年 5 月 25 日，四沧区四方镇居民徐中廉等人状告隆兴纱厂，借口扩充厂址，占用民地，请市财政局划清边界。[④] 这些均反映了当时日商纱厂扩张、占有土地，且不时与当地居民发生冲突和矛盾。

随着青岛棉纺织业的发展，20 世纪 20 年代，青岛港的出口贸易结构发生变化。具体表现在：棉纱进口减少，机械设备进口增加，粗纱进口比重下降，32～42 支细纱的进口增加。据 1923 年《胶海关贸易论略》记载，"当年日本对青岛的棉纱出口由 1922 年的 119346 担减少至 72741 担，1924 年又进一步减少至 24025 担，受本地纺棉业发达之影响，进口者只有上等棉纱，如 32～42 支之类。这些棉纱在即墨、潍县、昌邑等处销售，据闻此数处织布业大有进步，至下等棉纱，本地纱厂之出品，已足供本地之需要，不需

① 《关于徐学堂呈控大康及内外棉纱厂填海一案已公平解决的公函》，青岛市档案馆馆藏，档案号：B0030-002-00226-0024。
② 《发给收买四方村隆兴纱厂后身民地内填墓迁移费清册》，青岛市档案馆馆藏，档案号：B0029-001-03828-0027。
③ 《关于沧口宝来纱厂领地填海的申请》，青岛市档案馆馆藏，档案号：B0030-002-01149-0002。
④ 《关于派员勘丈隆兴纱厂私占民地的呈文》，青岛市档案馆馆藏，档案号：B0030-002-01234-0096。

他求矣"。① 同时，青岛日商纱厂生产的棉布成为青岛重要的出口商品。1924 年，青岛"各厂所出之纱与粗布不仅敷供境内之需求，且有多数余货运往外洋及通商口岸，经日本运往香港、南非洲、巴尔干等处者，计 61700 匹"。② 1925 年，青岛输出市布、粗布 26 万匹。1927 年增至 55 万匹。③ 棉纺织业的发展促进棉花进口，棉花进口较 1924 年约增 1 倍，这些棉花大半由印度经神户转运来青。④ 1931 年，青岛进口棉花增加 103000 担。⑤ 1934 年，因青岛日商纱厂的扩张和新设，纺织机器的进口大大增加，其中 92% 来自日本。⑥

第二节 华新纱厂发展壮大

全面抗战前青岛华新纱厂的发展历程可大致划分为三个阶段：第一个阶段（1916~1921）为初创阶段。这一时期华新纱厂斥资 120 万元订购美式怀丁纱机 14688 锭，1920 年又加订细纱机 5000 锭，后又增加股本 120 万元订购美国文素厂细纱机 12000 锭，奠定发展基础，"营业颇为顺利，股息红利甚优"。第二个阶段（1922~1928）为困顿阶段。1922 年 12 月，中国收回青岛，主权的回归使青岛华新纱厂的外部发展环境好转，但当时日本侵华战争日趋频繁，以致交通破坏、商运停滞、经济衰退，加之与青岛日商纱厂的激烈竞争，华新纱厂的日子并不好过。虽然据北京农商部的统计，到 1925 年 6 月 4 日青岛华新纱厂的资本额为 300 万，占地 300 亩，

---

① 《帝国主义与胶海关》，第 324、334 页。
② 《帝国主义与胶海关》，第 334 页。
③ 《青岛市志·纺织工业志》，第 41 页。
④ 《帝国主义与胶海关》，第 324、334 页。
⑤ 《帝国主义与胶海关》，第 384 页。
⑥ 《帝国主义与胶海关》，第 393 页。

工人 3600 名，每年约使用棉纱 3 万捆，每捆合 420 磅，[①] 生产规模有所扩张，但实际上 1924 年度华新纱厂"竟无余利可分"。第三个阶段（1929~1936）为拓展阶段。1931 年，因天津、唐山、卫辉、青岛四地华新纱厂联营，给生产经营带来诸多不便，四厂由此开始独立组织生产经营。青岛华新纱厂定名为青岛华新纺织股份有限公司，开始引进当时先进的生产设备，增加细纱 16000 枚。九一八事变后，因股线主要销售地——哈尔滨、营口等地的市场丢失，华新纱厂不得不节约行事，降低存款利息，节省物料。同时，向英国、日本订购布机 190 余台，筹设布厂，试制出成本低、售价高的纺 190 号阴丹士林布，取名为"爱国布"，非常受欢迎。后又筹设漂染工厂，与青岛市工商学会合作改良胶东棉产，解决原料供给问

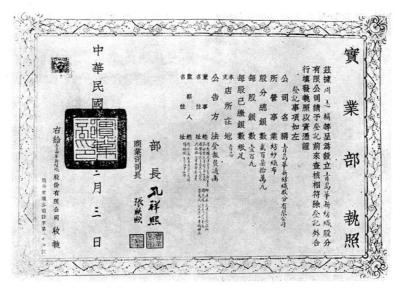

图 3-2　青岛华新纺织股份有限公司营业执照

资料来源：青岛市档案馆馆藏。

[①]　《关于本埠实业工厂仅有华新纱厂，其余多属日人的呈文（附华新纱厂状况表）》，青岛市档案馆馆藏，档案号：B0038-001-00385-0047。

题。1935 年 11 月，政府推行法币政策后，民族工商业的发展形势有所好转，到 1936 年华新纱厂纱锭达到 4.8 万枚，布机 501 台，并增添烧毛机、印花机、烘干机等新型印染设备，印染品产量由每日 500 余匹增至 2000 匹，形成纺、织、染、印四项"全能厂"，①是华北地区最大的民族资本纺织印染联合企业。

在青岛华新纱厂的发展历史上，周志俊是一个灵魂人物。（见图 3-3）周志俊是周学熙第二子，幼年时曾随祖父和父亲在青岛生活过一段时间。周志俊对文学和哲学有着浓厚兴趣，但是当时的社会现实使他认识到，只有发展工商业，才能实现"实业救国""科学救国"的愿望。他追随家中兄弟，进入新式学校，学习现代企业管理知识，为"实业救国"做好准备。后来，周家举家迁到北京后，父亲周学熙为他请了爱尔兰人道尔顿担任英语家庭教师，他的英语水平得以提高很快，这使他获得了涉猎多种图书的能力，大大拓展了知识面。另外，他还入美国商业函授学校，学习现代经济学，钻研现代企业管理。从此，周志俊走上了经营民族工商业的道路，当时他不过是 20 岁左右的青年。后来，他在向美国人订购纺织机器及处理河南卫辉华新纱厂的危机中，表现出色，父亲周学熙对他刮目相看，也为他日后执掌青岛华新纱厂奠定了基础。

1925 年，青岛华新纱厂产品大量积压，造成巨大亏损。寄居天津的周学熙听到这个消息，连夜赶到青岛，调整了青岛华新纱厂的领导层，时任常务董事周叔弢引咎辞职，周志俊接任常务董事。经理周伯朋被辞退，由周志俊的内弟吴伯生接替。根据周志俊撰写的回忆录来看，当时华新纱厂经营困难，除了日商纱厂的竞争外，至少还有两个原因：一是技术力量薄弱，华新纱厂初期开工时只有从上海高薪聘请来的两名技工，这两名技工熟悉的业务是纺粗纱，

---

① 关于日本全面侵华前华新纱厂的发展历程，参见《青岛华新纱厂特刊·青岛华新纱厂初步奋斗史》，第 1~4 页。

这在华新纱厂开办之初尚能应付，但 1922 年后，华新纱厂欲增加
生产品种就遇到技术上的困难；二是企业管理混乱。第一次世界大
战前，我国纱厂一般实行工头制，实权操纵在工头之手。机器维护
则依赖有经验的老机匠。青岛华新纱厂最初采用工务长制，与工头
制相类，工务长由无锡人吴锦云担任，吴是记账员出身，不懂技
术，生产调度事宜需要仰仗工头与机匠配合，此时却互相掣肘。后
改为工务长与总工程师并行制，常州人李雪真任工务长，留日纺织
毕业生史镜清为总工程师，但这样又产生一个问题，生产管理与技
术管理分属两人，摩擦不断，导致生产技术及管理措施不能得到及
时提升和贯彻，生产效率低下。[①]

图 3-3　周志俊

资料来源：青岛市档案馆馆藏。

　　周志俊执掌青岛华新纱厂后，面对纱厂发展困境，主要实行了
以下改革措施。

---

① 周志俊：《青岛华新纱厂概况和华北棉纺业一瞥》，《工商经济史料丛刊》第 1 辑，
第 30 页。

第一，紧盯市场需求，及时调整发展方向。针对青岛日商纱厂自恃资本雄厚，大批量生产、大规模倾销的特点，华新纱厂则充分利用自身规模较小，容易转向的优势，及时根据市场情况调整发展方向。华新纱厂最初主要生产 20 支纱，与日商纱厂竞争激烈，于是改为生产 32 支纱。1926 年，尝试生产股线，先后生产 42 支双股、42 支三股、20 支三股等产品，专供农村缝纫之用，打开了市场。1927 年，华新共产棉纱 14000 余件，合股线 6000 余件，合股线占了青岛华新纱厂总产量的近 1/3，发展可谓迅速。后又研究生产 20 支六股、32 支六股，专供胶东织花边出口之用。[①] 1933 年 9 月，华新纱厂生产的 32 支细纱，42 支、60 支、80 支股线四个品种货样，曾代表国货参加美国芝加哥世界博览会，反响很好。1934 年，又添购精梳烧毛设备，生产 60 支双股线，当时国内各厂很少制造此种细线，由此获得较好的经济效益，扭转了华新纱厂的不利局面，有的职工回忆起当时的情景说："合股线挽救了华新的命运。"[②]

1935 年，华新纱厂"一方面扩充布厂，凑足五百台；一方面筹办漂染厂和印花厂，以完成纺、织、染、印四项之连锁"。织布厂成立后主要生产日商纱厂尚未生产的 15 磅绒布，专供乡民做卫生衣之用。[③] 1936 年，染厂成立，以适应农村土布漂染的需要，同时兼办手工土布整理事业。潍县一直是山东省土布比较发达的地区，华新纱厂在潍县选购土布进行漂染，运销各地，利用该厂的漂染技术提高土布的附加值，亦比较成功。[④] 当时青岛的日商纱厂都

---

① 周志俊：《青岛华新纱厂概况和华北棉纺业一瞥》，《工商经济史料丛刊》第 1 辑，第 34 页。
② 《青岛纺织史》，第 163 页。
③ 周志俊：《青岛华新纱厂概况和华北棉纺业一瞥》，《工商经济史料丛刊》第 1 辑，第 34 页。
④ 《青岛华新纱厂特刊·青岛华新纱厂之生产事业》，第 6 页。

图3-4　青岛华新纱厂合线间

资料来源：《青岛华新纱厂特刊》。

是有织无染，仅有一家瑞丰染厂但又与纱厂无关。华商的阳本印染厂有染无织，只有华新纱厂同时具备染、织技术，成为青岛当时唯一的纺织印染"全能厂"。综观华新纱厂的发展历程，紧盯市场需求，与日商纱厂产品各具特色，是其成功生存下来的重要原因之一。

第二，加强企业管理，理顺内部流程。20世纪20年代，中国纺织企业在民族实业家穆藕初的倡导下，普遍兴起企业改革热潮。借鉴西方企业管理模式，对旧的管理制度进行改革，首先废除工头制，因为工头制"实为吾国棉纺织厂最大之弊害而急应予革新者"。到20世纪20年代末30年代初，中国民族纱厂基本完成工头制改革，废除了传统文场、武场头目，设科室，由工程师负责管理。[1] 华新纱厂紧跟潮流，实行工务长兼总工程师负责制，由原总工程师史镜清

---

① 许涤新、吴承明主编《中国资本主义发展史》第3卷，人民出版社，2003，第137页。

图 3-5　青岛华新纱厂自动织布机

资料来源：《青岛华新纱厂特刊》。

兼任两职，进行工务整顿。同时，启用具有专业知识的青年学生，充实和加强技术力量，改变工头垄断工务的情况。将毕业于棉业学校的 20 多名职工陆续提拔为管理员、领班和技师，充实到各个部门管理生产。同时，在厂内建立业余技术训练班，挑选职工子弟和工人参加，培养新的技术力量。到 1928 年以后，这些新的技术力量成长起来，先后被输送到各个生产部门，成为生产管理中的中坚力量，形成由上到下完整的技术领导系统，对改进生产起到积极作用。

管理层面，华新纱厂实行常委董事负责制，设常务董事 1 人，另设经理 1 人，总理全厂事务。工厂的日常管理主要有三个部门：总务部、营业部和工务部。（见图 3-6）总务部主要负责总务事项，设部长 1 人，掌理全部事务，内设宿舍管理处、查工处、庶务处、书记处、会计处、仓库处等 6 个处，每处有职员 1~2 人负责日常事务。营业部主要负责推销产品，内设主任 1 人，由经理兼任，营业员若干。工务部主要负责工厂管理及技术事项，设部长 1 人，掌

理全部事务。内设管理员若干，专门负责管理工人及工作事项；设
技术员若干，专门负责技术事项。①

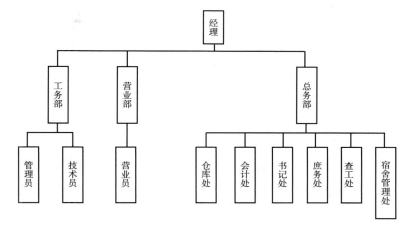

图 3-6　青岛华新纱厂的组织结构

资料来源：《青岛社会（创刊号）》，1929。

　　第三，更加注重产品质量。周志俊认为，"纺织印染本是一条
龙，纱厂以棉花为原料，布厂以棉纱为原料，印染厂以白坯布为原
料，环环相扣"。为加强对产品质量的把控，华新纱厂除在厂内设
试纱室检验质量外，还经常派人到集市上收集顾客的反馈。有一次
用户反映华新纱厂棉纱捻度过松，拉力不足的问题，纱厂特意派人
深入农村织户检查，并买回日本纱厂生产的棉纱进行检查对比，找
出差距，及时改进。由于当时农村的织布浆纱多用土办法，对棉纱
质量要求与新式织布厂不同，为更好地服务农村用户，华新纱厂在
厂内设人力织布机及浆纱槽，作为织布试验室，以便在与农村同样
的条件下，检验产品质量，② 以提高产品在市场上的竞争力，真正

---

①　青岛特别市社会局编《青岛社会（创刊号）》，1929，第 101 页。
②　青岛市工商联：《在日本纱厂夹缝中发展起来的华新纱厂》，中国民主建国会青岛
　　市委员会、青岛市工商业联合会编《青岛工商史料》第 3 辑，1988，第 145 页。

达到以质量求生存的目的。

第四，适应世界棉纺织业的发展形势，更新生产设备，提高生产效率。以周志俊为代表的华新纱厂领导层认识到在此商业世界化的时代，机械工业的发展是大势所趋，不以个人意志为转移。华新纱厂虽然财力有限，不能更新全部机器，但也在不断努力更新设备。1928 年，鉴于纱厂原有引擎汽机用煤过于昂贵，改向瑞士卜郎比厂订购 1500 千瓦电机及附属设备，电费由 0.45 元/度下降为 0.13 元/度。将摇纱机由手动改为电动，日产量由人均 30 车增加至 60 车。[①] 1932 年，华新纱厂改大牵伸式，提高粗纺纱支的效率。同年，购进英国迈斯雷式细纱机 23 部，计 8832 锭，每分钟转速达到 900 转（旧机为 590 转），每锭日产 16 支纱 1.3 磅（旧机为 1.1 磅），并使每件纱的成本从 54.5 元降为 46.09 元，[②] 开车 7 个月，节省工缴费 20 余万元。[③] 后又订购钢丝机 23 部，松花机 6 部，头道清花机 1 部及部分除尘设备，使劳动生产率提高，每万锭用工由 300 人降为 200 人。[④] 1936 年，从德国、日本引进布机、丝光机、压光机等设备，开始染阴丹士林布及其他各种色布，日产量由 500 匹增至 2000 匹。1937 年，添置印花机及附属设备，自设雕刻间，刻制铜花筒，生产印花咔叽、贡呢等。[⑤] 由于不断地更新生产设备，华新纱厂取得比较好的经营业绩，日本人对其垂涎三尺。日本在华纱厂联合会理事长船津辰一郎每次到青，均托人向华新纱厂转达合作或转售的意愿，均遭到华新纱厂的严词拒绝。

第五，尽量减少中间环节，降低流通成本。当时华新 32 支纱

---

① 《青岛华新纱厂特刊·青岛华新纱厂初步奋斗史》，第 1~4 页。
② 许涤新、吴承明主编《中国资本主义发展史》第 3 卷，第 137 页。
③ 周小鹃：《周志俊小传》，第 29 页。
④ 周小鹃：《周志俊小传》，第 29 页。
⑤ 周志俊：《青岛华新纱厂概况和华北棉纺业一瞥》，《工商经济史料丛刊》第 1 辑，第 25 页。

主要面向南方销售，为减少中间环节，降低流通成本，华新纱厂特在上海设办事处直接销售。布厂成立以后，因为当时青岛日商纱厂的产品已经先行占领山东市场，华新纱厂生产的平布和色布主要面向西北销售，特在西安等地设店直接销售，比日商通过"东棉""日信"等洋行转手销售的价格更为便宜，[①] 提高了产品的竞争力。另外，这一做法也使得华新纱厂能够在销售过程中及时了解市场行情，研究开发新品种，以销定产，避免产品滞销。

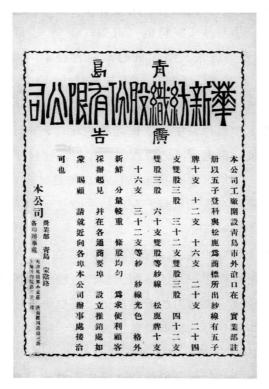

图 3-7　青岛华新纱厂广告（1931）

资料来源：青岛市档案馆馆藏。

---

①　周小鹃：《周志俊小传》，第 21 页。

第六，注重技术革新。华新纱厂特别注重技术革新，鼓励一线工人开展技术革新，并给予奖励。摇纱车间的着水机经多次改造后，泼水均匀，纱支不乱，成为典范，日商纱厂曾来参观仿效。华新纱厂重视机器保全。华商纱厂受限于成本费用等一般不注重机器保全，导致机器耗损严重，生产效率低下。相较而言，日商纱厂非常重视机器保全，"保全机匠"在日商纱厂的地位很高。华新纱厂认识到机器保全的重要性，专门设保全科，配备技师和技术员。同时以重金选聘机匠，如钢丝机匠沈顺泉曾为海京洋行到新疆等地装机，经验丰富。华新纱厂招聘他负责钢丝保全，[1] 将粗纱机的龙筋传运电齿轮改为全链条，细纱机的滚筒直径由 8 英寸改为 10 英寸，[2] 提高了生产效率。为推动技术革新，1934 年，华新纱厂成立华新纺织研究所，每年仅招收 6 名学员，主要是从华新劳工学校本科毕业的优等生中选择，由工务长负责推荐，宁缺毋滥。学员主要学习纺织、印染、机电等工艺课程，一年后取得技手职位的，每月另发津贴 5 元。两年后取得技士学位的，每月另发津贴 10 元。职工如果在生产领域有重大贡献，获赠技手或技士学位的，也参照这个待遇执行。[3]

第七，职工教育的成功。青岛华新纱厂在开办 20 年中得以不断发展，其重要原因之一是注重职工教育，特别重视提高职工的文化技术水平，形成一支得力的职工队伍。最初华新纱厂的技术力量多来自周学熙当年创办的棉业学校，人员少，技术力量薄弱。为加强技术力量，1929 年夏，华新纱厂成立职工补习学校，由工务长史镜清负责筹办，纱厂每月拨款 400 元作为常设经费。同年 9 月 1

---

① 周志俊：《青岛华新纱厂概况和华北棉纺业一瞥》，《工商经济史料丛刊》第 1 辑，第 30 页。
② 《青岛纺织史》，第 163 页。
③ 《华新纺织研究所简章、青岛工商学会理事会议日程及各棉花试验场预算收支事项》，青岛市档案馆馆藏，档案号：B0041-008-00083-0038。

日，华新职工补习学校正式开学，史镜清任校长。1935 年，华新
纱厂职工补习学校更名为华新劳工学校，到 1937 年 8 年间共培养
学生 2000 多人。① 华新纱厂职工补习学校分为初级班和高级班，识
字者编入高级班，文盲、不识字者编入初级班，分早晚两班每日学
习 1 小时。初级班学习文化课，高级班学习技术课。据 1932 年华
新纱厂的档案记载，华新纱厂职业补习学校各班名称与学习办法如
下：纺织专修班，本科，学制 3 年；纺织专修班，预科，学制 1
年；职业补习班，学制 2 年；公民训练班，学制 6 个月；识字训练
班，学制 6 个月。② 职工补习学校的教师全部是华新纱厂的技术骨
干，为了与工人上班时间衔接上，上课时间定为早上 6～7 点或晚
上 6～7 点。教授内容丰富，如纺织专修班课程有代数、几何、画
图、理化、英文等，非常实用，深受学生欢迎。为激励学生学习的
积极性，弥补纱厂技术人员的不足，华新纱厂规定，劳工学校高级
班的优秀学员直接提升为职员，这对一般工人而言非常具有诱惑
力。从高级班毕业的工人中选拔的职员和技术人员后来大部分成为
华新纱厂发展的中坚力量，也是后来周氏在南方开拓新局面的中坚
力量。③

　　通过这些改革，20 世纪 20～30 年代，华新纱厂进入了青岛解
放前发展的全盛期，当时纺织界的人士均认为：青岛华新纱厂为我
国纱厂中具有相当之声望者，管理合规，经营得宜，虽处此不好的
环境中，仍能保持发展，非常难得。该厂出产的产品，较之外资纱
厂出品确实有自己的特色，在长江流域及南洋一带很有市场，该厂
新添置的织布，将来实现自行染印，成为完全国资纺织印染工厂。④

---

① 《青岛华新纱厂特刊》，第 7～9 页。
② 青岛市教育局编《青岛教育》第 1 卷第 9 期，1934 年 1 月，第 96 页。
③ 《青岛华新纱厂特刊》，第 73～77 页。
④ 青岛市工商学会编《青岛工商季刊》，第 1 卷第 1 号，1933 年 12 月 31 日，第 7 页。

图 3-8 华新纱厂职工补习学校授课情形

资料来源：《青岛华新纱厂特刊》。

　　相较于 20 世纪 30 年代全国大部分的华资纱厂都处于半停工状态，青岛华新纱厂是个例外，对于其中的原因，青岛华新纱厂归结为两点：一是在获利时，股东们不汲汲于分利，而以增加股本，扩充机器为先，未雨绸缪，以谋公司内容之充实。二是赔赊困顿之后，仍积极进行工作之改良，设备之更新，以谋生产更多的新产品，减少费用，虽然明知财力有限，仍努力设法与时代俱进。[①] 上述归纳是有一定道理的。建厂之初，华新纱厂便确立了"多积累、少分配"的办厂原则，在经营中强调"少分股利，多留后备"。并在账务上采取了两种办法：第一种办法是尽量将技术改造的费用摊入产品成本，不做固定资产增值；第二种办法是将原棉进厂价格加入材料成本（实际上也是加大产品成本），以此两项压低账面的盈余，其结果是固定资产实际价值超过账面价值，而库存材料成本出

---

① 《青岛华新纱厂特刊·青岛华新纱厂初步奋斗史》，第 4 页。

现盈余,[①] 目的是以"丰"补"歉",以备在亏损时能获得一些弥补。有学者认为,青岛华新纱厂长期推行多积累、少分股息的经营原则,将盈利用于企业生产规模的扩充和技术的更新换代,对其生存发展具有重要作用;并举例说,从1919年到1936年18年间,华新计分1分8厘红利1次,1分4厘1次,1分2厘2次,9厘1次,1厘1次,5厘2次,4厘1次,2厘3次,无息者4次,年均约6厘,按"当时分配息率计算,在各纱厂中可谓最保守者"。一战结束后的前几年,国内纱业颇为赢利,各大华资纱厂"均大分利息花红,惟华新纱厂最多只分一分余股息"。[②]

当然,也不能过分夸大青岛华新纱厂"多积累、少分配"办厂原则的作用,实际上,青岛华新纱厂背后的资本力量还是比较雄厚的。从资本结构来看,青岛华新纱厂资本总额为150万元,其中全部厂产作价30万元,另筹集120万元。[③] 为调剂资金,周学熙在天津设立惠通银号,由他前期开办的启新水泥厂、滦州煤矿等官办企业作为股东,为青岛华新纱厂提供资本。后惠通银号扩大为华新银行,注册资本100万元,该行总部设在天津,并设分行于上海,成为"华北灰矿财团"除中国实业银行之外的另一个金融机构,该行为青岛华新纱厂的改造、更新、扩充与发展在资金方面给予了重要支持。后由于各地军阀对银行摊派过重,华新银行取消,另设久安信托公司,资本40万元,取消分号,营业范围虽然缩小了,但依然是青岛华新纱厂发展的强有力的金融资本后盾。在全面抗日战争前夕,青岛华新纱厂先后结欠久安信托公司资金达100多万元,这些资金支持了纱厂开展正常的生产经营活动。

---

① 周志俊:《青岛华新纱厂概况和华北棉纺业一瞥》,《工商经济史料丛刊》第1辑,第37页。
② 谷永清:《近代青岛棉业研究》,第269页。
③ 周小鹍:《周志俊小传》,第14页。

另外，青岛华新纱厂的成功，与周志俊个人能力也有一定关系。作为中国近代第二代民族实业家，周志俊有较高学历，曾留学海外，见多识广，深刻地认识到技术和管理对于企业生存和发展的重要性。1933年，周志俊去西欧、北美各国考察，见识了西方棉纺织工业的发达，特别是美国的产棉区、纺织印染厂给周志俊留下深刻印象，关于此次出国考察的情况，周志俊在其日记中做了详细记述。① 回国后，周志俊还写了三本著作：一是《瀛寰小记》，主要是对所到国家的山川名胜、风土人情进行介绍；二是《杼轴漫谈》，专门论述各国纺织印染工业和纺织机械工业的发展情况和技术水平；三是《芝博琐言》，主要是介绍芝加哥博览会展示的各国技术成就。回国不久，华新纱厂添购精纺烧毛设备，试产60支双股线以及增加织布、印染机械等，他认为："只有自纺、自织、自印、自染才能随机应变，不受牵制，此乃本厂取胜的关键。"②

20世纪20~30年代，随着全国性抵制日货、提倡国货运动的兴起，政府对国货的支持力度加大，这对华新纱厂的生存和发展也起到积极作用。1928年3月，周志俊向青岛市商会会长宋雨亭申请，"近年来本厂受日厂包围，经营困难，负债累累。1927年下半年、1928年上半年两次牌照税，如按照工厂条例，每次按照200万元须缴纳1万元牌照税计算，负担过重。拟按照40万元计算，税率按照15%计算办理，请会长转呈张局长"。后青岛市商会回复华新纱厂，同意办理。③ 1932年4月，华新纱厂又向青岛市商会申

---

① 《关于周志俊到英、法、日、意、奥、埃等国家参观的日记》，青岛市档案馆藏，档案号：B0041-008-00016-0001。

② 周志俊：《青岛华新纱厂概况和华北棉纺业一瞥》，《工商经济史料丛刊》第1辑，第35页。

③ 《关于转函张局长将本厂牌照纳税额按百分之一五规定征收的函》，青岛市档案馆馆藏，档案号：B0038-001-00458-0002。

请，请求免税，因为按照青岛市征收营业税施行细则，已征出厂税，不应该再征收营业税，并且其在津沪的营业部，也只征收统税，而不征收营业税。[①] 这一申请也得到了商会的支持。1935年11月23日，青岛市商会致函陕县、灵宝县两县商会，请求两个商会为青岛华新纱厂协调免征营业税，并指出青岛华新纱厂常年在陕县、灵宝县采购棉花，主要用于该厂生产，并非转运贩卖，按照部章应免征营业税。[②] 1936年10月，青岛市政府为提倡国货，通令全市各机关、学校制服均应采用华新纺织公司所产的布匹。[③]

第三节　日商纱厂与华新纱厂对比

作为近代青岛棉纺织业的两大力量——青岛日商纱厂和华新纱厂在这一时期都得到了显著发展，但由于资本结构、生产经营理念的不同，双方在生产品种、生产能力、生产效益等方面均存在着差异，总结这些差异有助于我们更好地审视这一时期整个青岛棉纺织业的发展进程。

青岛六大日商纱厂中，从纱锭规模来看，最大的是内外棉纱厂，其次是大康纱厂。1925年《胶海关贸易论略》记载，青岛6家日商纱厂加上1家华商纱厂，共有纱锭267334枚，织布机1119架，最多每月可出棉纱50873担，粗布26000匹，市布16000匹，细斜纹布6000匹。[④] 青岛全市的纱锭减去日商纱厂的锭数，剩下的

---

① 《关于本公司属中央特税之营业应免纳营业税的函》，青岛市档案馆馆藏，档案号：B0038-001-00633-0023。
② 《关于请陕县灵宝县免征青岛华新纺织公司棉花营业税的公函》，青岛市档案馆馆藏，档案号：B0038-001-00739-0134。
③ 《关于各机关学校制办服装提倡采用青岛华新纺织公司布匹的训令》，青岛市档案馆馆藏，档案号：B0032-001-00807-0181。
④ 《帝国主义与胶海关》，第345页。

就是华新纱厂的锭数 35534 枚。（见表 3-2）但从各相关的材料来看，1925 年青岛华新纱厂的锭数应该没有这么多。

表 3-2　青岛日商纺织工厂概况统计（1925）

企业名称	工厂名	土地面积（坪）	建筑面积（坪）	纱锭数（枚）	注册资本
内外棉株式会社青岛支店	内外棉纱厂	105954	8883	63200	16000000 元
"大日本"纺织株式会社青岛工场	大康纱厂	90410	16303	58000	51000000 元
日清纺织株式会社青岛工场	隆兴纱厂	58148	6965	20600	10000000 元
上海绢丝制造株式会社青岛支店	公大五厂	246785	26352	40000，织机 860 台	100000000 两
长崎纺织株式会社青岛支店	宝来纱厂	60893	6682	20000	5380000 元
富士瓦斯纺织株式会社青岛支店	富士纱厂	125600	8842	30000	45200000 元
合计		687790	74027	231800	127580000 元 100000000 两

注：坪为日本计量单位，每坪约合 3.3 平方米。

资料来源：《亚细亚局第二课：北支/青岛，支那各地本邦人经营工场状况》（1925 年），日本国立公文书馆亚洲历史资料中心藏，档案号：B20021301104。

据《胶澳志》记载，到 1928 年，"青岛全市纺轴全数二十六万七千余锭，华商约得八分之一；全年出纱二十五六万捆，华厂仅得十分之一，日商占十分之九。且日商之大康、钟渊两厂均设布机，年出布七十六万余匹，华新虽有推广和扩充厂基，增设布厂之议，因政局不宁，无由进取。经济之相形见绌，不能不归究于政治矣"。[①] 为更直观地说明问题，《胶澳志》附有表格说明青岛各厂基本情况。（见表 3-3）

---

① 袁荣叟：《胶澳志》卷 5《食货志·工业》，第 88~91 页。

表3-3 青岛地区棉纱厂情况（1928）

厂别	组织关系	所在地	资本额	厂基面积	建筑面积	厂房格式	开业年月	制造能力	制货种类
华新（华商）	华新纺织公司五厂之一	沧口	250万元	58149坪			1920年5月	每年出单纱14000捆，股线6000捆	松鹿5支、16支、42支、64支
隆兴（日商）	日清纺织公司之一分厂	下四方庄	本社总额1612万余元		5467坪	砖造平房	1923年4月	每日出纱65捆，每年20000捆	宝船10支、20支
大康（日商）	大日本纺织公司之一分厂	四方	本社总额5200万元	工厂66146坪，宿舍2426坪	8791坪	砖造平房	1921年10月	每日出纱150捆，布250匹；每年出纱49500捆，布82500匹	金货10支，宫女16支、童鱼12支、20支
富士（日商）	富士瓦斯纺织公司之一分厂	沧口埕子	本社总额4550万元	125600坪	8200坪	砖造平房及楼房	1921年9月	每日出纱90捆，每年32000捆	五彩星10支、16支、20支
宝来（日商）	长崎纺织公司之一分厂	沧口小窑窑头	本社总额538万元	56151坪	5989坪	砖造平房及楼房	1923年11月	每日出纱40捆，每年14400捆	宝来16支、20支
内外棉（日商）	内外棉公司之一分厂	四方庄	本社总额1600万元	105900余坪	工厂8883坪，宿舍4265坪	工厂平房，宿舍楼房	1918年1月	每日157捆，每年51800捆	银月16支、20支
公大（日商）	上海绢丝制造公司之一分厂	沧口	本社额规元1000万两（内有华股）	247000坪	26679坪	平房及楼房	1923年4月	每日出纱95捆，布1900匹；每年出纱34000捆，布68万匹。内粗布6/10，细布占3/10，洋线占1/10	花蝶牌纱，双飞龙牌布

续表

厂别	销售区域	原料消费量	机械种类	机械来源	马力	用煤量	职工数	工作时间	休息时间
华新（华商）	沿海各省及长江上下游	年用棉花70000担	精纺机32000锭	纺纱机系由美国文素、怀定两厂造；纺线机系英国阿萨利司厂造			2500名	每日10小时	星期日
隆兴（日商）	山东、天津、上海	年用棉花73000担	精纺机26360锭	英国海杂林通公司厂造	电动力每月385000基罗瓦特	每年999吨	日本人28名，中国人1037名	每日11小时	星期日
大康（日商）	沿海各省	年用棉花172000担	精纺机150座，计58000锭；织布机154座	纺纱机英国普拉脱厂，多布松厂，美国怀定厂造；布机日本野上厂造	自备发电5000基罗瓦特，合6700马力	每日60吨，年用21900吨	日本人57名，中国人3500名	每日11小时又15分	星期日
富士（日商）	山东、大连、天津、上海	年用棉花100000担	精纺机80座，计30000锭	英国阿萨利司厂造	2000马力	每日30吨，年用10000吨	日本人26名，中国人1800名		星期日
宝来（日商）	山东、天津、上海、香港	年用棉花50000担	精纺机20000锭	美国萨可罗埃尔厂造	电力1000基罗瓦特	每日21吨，年用7600吨	日本人45名，中国人1200名	每日11小时	每周一日

续表

厂别	销售区域	原料消费量	机械种类	机械来源	马力	用煤量	职工数	工作时间	休息时间
内外棉（日商）	山东	日用棉花75000磅，年用2480万磅	精纺机63200锭	英国普拉脱厂造	购入电力1200基罗瓦特，自备电力3750基罗瓦特	每日33吨，年用11000吨	日本人120名，中国人3377名	每日11小时又15分	星期日及年节
公大（日商）	中国沿海地方及印度、澳洲	年用棉花90000担	精纺机42000余锭，布机865座	英国普拉脱厂造	电机二座共3500基罗瓦特	每日44吨	日本人143名，中国人3400名	每日11小时	每周一日
附记	富士纱厂附设货栈一所，面积1200余坪，容积45000担。公大纱厂附设蚕丝试验所，研究养蚕、缫丝。								

资料来源：袁荣叟《胶澳志》卷5《食货志·工业》，第89～91页。

对比表 3-2 与表 3-3，我们发现，关于青岛日商纱厂的数据大部分相近，有的差异较大，如隆兴纱厂的注册资本，1925 年为 1000 万元，1928 年的统计数据为 1612 万元，相差了 612 万元。方显廷先生认为，近代日商纱厂的投资统计最难令人满意：一是货币单位不统一，有的是银两，有的是银圆，有的是日金，需要根据汇率进行折算。二是在华的日商纱厂，均是联合会社之组织，往往一个纺织会社，兼有几家纱厂，而其投资统计，仅有全会社之资本总额，而无各厂的单独报告。当时依据的主要材料是从 1920 年起华商纱厂联合会每年编印发行的《中国纱厂一览表》，但此表统计的日商纱厂资本额一般均为"本社总额"，如内外棉株式会社在中国有纱厂 11 个，创办时间不同，但这 11 个厂的投资统计，只有内外棉株式会社资本总额的报告，而无各厂的单独统计。1930 年的《中国纱厂一览表》将上海大康纱厂和青岛大康纱厂的资本统计为各有日金 5200 万元。但方显廷先生认为，上海大康纱厂和青岛大康纱厂两厂所有之资本合计尚不及 5200 万元的三分之一，仅为日金 1733.4 万元。大康纱厂在青沪设立的两个分厂共有纺锤 144080 锭，织机 759 台，所以其资本额绝不可能各有日金 5200 万元。[1] 另外，从汇率上来看，近代日金与银圆的汇率波动频繁，很难做具体比对。如果将 1913 年的汇率定为 100（是年天津与日本之汇率，为日金 1 元约合银 0.7167 两，或银圆 1 元），则 1915 年增至 117.90，1919 年又降至 54.97，1921 年又上升至 94.91，1925 年又降到 72.00，之后加速上升，到 1930 年竟高达 159.77。[2]《胶澳志》统计的其他在青日商纱厂的资本额一般应为"本社总额"，不是在青分厂的实际资本额，无法与华新纱厂做比对分析，即使在日商之间，全

① 方显廷：《中国之棉纺织业》，第 241 页。
② 方显廷：《中国之棉纺织业》，第 239 页。

会社资本在各地分布情况不一，且不详，因而亦无法做有效比对分析。

对于工厂占地面积和厂房样式，华新纱厂的未做统计。据记载，当时华新纱厂占地350余亩，约23.4万平方米（1亩=666.67平方米，350亩=233334.5平方米）。[①] 相比之下，青岛日商纱厂的厂区规模偏小，最大的青岛公大纱厂为26679坪，约8.8万平方米，相当于华新纱厂的1/3强。六大日商纱厂中厂区规模最小的是隆兴纱厂，为5467坪，约1.8万平方米，相当于华新纱厂厂区面积的1/13。

从生产能力来看，华新纱厂每年生产单纱14000捆，股线6000捆。在青日商纱厂中，年产棉纱最多的是内外棉纱厂，为51800捆；最少的宝来纱厂每年生产单纱14400捆，与华新纱厂的年单纱产量接近。如果把六大日商纱厂年产单纱的数量加在一起，相当于华新纱厂年产棉纱的14.4倍。公大纱厂的布产量比较大，年生产量达到68万匹。

从生产品种来看，华新纱厂的品种较多，主要有5支、10支、16支、32支、42支和64支，而日商纱厂的生产品种主要集中在10支、16支、20支三个品种。除了公大纱厂未统计外，其余的5家日商纱厂多生产10支、16支、20支三个品种，只有大康纱厂还生产12支。按照棉纺织业生产的一般规律来说，纱支越高，利润空间越大，如天津某一纱厂纺10支纱，原料成本占总成本的87.92%；纺14支纱，原料成本占84.87%；纺16支纱原料成本占82.61%；纺20支三批纱，原料成本占77.64%。[②] 当时的青岛日商纱厂的产品为何如此集中，且放弃生产利润相对较高的高支纱而生产利润相对较低的低支纱呢？这一问题应该与青岛日商纱厂的销售

---

① 周小鹃：《周志俊小传》，第106页。
② 方显廷：《中国之棉纺织业》，第108页。

情况有关。

从产品销路来看，华新纱厂主要销售地区为沿海各省及长江下游地区。从日商纱厂的销售区域来看，除内外棉纱厂完全在山东省内销售外，其余五家纱厂的销售区域均比较广泛，多在沿海地区，如大连、天津、上海等地。从销售种类来看，16 支和 20 支两种粗纱是青岛机纱在各地销售的主要品种。在济南，这两种纱支的销售量占到总销售量的 85%，在潍县和周村这两种机纱的销售量占比更高，分别达到了该地区总销售量的 93.8% 和 90.9%，在胶州 16 支纱的销售量占到总销售量的 99%。据 1933 年进行的胶济铁路经济调查报告之记载，青岛各厂（含六家日商纱厂和华新纱厂）年产棉纱约 12 万包，年产棉布 280 万匹，所产棉纱棉布沿胶济线销售和销往沿海各地一共占总产量的 90% 以上。[①] 这就在一定程度上解释了为什么青岛日商纱厂放弃生产利润相对较高的高支纱而生产利润相对较低的低支纱，因为在山东腹地绝大部分的人都穿粗布衣服，人们需要购买大量的粗支纱进行织布，粗支纱在山东内陆有很好的销路，加上有胶济铁路这条连接山东沿海和腹地的大动脉，运输成本较低。另外，以机纱织布闻名的河北高阳县也是青岛日商纱厂销售的重要地区，1932 年 "一·二八" 事变之前，该县所用的纱 80% 来自青岛日商纱厂，如富士纱厂的银月，宝来纱厂的宝来，公大纱厂的花蝶，以及大康纱厂的童鱼、宫女等各种牌号，每日销纱约 350 大包、价值 9 万元左右。[②] 30 年代后，青岛日商纱厂为适应织布市场兴起，追求更高利润，调整生产结构，与其他在华日商纱厂一并走向棉纱的高支化和纺纱、织布的一体化。

从纱锭规模来看，1928 年内外棉纱厂以 63200 锭位居第一，

---

① 胶济铁路管理局车务处编《胶济铁路经济调查报告总编》（下），1934，第 183~184 页。

② 适生：《崩溃中的中国手工棉纺织业》，《新社会半月刊》第 11 期，1934 年。

接近于华新纱厂 32000 锭的两倍。从年产棉纱的数量来看，1928年，内外棉纱厂年产棉纱 51800 捆，相当于华新纱厂年产棉纱14000 捆的 3.7 倍，这说明如果按每纱锭的产量计算的话，内外棉纱厂每纱锭的生产效率要高于华新纱厂。我们再比较一下纱锭数量最少的宝来纱厂和华新纱厂。六大日商在青纱厂中，宝来纱厂的纱锭数量最少，仅 20000 锭，约相当于华新纱厂的 62.5%；华新纱厂年生产单纱 14000 捆，股线 6000 捆；宝来纱厂年生产单纱 14400捆。从单纱的数量来看，两者年产差 400 捆，这也从侧面印证了日商纱厂每纱锭生产效率确实要高于华新纱厂。

从机械设备、电力设施和用煤量来看，华新纱厂以及日商在青纱厂使用的都是美国、英国制造的机器，从质量、性能上应该相差不大。但中国近代纱厂普遍存在一种"重商轻工"的经营思想，也就是说，纱厂厂主重视花纱市场上的买卖，而忽视工厂的生产；前者的极端表现为纱厂参加花纱投机，买卖价格与数量完全脱离工厂的生产，后者的极端表现为不重视技术设备的改进和维护。[①] 造成这种情况的原因主要是华商纱厂的企业主多半是商人出身，重视从流通领域去获取利润。这种实践经验使企业主意识里只有买贱卖贵而不重视精工生产，对陈旧的机器设备不及时更新，破损的零件不重配，生产设备不全。在日商纱厂从事机器保全的师傅之地位、待遇都很高，而在华资纱厂保全师傅普遍不受重视。一位华商纱厂的工程师曾感慨："我们的给湿邦浦三天两头要坏，时而闭塞，时而修理。湿度又不足，空气干燥异常，经纱发脆，断头增多，工作困难。"[②] 根据我们目前掌握的史料来看，华新纱厂在华资纱厂中还算是做得好的，比较注意技术设备的更新和保全。

[①] 严中平：《中国棉纺织史稿》，第 238 页。

[②] 祖铎：《申新九厂开工后一年来的回忆和今后的方针》，《纺织周刊》第 2 卷第 17期，1932 年，第 42 页。

　　从生产效率来看，一般来说，在华日商纱厂的效率要高于华资纱厂，关于纱厂的效率有两种衡量方式：一种是每一工人所管纱锭数或每千纱锭所需人数；另一种是每一纱锭之生产量。据统计，中国人自办纱厂纺 20 支纱，每千锭需要工人 27.5~30 人，日商在华纱厂需用工人约 25 人，日本内地只需 17.5 人。学者王子建依此比例计算，中日纱厂之效率，假定日本本地纱厂为 100%，则在华日厂为 70%，华厂为 60%。[1] 至于每人看织机的台数，日本国内为5.5 台，日商在华纱厂为平均每人 3 台，华资纱厂平均每人看 2台。[2] 王子建、王镇中两位学者认为，华资纱厂工人效率低下的原因主要有以下几点：一是工作时间太长，工人容易疲劳，效率下降。二是工资付给法欠善，计时工资的弊端在于工人有一定的收入为保障，而不必关心工作效能的高下。三是工人管理不善。工人在厂间嬉笑闲谈，在机器旁瞌睡、吃饭、哺乳等。四是实行工头制。厂方将工人的管理完全交给工头，工头都是由小工提拔，文化程度有限。为巩固自身地位，经常勾结部分工人，形成势力团伙，不关注工作效率的提高。有的纱厂因淘汰一部分工人而引起工头的不满，竟发生放火烧厂、辱骂技师的事件。五是缺乏熟练工人。除上海外，其他各埠缺乏工人是常态，不得已用生手代替熟练工。六是工人流动性高，特别是上海，纱厂较多，工人流动频繁，大半工人每三四个月一换，多至半年一换。七是纱支时常变更，导致工人对生产流程不熟悉。这是纱厂工人效率低下特有的一个原因，特别是华资纱厂。八是工厂设备欠善，如冷热不均等。[3] 1928 年青岛华新纱厂有工人 2500 名。青岛日商纱厂中，工人数量最多的是大康纱厂。1928 年大康纱厂年产单纱 49500 捆，布 82500 匹，工人数量是

---

①　转引自金国宝《中国棉业问题》，第 65 页。

②　金国宝：《中国棉业问题》，第 66 页。

③　王子建、王镇中：《七省华商纱厂调查报告》，商务印书馆，1935，第 143~144 页。

华新纱厂工人数量的 1.4 倍，大康纱厂年生产单纱数量是华新纱厂
年产量的 3.54 倍，可见大康纱厂的生产效率高于华新纱厂，当然，
这其中不排除先进的机器设备、管理制度，以及日商纱厂对工人的
极度压迫等因素的影响。

　　从工作时间来看，六大日商纱厂和华新纱厂每天差 1 小时，华
新每天的工作时间为 10 小时，日商纱厂一般为 11 小时，只有大康
纱厂和内外棉纱厂每日工作时间是 11 小时 15 分钟。日商纱厂和华
新纱厂都为每周休息一天，有的规定是周日休息，有的仅规定每周
休息一天，具体哪天不定。

　　进入 20 世纪 30 年代，青岛日商纱厂的生产能力进一步提升，
进一步拉大与华新纱厂的差距。1930~1934 年五年中，青岛日商六
大纱厂中平均年产量最高的是内外棉纱厂，其平均年产量是华新纱
厂的 3.4 倍。五年间平均年产量最低的是宝来纱厂，但其平均年产
量也要高于华新纱厂。五年间，1934 年是华新棉纱产量最高的一
年，当年产量最高的内外棉纱厂产量是华新纱厂的 3.18 倍。（见表
3-4）

表 3-4　青岛中日纱厂棉纱产量比较（1930~1934）

单位：包

纱厂名称	1930 年	1931 年	1932 年	1933 年	1934 年
日商纱厂（合计）	176950	227213	214406	223332	192840
内外棉纱厂	50000	56700	73000	75244	72570
富士纱厂	20000	19394	57032	57032	22787
公大纱厂	29450	72419	12716	15185	17202
隆兴纱厂	14600	26200	26350	27871	28716
宝来纱厂	20800	24000	22808	23000	21000
大康纱厂	42100	28500	22500	25000	30565
华新纱厂	17000	15010	22560	19000	22800

资料来源：《山东纺织业的概况》，1936，第 28~29 页。

从生产成本来看，这一时期青岛日商纱厂的生产成本不断攀升。一般来说，棉纺织业的生产总成本大约分为原料成本和制造成本两类，因棉花价格不稳定，故成本价格一直在变，只能计算原料成本在整个成本中的比例。相对而言，制造成本变化不大，主要包括机械设备费、动力费、工资及其他营业费用等。① 日本国立公文书馆的档案显示，当时青岛日商纱厂的生产成本主要包括工资、工租、原动费、油费、包装费、不动产、火灾保险费、营缮费、机械修缮费，其他杂费以及贩卖费（营销费）11 项。但公大纱厂例外。该厂的生产成本除以上 11 项外，还包括利息、水费、医疗卫生费、职工优待费、职工募集费，各种税和赏金等 7 项。1920 年，青岛内外棉纱厂每生产 1000 捆 16 支纱的成本是 16836 两银元，到了 1925 年，这一生产成本达到 20274 两银元，五年间上涨了 20.4%。其他的青岛日商纱厂，与内外棉纱厂的情形相类，20世纪 20～30 年代都面临着生产成本不断攀升的问题。生产成本的攀升，导致纱厂利润下降。在这种情况下，青岛华新纱厂 1931～1936 年进行一系列改革，提高生产效率，降低生产成本。据史料记载，1936 年每件纱的成本为 23.23 元，仅相当于 1931 年每件纱成本 55.93 元的 41.53%，下降了约 58%。（见表 3-5）单位成本已接近日商纱厂的水平，有"一支纱一元钱"之说（即 16 支纱成本16 元钱）。1934 年 7 月，周志俊在第三届股东大会的报告中曾说过："华新成本之轻虽未敢遂去追踪日厂，而在华厂中已居首列。"② 显然，华新纱厂在成本控制方面走在华商纱厂的前列，大多数华商纱厂因工人效率低下、流动资本不足，借款过多、利息太重，导致生产成本高涨。③

---

① 金国宝：《中国棉业问题》，第 68 页。
② 《青岛纺织史》，第 166 页。
③ 金国宝：《中国棉业问题》，第 76 页。

表 3-5　青岛华新纱厂成本对比（1931~1936）

年份	产量（混合件数）	折合 16 支纱件数	每件纱成本（元）	历年每件纱成本与 1931 年对比
1931	15242	28287	55.93	100
1932	19917	34525	49.62	88.72
1933	23211	38685	40.86	73.06
1934	21081	40752	36.34	64.97
1935	20250	40656	32.69	58.44
1936	19360	35415	23.23	41.53

注：表内成本不包括原料成本在内。此成本是在股东会上公布的，实际还要低于此数。因周志俊一贯是用提高成本的办法来减少盈余，以达到多积累、少分配的目的。

资料来源：《青岛纺织史》，第 55 页。

　　表 3-6 分析了华新纱厂 1919~1930 年的经济效益。我们据此再来分析一下青岛华新纱厂和日商纱厂的利润问题。

　　方显廷先生提出，近代中国棉纺织企业在企业财务管理方面的不足主要体现在：一是公积金之准备不超过资本额的 4%。此类积存之公积金，一到赔累之年，即被提作弥补损失之用。二是各厂在赔累之年，仍须支付官利，几乎成为定例。三是折旧准备金不足。此类准备金多于获利之年提存，其数额一般不会超过固定资产总值的 5%。四是固定资产投资份额过大，甚至超过其已收资本额，导致流动资本太少，平时纱厂运营靠借贷。[①]

　　我们结合方先生的论点来分析青岛华新纱厂这一时期的运营情况。从表 3-6 我们可以看出，1921 年，华新纱厂结余最高，达 414165 元，1924 年结余最少，仅为 4284 元，这也印证了周志俊后来说的"1924 年竟无利润可分"。股利和花红均为分红的形式，股份制公司一般将从每年盈利提取法定公积金、法定公益金等之后的剩余部分，根据股东投入股本的多少，按比例发到每位股东手中；

———————————

[①]　方显廷：《中国之棉纺织业》，第 358 页。

表 3-6 青岛华新纱厂经济效益分析（1919~1930）

	1919	1920	1921	1922	1923	1924	1925	1926	1927	1928	1929	1930	共计
结余		346638	414165	375468	200366	4284	175552	231704	68300	373621	333171	332457	2855730
折旧		109164	201102	57235	77752		107219	27211		120107	90000	82856	872650
股利		8厘 96000 6厘 72000	8厘 134362 10厘 141236	8厘 174101 4厘 69205	5厘 118442		2厘 50302	7厘 176057	2厘 50302	9厘 226359	8厘 201208 4厘 100604	8厘 246000	1826180
花红		50400	98865	48443				16600	16600	2700	70422	26302	354634
股本	1200000	1200000	2145000		2700000	2700000	2700000	2700000	2700000	2700000	2700000	2700000	
机器产业	593569	744633	1079248		1931494	1889459	1923724	2073724	2175528	2176010	2013082	1957597	
房地产业	350823	373820	420894		738171	744806	750286	767814	776417	776417	757967	760070	
家具	3558	17124	23071		36634	39292	40179	40835	43817	44267	43062	43062	
证券	22000	73478	76978		221063	217876	221926	111876	156376	156376	109376	109376	
公积金		11873	32581	48250	54380	54380	57797	68022	71437	84112	108429	133391	

资料来源：周小鹏《周志俊小传》，第 32~33 页。

一般有现金红利和股票红利两种形式。现金红利又被称作花红，即指除分给股东外，企业每年会根据盈利情况，将部分盈利以现金的形式发给职工，按照职位高低及薪酬多少进行分配。1921年华新纱厂花红最多，这一年是中国棉纺织业发展的黄金年份，华新纱厂与全国棉纺织业的发展趋势一致。1923~1925年连续三年没有发花红，反映了华新纱厂当时的困难处境。股票红利又简称股利，一般来说，公司在纳税、弥补亏损、提取法定公积金之前，不得分配股利，公司当年无利润时也不得分配股利。1921年，华新纱厂股东分到的股利最多。1924年则因为无利润未分配股利。

从股本来看，自1919年建厂，华新纱厂在1921年和1923年进行了两次融资，1921年增资94.5万元，1923年又增资55.5万元，此时华新纱厂的资本额达到了270万元。从公积金来看，华新纱厂的公积金逐年增加，据周志俊本人后来分析，这是华新纱厂面对日商纱厂的残酷竞争能生存下来的一个重要原因，从1920年到1930年，华新纱厂的公积金从11873元上升到133391元，增加了121518元。1920年，当年提取的公积金占投资总额的0.99%；1930年，提取的公积金占投资总额的4.9%，超过了方先生所说的公积金提取4%的最高点。10年间，青岛华新纱厂存缴公积金比例上涨了近5倍。表3-6中的机器产业和房地产业属于固定资产投资，1920年两项合计为1118453元，占总投资额1200000元的93%。1930年，机器产业和房地产业两项合计为2717667元，已经超过当时总股本2700000元，说明青岛华新纱厂与近代其他华商纱厂一样，固定资产投资过大，流动资金缺乏。

内外棉纱厂作为第一家来青岛投资的日本纺织巨头，是青岛日商纱厂的典型，它的利润情况可以反映青岛的日商纱厂企业利润的变化情况。（见表3-7）在统计的8年数据中，利润率较高的年份分别是

1921 年、1922 年、1924 年，这也是中国棉纺织业发展的黄金时期。1927 年，因国内局势动荡及受棉纱市场"棉贵纱贱"的影响，中国纱厂利润率开始下降，青岛内外棉纱厂 1927 年的资本金利润率下跌到这一时期的最低点，前期为 3.1%，后期为 4.5%，但若就全年利润相加总计，利润率仍达 7.5%，这一利润率高于在华日本纱厂的平均利润率。按照 1927 年日本商工省根据 89 家公司报告的估计，日本在华纺织业投资为 15360 万日元，利润为 840 万日元，利润率为 5.5%。[①]

表 3-7　青岛内外棉纱厂利润统计（1921~1928）

单位：元，%

年份	总资产	负债	资本金	当期利润	资本金利润率	总资产利润率
1921 年前期	2437442	697893	1000000	739549	74.0	30.3
后期	3575619	1726915	1000000	848704	84.9	23.7
1922 年前期	5413386	4009742	1000000	403644	40.4	7.5
后期	5882952	4718026	1000000	164926	16.5	2.8
1923 年前期	7196255	2924158	4000000	272097	6.8	3.8
后期	7413225	3022063	4000000	391162	9.8	5.3
1924 年前期	10069581	5376068	4000000	693513	17.3	6.9
后期	11803784	6740715	4000000	1063069	26.6	9.0
1925 年前期	13867226	8422060	5000000	445166	8.9	3.2
后期	12791104	7265721	5000000	525383	10.5	4.1
1926 年前期	9482486	4072142	5000000	410344	8.2	4.3
后期						
1927 年前期	9201860	4049109	5000000	152751	3.1	1.7
后期	9440873	4217932	5000000	222941	4.5	2.4
1928 年前期	8400582	2943219	5000000	457363	9.1	5.4
后期	8188829	2589058	5000000	599771	12.0	7.3

资料来源：转引自庄维民、刘大可《日本工商资本与近代山东》，第 288~289 页。

从全国范围来看，20 世纪 20~30 年代，在华日商纱厂和华商纱厂的利润率是有差距的。一位纺织家曾说："日厂获利优厚时，

---

① 雷麦：《外人在华投资》，第 317~373 页。

华厂能得微利之沾有，日纱按本销售，华纱则受排挤而蒙亏折。"①
1936 年至 1937 年 7 月，得益于全国经济形势的好转，日本在华纺
织业的平均利润率突破 20%，1937 年上半年创造了十几年来没有
的 30% 的最新纪录。②

第四节　以济南为中心的棉花市场兴起

随着 20 世纪 20~30 年代青岛棉纺织业的发展，济南的棉花市
场迅速成长起来，逐渐成为中国最大的棉花转运市场之一，堪称新
兴棉花市场的代表。1930 年，济南棉花市场集散棉花 100 万担，
1934 年增至 160 万担，成为中国第二个棉花中级市场。③ 日本学者
森时彦根据南满铁道株式会社的统计资料估算，1935 年 10 月到
1937 年 8 月，山东棉花上市总量约为 310 万担，其中 70%~80% 输
往济南，除去济南当地纱厂消费和通过铁路运往上海方向的
43.4 万~44.8 万担外，其余的运往青岛，供青岛的纱厂消化，青
岛的消费量占山东棉花上市总量的约 70%。④

为垄断原棉生产交易，降低生产成本，日本棉纺织集团运用资
本的力量，由大财阀直接介入原棉的生产和交易。早在一战后期，
日本人已经在鲁西滨县等地开设收花处，大量收购工业用棉，以保
证在青日商纱厂的原料供给。⑤ 为扶植日本棉花企业，1917~1928
年日本东洋拓殖株式会社贷款给日商和顺泰 20 万元，和顺泰从朝
鲜木浦引进 30 多万公斤金字棉棉种，在胶济铁路沿线的邹平、张

① 《纺织周刊》第 4 卷第 7 期，1934 年，第 199 页。
② 《青岛纺织史》，第 201 页。
③ 金城银行：《山东棉业调查报告》，第 111~113 页。
④ 森时彦：《中国近代棉纺织业史研究》，第 324~325 页。
⑤ 《民国八年棉产调查报告》，《华商纱厂联合会季刊》第 1 卷第 2 期，1919 年 12 月，
第 225 页。

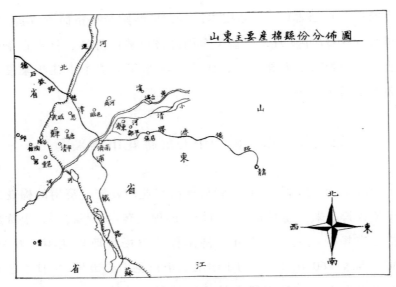

图 3-9 山东主要产棉县份分布

资料来源：青岛市档案馆馆藏。

店、平度、高密等地进行推广，并与农民订立合同，发给农民棉花
良种和杀虫药粉，指导农民栽种。① 1933 年，青岛日商纱厂、棉花
商在张店成立山东棉花改良协会，主要目的有二：一是确定山东地
区是否适合美国棉种的种植和推广；二是研究当地所产的棉花能在
何种程度上作为纺织原料应用于生产，将之作为青岛日商纱厂的原
料供应地。② 该协会成立后主要从事棉花改良与推广工作，给农民
发放棉花良种，设立棉花试验田，约定收货后给价收买，③ 以此来
扩大和垄断山东的棉花生产。

---

① 《申报月刊》1934 年 9 月，章有义编《中国近代农业史资料》第 3 辑（1），生
  活·读书·新知三联书店，1957，第 586 页。
② 《大康纱厂在华日本纺织同业会青岛支部关于棉花运输、上市状况、生产状况等事
  宜会议记录》，青岛市档案馆馆藏，档案号：B0041-002-00110。
③ 山东省地方史志编纂委员会编《山东省志农业志》，山东人民出版社，2000，第
  1390 页。

　　30 年代，山东省内参与棉花交易的日商有十几家，势力最强的为日信、瑞丰、和顺泰、东棉、久记、昌隆 6 家棉行，其中前三家每年运销棉花在 8 万~10 万担不等。由张店市场集散的棉花几乎全部经日商棉行之手运往青岛进行销售。1933 年张店棉花年交易额 510 万元，其中日商瑞丰、日信、和顺泰三家即达 350 万元。[①]大量的棉花在张店集散，随之带来一些问题。1932 年，青岛公大纱厂向青岛市商品检验局提出申请，指出："近年来，鲁省新棉上市均在张店为集散中心，然后运销四方沧口各纱厂，但棉花普遍含水量较高，甚至有时发生棉花腐烂现象。与贵政府的棉产奖励政策不符，恳求贵局迅速在张店设立检查所，杜绝此类事件的发生。"[②]1934 年 10 月 25 日，负责棉花采购事宜的中国银行青岛市分行行员王兆钰在给友人的信中提到："高治亮兄昨晚与公大纱厂棉花主任福田清藏商洽，高兄拟于 11 月中旬到上海，棉花皆由日商各洋行进货，为慎重起见，先不经过厂方同意，由洋行做主。"[③] 从中我们可以看到，国民政府、日商纱厂、日商棉花行三者在棉花采购方面的相互串通。日本棉纺织资本同样控制了青岛的棉花市场，据不完全统计，日本在青岛设立的会社中，有 29 家经营棉花，其中规模较大的有：日本棉花株式会社青岛支店（1919 年创立，地址在北京路 7 号，代表人岛田清三）、东洋棉花株式会社青岛支店（1920 年 4 月设立，地址在河北路 23 号，代表人田中彦三郎）、三菱商事会社（1918 年设立，地址在馆陶路 3 号，代表人小本五郎）等。这些机构经营的棉花占青岛棉花市场总量的 70% 以上。青岛

---

①　淄博市政协文史资料委员会等编《淄博经济史料》，中国文史出版社，1990，第 218~219 页。

②　《关于日商沧口公大纱厂请求设置张店检查所检查棉花搀水搀杂行为的呈文》，青岛市档案馆馆藏，档案号：B0034-001-00070-0059。

③　《关于告知高治亮在济南与公大纱厂棉花主任福田清藏商洽棉花在上海成交事经过情形的函》，青岛市档案馆馆藏，档案号：B0040-001-00016-0132。

各棉纺厂棉花的统配基本控制在日商手里。

日商的棉花商业经营活动决定了山东省内棉花集散市场的分布和规模。周村经营棉纱的大行栈有十几家，资本总额 32 万元，其中 8 家大行栈在上海、青岛派驻外庄，由上海、青岛输入棉布，由山东内陆收入棉花，形成区域性的棉花和棉纱交易市场。20 世纪 20 年代，胶济铁路沿线的张店凭借其地理位置，迅速崛起成为区域性的棉花市场，并取代周村而成为鲁北最大的棉花集散市场。张店市场棉花输出量迅速增加，1928 年为 10.3 万担，1932 年上升至 28.6 万担，1935 年增至 40 万担，1936 年达到 55 万担。[①] 1932 年 4 月，张店棉花市场总共交易棉花 15.5 万包，这些棉花绝大部分运到青岛四方沧口的纱厂，只有极少部分零售。[②]

对于日本人垄断山东棉花交易的情状，国民政府也做了一些工作，其中影响较大的是棉花产销合作，该举措是全面抗战前中国农村合作运动的重要组成部分，亦是南京国民政府、地方政府、金融机构和社会团体所标榜的复兴农村的重要举措之一。[③] 山东棉花产销合作走在全国前列，1931 年 12 月 23 日成立山东棉业研究改良委员会，设委员 11~15 人，常委 3~5 人，主席由青岛商品检验局局长担任，经费由青岛商品检验局和济南检验分处承担，[④] 开展山东棉业的改良和促进工作。1934 年，山东省建设厅与中国银行、中棉公司商洽，在全省范围内进行棉花改良和运销，以齐东为起点，在章丘、历城、青城、高苑、蒲台、博兴、滨县、惠民、商

---

① 《淄博经济史料》，第 218 页。
② 《关于山东各县棉花产额由胶济路运往张店数量表》，青岛市档案馆馆藏，档案号：B0034-001-00070-0073。
③ 徐畅：《抗战前中国棉花产销合作述论》，《中国社会经济史研究》2004 年第 3 期。
④ 《实业部山东棉业改良会、青岛商检局济南分处关于领取钤记、拨发会费等的呈、指令、函》，青岛市档案馆馆藏，档案号：B0034-001-00189。

河、高唐、夏津、清平等县推进，并调动全省合作指导员 80 余人分赴各县指导。截止到 1935 年 4 月，上述县成立棉花产销合作社 1241 个，有社员 34444 人，种植棉田 270786 亩。到 1935 年底山东棉花产销合作社达 1354 个，社员 37254 人，棉田占全省棉田 1/208。[1]

为与日商纱厂竞争，20 世纪 30 年代，青岛华新纱厂也建立了自己的原棉基地。周志俊认为，作为一个纺织印染全能的生产厂家，纱厂以棉花为原料，布厂以棉纱为原料，印染厂以坯布为原料，只有拥有优质的原材料才能保证质量，所以，棉花的质量至关重要。1930 年，周志俊就曾向青岛市政府提议筹设农业推广试验场，目的是帮助农民改良物种，提高作物产量，其中改良的主要物种就是棉花。[2] 为以较低价格收购到质量优良的棉花，华新纱厂派出专人深入临清、夏津、高唐、滨县、蒲台设庄，"自行开秤"，收购原棉，"以减少棉商中饱和掺潮使杂的机会"。1933 年，周志俊担任青岛工商会理事长，该会的宗旨是促进技术与生产的结合，沟通知识界与工商界共同发展建设，其中一个重要举措是在各地推广植棉。华新纱厂出资，以工商学会名义在青岛沧口设植棉总场，在高密、安丘设植棉分场，推广植棉技术，提高棉花产量，加强对棉花交易的统筹。为此，华新纱厂花费不少，据档案记载，植棉试验场安丘分场 1935 年全年的经费预算是 1740 元，加上租地费一年需要 4292 元。[3] 1933~1936 年，华新纱厂的植棉经费不断攀升，1933 年为 236400 元；1934 年上升为 562355 元，其中总场 230841

---

[1] 吴知：《山东棉花生产和运销》，《政治经济学报》第 5 卷第 1 期，1936 年 1 月。

[2] 《关于筹设农业推广实验区的训令（附周志俊提案原呈）》，青岛市档案馆馆藏，档案号：B0032-001-00746-0004。

[3] 《华新纺织研究所简章、青岛工商学会理事会议日程及各棉花试验场预算收支事项》，青岛市档案馆馆藏，档案号：B0041-008-00083-0038。

元，高密分场 140000 元，植棉训练班 191514 元。[①] 从这些数据我
们可以看出，华新纱厂不断加大对原棉的投入。

为加强对植棉技术的推广和培训，华新纱厂在高密、安丘等产
棉地区设立棉业指导所，光在安丘就有 26 处。在青岛沧口李大路
植棉试验总场内设立植棉训练班，招收勤学耐劳、有一定文化基
础、年龄为 18~28 岁的农家子弟学习植棉技术，每期招收学员 15
名，学习两个半月，对学员除免收学费、住宿费外，还每月给每名
学员发膳食费 4 元，[②] 通过建立学习班，以半工半读的方式充实植
棉试验场及两个分场的技术力量。这些措施收到一定效果，种棉花
的农民逐渐增多，到 1935 年种棉面积就由上一年的 1400 亩增加到
2 万多亩，1936 年达到 7 万多亩。1934 年 9 月，周志俊还在高密县
辛庄附近建立美棉产销合作社联合会，以统筹棉花产销，曾向上海
商业储蓄银行上海总行借款，得到准许。[③] 后在高密、昌邑、平度
三县设立收棉合作社 350 多处，为取得购棉专权，华新纱厂先后与
6 万多户棉农签订长期收棉合同，1934 年从签约棉农手中收棉 400
担（皮棉），1935 年增加到 3700 担，1936 年增加到 12000 担，增
长速度较快。通过这些措施，华新纱厂基本垄断了高密、昌邑、平
度三地的棉花市场。为就近加工原棉，1934 年华新纱厂在高密蔡
家庄建轧花厂，先后投资 6 万多元，购置 25~40 马力的柴油机 3
部、动力轧花机 60 部、打包机 2 部，修建仓库 18 处，招聘工人
100 多人，建成一个规模较大的轧花工厂。周志俊对轧花厂的开办
非常认可，曾在 1936 年股东会议报告中提到："该处（指高密）

---

① 《华新纺织研究所简章、青岛工商学会理事会议日程及各棉花试验场预算收支事
　 项》，青岛市档案馆馆藏，档案号：B0041-008-00083-0095。
② 《华新纺织研究所简章、青岛工商学会理事会议日程及各棉花试验场预算收支事
　 项》，青岛市档案馆馆藏，档案号：B0041-008-00083-0269。
③ 《关于青岛工商学会及华新纱厂周志俊商洽在高密县附近美棉产销合作社借款的
　 函》，青岛市档案馆馆藏，档案号：B0040-006-00428-0172。

植棉逐步推广，大有发展希望。去秋鲁西歉收，本厂细绒原料颇赖
该厂接济。此项轧花厂之设立对本厂原料的供应上获利良多。"①
（见图 3-10、图 3-11）华新纱厂的棉花产地距离青岛很近，交通
方便，为降低生产成本起到积极作用，而且推广的原棉纤维长，可
纺 42 支以上的细纱，这为 1935 年以后华新纱厂产品结构转型奠定
了基础，由此标志着华新纱厂进入周志俊所称的"第三个发展阶
段"。不幸的是，1937 年日本侵华战争全面爆发，高密蔡家庄轧花
厂遭日军破坏，华新纱厂的原棉产地也相继被破坏。但这些成功的
经验和做法被华新纱厂一直沿用，全面抗战期间周志俊在上海创办
信和纱厂，还在安徽安庆、东流试办植棉场，在南通购买棉垦公司
土地 2 万亩，准备抗战胜利后发展优良品种，最终因战争局势的影
响未能实现。

图 3-10　青岛华新纱厂在高密蔡家庄轧花厂内收花

资料来源：《青岛华新纱厂特刊》。

---

① 《青岛华新纱厂特刊》，第 5~6 页。

图 3-11　青岛华新纱厂在高密蔡家庄验花

资料来源：《青岛华新纱厂特刊》。

第五节　工人运动

从 1925 年开始，中国的工人运动风起云涌，其中棉纺织企业作为中国近代容纳工人最多的行业，工人运动一直较为活跃。五卅运动发生后，上海、天津、青岛各地纱厂不断发生罢工，特别是在华日商纱厂。据统计，1924 年上海发生了 16 次罢工，1925 年罢工猛增至 75 次，1926 年罢工事件多达 257 件，[①] 特别是纺织行业，罢工次数最多。

为应对纺织工人的集体罢工，1925 年，日本在华纱厂联合成立了一个带同盟性质的卡特尔行业协会——在华日本纺织联合同业会（以下简称"同业会"），同业会总部设于日本大阪，

---

① 田彤：《民国劳资争议研究（1927~1937 年）》，商务印书馆，2013，第 18 页。

另设上海、青岛、天津、东京等各支部，该组织对内调控在华日商纱厂的生产情况，避免企业间的恶性竞争。对外代表日商纱厂与政府进行各种交涉，特别是与地方政府协调纱厂工人运动。[①]

日本人认为，山东劳工性格淳朴、勤劳。曾在上海及青岛等地担任过劳务管理职务的日本官员认为，青岛棉纺织劳工性格温顺，很好管理。[②] 但即便这样，青岛棉纺织工人在 1925 年、1929 年、1936 年曾发生过大规模的罢工事件，可见当时工人斗争形势。1925 年，青岛日商纱厂先后发生三次同盟罢工。4 月 19 日大康纱厂工人首先开始罢工，23 日内外棉纱厂的工人，24 日隆兴纱厂的工人也相继参加罢工，同年 5 月 10 日工人复工，历时 22 天。据邓中夏在《中国职工运动简史》中记载，此次罢工的原因是大康纱厂工人组织工会的文书及加入工会的名册被厂主发现，鉴于上海罢工的影响，厂主决定开始搜查工人身体及宿舍，开除工会发起人等，激起工人愤怒。[③] 工人提出的条件主要有：承认工会的合法地位，成立工人代表机构，增加按日支付工资员工的工资，每人涨大洋 1 角，按产量计酬的员工工资增加 25%，上夜班员工伙食费翻倍，废止扣押工资的制度，因工伤缺勤者仍支付工资，免除工人宿舍的房租，用餐时间延长到 1 小时，严禁殴打职工，对工人的处罚需经过工会同意，对工人的罚金提交给工会作为工人教育费，不得解雇工会代表，罢工期间支付工资等。[④]

对于工人提出的条件，上海日商纱厂和青岛日商纱厂采取

---

① 王萌：《战时环境下日本在华棉纺织业研究（1937～1941）》，第 2 页。

② 〔日〕水谷国一：《青岛纺织劳动调查》，第 130 页。

③ 邓中夏：《中国职工运动简史》，第 143 页；另见青岛市总工会、青岛市档案馆编《青岛工运史料（1921～1927）》，1985，第 128 页。

④ 〔日〕水谷国一：《青岛纺织劳动调查》，第 132～133 页。

了完全不同的策略，上海日商纱厂基本上是全盘接受工人的条件，但青岛日商纱厂却采取比较强硬的态度，并制定了决不让步的方针。据 1925 年 4 月 29 日《晨报》记载，当时日本朝野上下认为，青岛纱厂罢工是"民间事件"，政府不应干涉，但应重视，日本外务省制定了三条原则：（1）先请中国政府加以制止；（2）由济南派警入青；（3）将青岛总领事权限再行扩大等。① 在上述原则的指导下，青岛日商纱厂首先请当时的青岛市政府出面斡旋，之后又请由青岛市总商会等 43 个团体组成的市民工会进行调停，最后青岛市政府授意警察局进行镇压，罢工结束。② 当然，青岛日商纱厂也答应了工人提出的一部分条件，主要有：对表现良好的员工随时进行奖励，尽快支付工资，以低于市价 40 钱的价格供给工人面粉一袋，盒饭费从 3 钱增加到 4 钱，用餐时间在原来的 30 分钟基础上再增加 15 分钟，不得殴打工人，如果发现行为不端者可以解雇，赏罚公开，5 天内连续出勤的员工给予 2 天的工资翻倍。对照工人提出的要求和最后的和解条件，我们发现，实际上日商纱厂答应的条件非常有限，与工人的要求差距较大。

1925 年 5 月 19 日，大康纱厂工人再次罢工，此次罢工引发著名的胡信之被杀案。日本方面认为，此次罢工的主要原因是第一次罢工结束后工人中出现普遍的怠业现象，所以，在罢工结束的 9 天后，大康纱厂又发生罢工。③ 罢工发生后，青岛市政府决定解散工会，并出动保安队，此举引起工人的激烈反抗。5 月 25 日，工人占领了大康、内外棉两家工厂，并引发了中日交涉事件，两艘日本驱

---

① 《晨报》1925 年 4 月 29 日，另见《青岛工运史料（1921~1927）》，第 209 页。
② 《关于镇压大康纱厂工潮清发车辆费的呈》（1925 年 4 月），青岛市档案馆馆藏，档案号：C0212-001-00019-0014。
③ 〔日〕水谷国一：《青岛纺织劳动调查》，第 135 页。

逐舰从旅顺开往青岛。最后，山东督办张宗昌发出镇压令，5 月 29 日，青岛保安队、日本海军陆战队、骑兵队包围大康、内外棉、隆兴三家工厂，开枪打死 2 名工人、打伤 16 名工人、拘捕 24 名工人，工运骨干被捕，3000 多名工人被押回原籍；此外，被日人暗杀，活活抛入海中或闷死在地沟中的工人，不计其数，这就是震惊中外的"青岛惨案"。30 日，工人复工，日商纱厂借此机会解雇 500 名"不良劳工"。已上工者更横遭压迫，上次罢工所争得之工人权利，一概抹杀：厂中不得两人偶语，上厕所亦必有人跟随，吃饭时间被取消，勒令多做无报酬的工作，诸如此类，不堪言状。①

　　值得关注的一个细节是，青岛市商会于此次罢工斗争中表现活跃。据青岛市商会档案记载，上海"五卅运动"发生后，青岛市总商会积极捐款声援罢工，1925 年 7 月，上海总商会收到青岛总商会捐款 5225 元。② 1925 年 7 月 7 日，以青岛市商会为代表的 13 个团体联席会议议决，因四方纱厂失业工人过多，公决从公大纱厂捐款 540 元中拨 340 元，再由刘子山捐款 500 元共 840 元，一起支援四方区奉化路 76 号胶济铁路总工会开展工人救济工作。还公决因《青岛公民报》屡次报道，破坏团体，扰乱治安，应呈请军政当局依法查办，决定以后各团体不在《青岛公民报》登载广告。③ 青岛市商会的这些主张可能使《青岛公民报》主笔胡信之被杀害。对于胡信之被杀的原因，《向导》第 126 期记载，《青岛公民报》主笔胡信之积极发动工潮，而以商会会长隋石

---

① 上海社会科学院历史研究所编《五卅运动史料》第 3 卷，上海人民出版社，2005，第 153 页。

② 《有关沪青惨案救国运动外地团体和市当局致总商会的文件、工商业户为解决原料与积存旧货问题的函电以及提倡国货的文件》，青岛市档案馆馆藏，档案号：B0038-001-00370-0096。

③ 《公决分配沧口钟渊工人救济会捐款等议案》（1925 年 7 月 7 日），青岛市档案馆馆藏，档案号：B0038-001-00370-0080。

图 3-12　大康纱厂工人泣告书（1925）

资料来源：青岛市档案馆馆藏。

卿为首的商界人士则主张对日合作。据传，张宗昌到青岛，商界为了欢迎仪式的举办甚至要求每位商家捐资 300 多大洋，受到胡信之严厉的批判，因而，可能在商界人士的教唆下，胡信之被杀害。[1] 1925 年 7 月 29 日，胶澳商埠在《关于逮捕胡信之的报告》中提到，鼓动工潮、危害治安，特将其主编胡信之逮捕。[2] 同时被杀害的还有青岛早期共产党人李慰农，他是第一位在青岛遇害的共产

---

[1]　《向导》第 126 期，《青岛工运史料（1921~1927）》，第 152 页。

[2]　《抄胶济铁路四方机厂、大康纱厂、隆兴纱厂、内外纱厂工人代表名单》，青岛市档案馆馆藏，档案号：A0018-001-00869-0007。

党人。

　　1928 年，济南惨案后，中日关系日趋紧张。日本方面认为，当时的青岛特别市政府、市党部等机关执行的国民党中央的排日路线，对在青岛的日本侨民压迫日甚。虽然青岛日商纱厂通过日本驻青领事馆要求青岛市政府严格管控工人，青岛市政府表面答应，但暗地里与市党部和工会整理委员会串通，使工人与资方的对立越来越严重，迫使日商纱厂厂主主动停工。1929 年 7 月 22 日，青岛日商纱厂全体停工停业，并开除工友 200 余人。[①] 这引起工人的愤怒，工人提出，工厂不得单方面关闭工厂，如果必须关闭工厂，则需提前 1 个月通知工会并获得工会的同意。关闭工厂应给予辞职工人补贴，工龄 1 年以内员工的补贴为 1 个月的工资，且不论距离远近一律支付返乡路费。不经过工会同意不得雇用和解雇工人。工厂每个月应给予工会经费 500 元，工厂的一切罚金都交给工会，由工会对劳资双方的事件进行审查。关闭工厂期间，需支付给工人全额工资等。上述条件均遭到青岛日商纱厂的拒绝。据美国驻青领事馆档案记载，当时中方以青岛特别市政府为代表，日方以日本总领事和在华日本纺织联合同业会理事长船津为代表，双方进行了多次谈判，陷入僵局。中方指责日方态度太过强硬，不愿让步。日方则坚称纱厂是否开工完全取决于中方能否确保工人以后的表现，并表明当地政府应控制局面。[②] 同年 11 月 27 日，青岛日商纱厂正式复工，按照美国驻青领事馆的说法，主要得益于马福祥到任，接替吴思豫担任青岛市市长，马福祥承诺对日本工厂和公民进行保护，监督工人以后的表现。[③]

---

① 《青岛日商纱厂停业案》，《南京国民政府外交部公报》第 6 辑第 2 卷第 8 期，1929 年。
② 《1929 年 8 月份青岛市政治局势报告》（1929 年 9 月 3 日），青岛市档案馆馆藏，档案号：B0004-002-05775-0008。
③ 《1929 年 11 月份青岛市政治局势报告》（1929 年 12 月 9 日），青岛市档案馆馆藏，档案号：B0004-002-05781-0006、0007。

1936 年 11 月 19 日，青岛内外棉纱厂工人开始罢工，到 12 月 14 日复工，历时 26 天。此次罢工是上海同年罢工的延续。12 月 2 日，日本驻青总领事馆、日本陆海军驻青武官，以及纺织业代表、在华日本纺织联合同业会共同决定，从 2 日下午 6 点开始，9 家工厂全部停工。3 日凌晨，日本海军陆战队在青岛登陆，直接"进驻"各家棉纺织工厂进行戒备。12 月 8 日，日本驻青总领事会见市长沈鸿烈。14 日上午 6 点，工厂复工。日本海军陆战队于 12 月 23 日撤退。最后双方达成和解：日本纱厂承认工会、提高工资、缩短劳动时间、不解雇员工、对已解雇的员工予以复职等。

实际上，20 世纪 20～30 年代的工人运动，有着复杂的历史背景，它是日益觉醒的工人阶级、逐渐对日采取强硬态度的国民政府和对工人压迫日甚的日本在华势力三者之间的博弈。为处理工潮，1927 年 9 月南京国民政府成立劳工局，办理全国劳动事宜，该局下设总务、行政、统计三处。半年后，国民政府撤销劳工局，此后再未设置统一的专管全国劳动行政事务的独立机构。1928 年 3 月，工商部设立劳工司，主持劳动行政，掌管劳动立法。与此同时，各地设立社会局，负责劳动事宜。1929 年 7 月，青岛市工会整理委员会（简称"青岛市工整会"）成立，设立罢工基金，并承诺罢工基金累积充足后，就可以对各工厂主提出各项要求，若不同意，就立即开始罢工。[①] 1929 年罢工发生后，青岛市工整会为确保工人团结，把失业工人集中到大港码头仓库和北京路小学，青岛市社会局为他们提供食物。为遏制日本人在青经济扩张的势头，振兴民族工业，青岛市政府设立国货工厂筹备会，开办青岛民生国货模范工厂，地点位于李村农林试验场内，用以安置失业工人。该模范工厂资本金为 20 万元，以官民合办的方式，其中 2000 股由政府出资购

买，剩余的招商发行。① 另一方面，工整会有时也有过火行为，如将失业工人召集起来成立纠察队，对不响应工会主张，不参与运动的劳工等冠以"日本帝国走狗"的帽子，对他们施加暴力；对日本职员的家庭佣人、邮递员等施加暴力等。后日本驻青总领事藤田曾向青岛市代理市长吴思豫提出抗议，但无果。同年11月23日，双方达成和解，日本驻青总领事藤田、青岛纺织联合同业会理事长船津辰一郎、青岛市市长马福祥分别在协议书上签字，协议内容主要有：企业方认定的不良劳工250人（包括山东华祥火柴厂、青岛丝厂及六家日商纱厂），由市政府出面劝告其自愿辞职，纱厂支付辞职劳工每人40元。额外支付复工劳工每人4元。各家工厂应于11月26日开始复工，尽可能在最短时间内全部恢复生产。②

对于如何解决罢工问题，日本政界人士有自己的认识和理解。1925年8月25日，加藤日吉在《最近中国罢工情况》中提出一系列解决中国工人罢工的办法，一是尽量采用"怀柔政策"。二是要消除中国人的"种族偏见"。三是经济问题要以经济方法解决，不和政治、外交问题混为一谈。四是只承认最小单位的工会组织，如一公司所属职工或一工厂所属职工的工会。五是各工厂采取自卫措施，包括加固工厂的围墙、大门的防护工事等。六是日本人要研究汉语及中国国情。七是招聘高级中国顾问或工作人员，负责与中国人交涉，进行宣传及其他工作。八是加强同中国官方及实业家或地方上有影响的人士之间的交往。九是修订不

---

① 《关于民生国货工厂定期股款请以年利八厘计算并发还代收股款通知书的函》（1929年），青岛市档案馆馆藏，档案号：B0040-001-00065-0405。

② 马福祥：《青岛工潮纪略》，中共青岛市委党史资料征委会办公室、青岛市总工会工运史办公室编《青岛党史资料》第3辑《1929年青岛工人大罢工专辑》，1986，第180页。

平等条约。[①] 从目前所掌握的史料来看，青岛日商纱厂采取的措施与加藤所说的相差不大：一是对工人采取"怀柔政策"，给工人一点小恩小惠，如大康纱厂每月每人可购买一袋比市场价低三角钱的面粉，每年每人可买一包飞花，中秋节还发给每人一斤月饼之类。其他日本纱厂也有类似待遇，打骂工人的行为一度也有收敛。[②] 注意提拔中国工人，在日商纱厂中，除上层的日本人管理体系外，下层均为中国人管理工人的体系，大康纱厂建立的就是这个模式，中国人最高的职务是部长（相当于车间主任），下面是把头和组长。日商纱厂厂主利用这些人对工人进行管理，他们拉帮结派，组织"同乡会"、"国术社"及青洪帮之类的会门，分化瓦解工人队伍，并暗中收买工人中的投机分子，侦查工人的活动。二是促使青岛日商纱厂大力推行生产合理化制度，不断更新机器设备，革新生产技术，强化经营管理，提高工人的劳动生产率，减少使用工人的数量。据统计，大康纱厂1925年4月生产用工5070人，到1929年4月减少到3385人，减少近1/3，工人数量的减少，大大降低了生产成本。三是逐步改变工人的性别和年龄构成，尽量雇用女工和童工代替部分男工和成年工，以便于控制。他们招收的多是流入城市的农民和乡村姑娘，而拒收城市失业工人，因为前者更易于管理。据1929年青岛市社会局调查，当年罢工的9家日本企业的工人总数有17046人，其中女工1821人，占10.7%，童工1710人，占10%，两者相加占工人总数20.7%。[③] 当时童工隐瞒岁数较为普遍，所以，童工的比例可能还要更大。另外，工人总数减少，而求职者没有减少，则更利于日本纱厂选工。

---

① 加藤日吉：《最近中国罢工情况》（1925年8月25日），另见《青岛工运史料（1921～1927）》，第237～240页。
② 《青岛党史资料》第3辑《1929年青岛工人大罢工专辑》，第2～3页。
③ 青岛特别市社会局编《青岛社会》，1930，第20页。

这几次罢工运动对青岛日商纱厂产生了较大的影响。1929 年《青岛新报》称："六大纱厂每日损失 6 万元。"[1] 与上海不同，青岛的纱厂工人运动给日商纱厂带来的损失有限。以罢市为例，上海的罢市才是彻底的罢市，青岛仅停留在表面。1925 年 9 月 25 日，日本横滨正金银行调查课编《五卅事件与排货运动》中提到青岛排日运动不易推进的原因主要有以下几点：（1）由于军阀的支持，日人势强力大，地位优越；（2）山东与日本经济关系特别密切，需要相互"帮助"；（3）中日"合作"的事业多；（4）反帝排外运动的主力是学生，而学生人数不多；（5）即便是罢市，日商持有足以维持相当时期自治的物资，供应日人需要，即使有不足，也极易由日本或大连供应；（6）青岛是日本"好意"交还给中国的地方，中国官员统治手段也较强。[2] 另外，青岛日商纱厂的几次罢工大部分发生在 4 月底至 5 月份，这一时期工人请假回乡收秋的较多，而且这段时间青岛雾气非常大，不利于纺织生产，生产效率本来也不高，所以，停工对日商纱厂的影响不会很大。1931 年《胶海关贸易报告》记载：胶济铁路"客货运输终岁毫无间断，虽万宝山案发生后，上海首倡抵制日货，迄至东北事变并未稍（消）杀，然青岛方面不过稍受波及，影响于商业者并不甚重"。[3]

相反，工人罢工、抵制日货运动甚至还刺激了在华日商纱厂的发展。1931 年 7 月，上海"万宝山事件"引发了新一轮的抵制日货运动。运动开始后，上海棉纱采购商害怕以后采购日货不便，纷纷囤货，一时间竟导致日商纱厂生产的棉纱价格大涨。存货销售一空，运输紧张，现货不足，大家纷纷争着购买期货。上海日商纱厂

---

① 《青岛党史资料》第 3 辑《1929 年青岛工人大罢工专辑》，第 58 页。
② 横滨正金银行调查课编《五卅事件与排货运动》（1925 年 9 月 25 日），《青岛工运史料（1921～1927）》，第 205 页。
③ 《帝国主义与胶海关》，第 383、384 页。

抛出的期货，从当年 10 月到次年 6 月共销 12 万包，数额巨大。为满足如此之大的生产量，上海日商纱厂把市面上的棉花搜罗一空，导致棉花价格大涨，使上海华资纱厂的成本增加，产品失去竞争力。在青岛，因华北的抵制日货运动规模相对小，青岛日商纱厂的销路未见明显滞塞。所以，1931 年的抵制日货运动，不论在粗纱还是细纱方面，都未能给予日商纱厂以沉重打击。① 据美国驻青领事馆的档案记载，青岛日本工厂生产的棉纱不会受抵制，由棉纱征收的相当高额的税收似乎说明了这一点。更有意思的是，因预测到限制性措施，各种日货大量从日本涌入青岛，因此，这段时间内可以购买到日本产品，而且授予工业必需材料豁免权的规定会使大量产品继续流通，这些工业必需材料包括大量从日本购入，为青岛纱厂所用的原棉，做火柴所需的硫黄以及其他材料，为中国报社提供的新闻纸以及各式各样的小商品。② 相比之下，华资纱厂，特别是华北各厂，因失去东北市场，销路困难。长江流域各厂因封存日货，市场资金呆滞，加深萧条。③ 1932 年，"一·二八"事变使上海的华商纱厂损失惨重，而青岛日商纱厂却由此获益，主要原因是山东棉花市场缩小，所有棉花基本都被运到青岛，原棉数量的增多导致原棉价格下跌，纱贵棉贱，青岛日商纱厂的利润率提高，足以弥补上海日商纱厂的损失。④ 1933 年春，一位纺织专家曾说："我们厂家所负利息，总在八厘至一分，他们（日厂）在三厘以下，所以在抵制日货时期，上海日商纱厂，家家赚钱。而三井银行仍认为，日厂现在已处困难应特别帮忙，所以，放款利息又特别减轻一二厘。且上海日本纱厂营

---

① 严中平：《中国棉纺织史稿》，第 283 页。
② 《美国驻青岛领事馆关于 1931 年 8 月政治形势致美国驻中国北平公使的报告》（1931 年 9 月 9 日），青岛市档案馆馆藏，档案号：B0004-001-01144-0005、0006。
③ 严中平：《中国棉纺织史稿》，第 283 页。
④ 严中平：《中国棉纺织史稿》，第 283 页。

业，完全由江商、东棉、日信三家洋行操纵，此三家洋行有银行为之后盾，而银行背后又有政府为之后盾。近来华商抵制日货，三家洋行授意各厂，请改制行销华北方面织物，由三家洋行负责代为装运销售，一面对各厂购进棉花，从前三十天付款，又延长改为六十天。"① 这些举措导致华商纱厂的生产成本大大攀升，与日商纱厂的产品竞争力下降。

第六节　工人的社会状况

棉纺织业是中国近代最大的工厂工业，雇用工人的人数最多。据农商部所编 1911~1920 年《中国农商统计》记载，中国棉纺织工人数目占全国工厂工人总数的 1/4，其中包括制棉、纺织、制线、织物、染色等工人。随着青岛棉纺织工业的迅猛发展，棉纺织工人数量也不断攀升，棉纺织工人逐渐成为青岛社会生活中的一支重要力量。1924 年 6 月《青岛劳动概况》记载，在青岛工人最多的是纱厂，纱厂共 9 家，每个纱厂平均 3000 多人，合计 3 万左右，其中成年工占 2/3，青年工占 1/3，而女工为成年工人的 1/10。其次是四方机厂，约 2000 人。码头搬运工 6000 人左右，油厂、丝厂和火柴公司约 5000 人。② 这一数据显然不太准确，1924 年青岛地区没有 9 家纱厂，而且每家纱厂不大可能达到 3000 名工人的规模。相比之下，1924 年 5 月 10 日《民国日报》的记载更为准确，截至 1924 年公大纱厂开工时，四方沧口地区共有纱厂工人约 2 万名。③ 据《胶澳志》记载，1924 年 7 月，青岛地区共有 189411

---

① 《纺织周刊》第 3 卷第 21 期，1933 年 5 月 19 日。
② 《青岛党史资料》第 1 辑，第 66 页。
③ 《民国日报》1924 年 5 月 10 日。

人，① 按照这个比例，棉纺织工人占城市人口的近 1/9。

据 1925 年《全国华商、日商、英商纱厂一览表》，青岛棉纺织工人的具体分布如下：华新纱厂 3000 人、内外棉纱厂 4500 人、隆兴纱厂 1400 人、大康纱厂 2500 人、富士纱厂 2200 人、公大纱厂 2800 人和宝来纱厂 1500 人，合计 17900 人。②《青年工人问题》中记载，在四方有内外棉三厂，大康、隆兴各二厂，在沧口有富士、公大、长崎各一厂，共有工人 22000 余人。③ 综合考量，当时青岛有约 2 万名棉纺织工人，这一数据应该比较接近真实情况，但与方显廷先生的统计数据相差较大，方显廷先生认为，1924年青岛棉纺织工人是 5200 人，1928 年是 16523 人，四年之间增加了 2.18 倍，青岛棉纺织工人在全国的比重由 1924 年的 2.7%上升到 1928 年的 6.9%，在上海、无锡、通崇海、武汉、天津、青岛六个棉纺织中心城市中，青岛由第 6 位上升到第 3 位。方先生未说明具体的数据来源，但这一数据应该是偏少，1924 年青岛日商六大纱厂加上华新纱厂总共 7 家纱厂，不可能仅有5200 工人，每厂平均还不到 1000 人，对于棉纺织企业这种劳动密集型企业来说，不大现实。另外，青岛日商纱厂，如内外棉纱厂、大康纱厂的规模都不小。因此，综合来看，1924~1925年青岛共有约 2 万名棉纺织工人，当时青岛城市的总人口近 20万，棉纺织工人占城市人口的 1/10~1/9。到 1927 年青岛纱厂工人的数量超过天津，在全国六大纺织城市中，次于上海和武汉，位列第三。（参见表 3-8）

---

① 袁荣叟：《胶澳志》卷 3《民社志一·户口》，第 1 页。

② 〔日〕宇高宁：《支那劳动问题》，《五卅运动史料》第 1 卷，上海人民出版社，1981年 11 月，第 210 页。

③ 《青年工人问题》，中国新民主主义青年团、中央委员会办公厅编《中国青年运动历史资料》第 2 册，1957，第 125 页。

表 3-8　中国纱厂工人按城市之分配（1924~1930）

城市	1924 年		1925 年		1927 年		1928 年		1930 年	
	实数	占比	实数	占比	实数	占比	实数	占比	实数	占比
上海	109865	56.1	117922	56.2	124521	53.1	116678	48.3	127604	50.6
无锡	11358	5.8	14440	6.9	12803	5.4	12156	5.0	9346	3.7
通崇海	10800	5.5	11690	5.6	12840	5.5	15221	6.3	17331	6.9
武汉	14900	7.6	19570	9.3	19476	8.3	26384	10.0	26084	10.4
天津	14100	7.2	12496	5.9	15432	6.6	16018	6.6	15338	6.1
青岛	5200	2.7	5200	2.5	16147	6.9	16523	6.9	15184	6.0
其他	29468	15.1	28641	13.6	33321	14.2	38630	16.0	41144	16.3
总计	195691	100	209959	100	234540	100	241610	100	252031	100

资料来源：方显廷《中国之棉纺织业》，第 141 页。

　　到 1933 年，青岛全市纺织工人数达到 16487 人，其中成年男工 9737 人，成年女工 5653 人，童工 1097 人。纺织工人无疑是青岛全市工人人数最多的，1933 年全青岛有工人 25671 人，其中成年男工 16888 人，成年女工 7270 人，童工 1513 人，纺织工人占到了工人总数的 64%，纺织童工占到全市童工的 73%。[1]

　　根据日本国立公文书馆所藏有关青岛棉纺织业的调查报告，1926 年，青岛内外棉纱厂共有工人 3477 人，其中来自山东省 3411 人，江苏省 48 人。大康纱厂共有工人 3218 人，其中来自即墨、莱阳、平度、胶州、高密的工人合计 2455 人。公大纱厂共有工人 3402 人，来自青岛地区 1387 人，即墨县 775 人，平度县 179 人。富士纱厂共有工人 1937 人，其中青岛地区 906 人，即墨县 521 人，平度县 123 人。[2] 整体来看，青岛日商纱厂的工人绝大多数来自青

---

① 沈云龙编《近代中国史料丛刊三编》第 60 辑第 1 编（上），台北：文海出版社，第 15 页。
② アジア歴史資料センター：Ref. B12081556300『在青岛日、中各工场待遇ノ件/』外务省外交史料馆、44-46 页。

岛周边的农村，如即墨、平度等地，山东省外的人很少，而且都市居民出身的工人较少，这与近代其他城市不同，据学者统计，一般来说，中国近代工人中"农民出身者约占 50% 左右；都市居民出身者约占 20% 左右；熟练手工业工人出身者约占 20% 左右"。青岛纱厂中都市居民出身人数较少的原因可能在于近代青岛开埠前只是胶州湾畔的一个小渔村，城市发展尚未起步，都市居民人数很少。

按照纱厂工人工作性质划分，纱厂工人可分为两类：一类是机间工人，主要有值机工人、杂工、修理及保全工人等；二类是外部工人，主要有原动、电机、机匠、剪花、杂务工人等。[①] 从各工种的工人年龄来看，青岛日商纱厂中，混打棉的工人年龄为 25～30 岁，粗纱的工人为 18～23 岁，细纱工人的年龄最小，仅为 13～16 岁。[②] 从全体工人年龄来看，16～20 岁的工人是人数最多的，按现在的就业年龄衡量，工人的年龄偏小。如内外棉纱厂 3838 名工人中，15 岁及以下 389 人，16～20 岁 1689 人，21～25 岁 738 人，26 岁以上 545 人，其他年龄段 477 人，其中 16～20 岁的人最多，占到了全体工人数的 44%。[③] 隆兴纱厂 15 岁及以下 81 人，16～20 岁 542 人，21～25 岁 75 人，26 岁以上 124 人。公大纱厂 14 岁 92 人，15～19 岁 1738 人，20～24 岁 1140 人，25～30 岁 264 人，30～34 岁 103 人，35～39 岁 44 人，40～44 岁 11 人，45 岁以上 10 人。[④] 据表 3-9 所示，整体来看，当时青岛日商纱厂中 15～19 岁的工人数量

---

① 王子建、王镇中：《七省华商纱厂调查报告》，第 88 页。
② 《青岛之日商纱厂》，《中外经济周刊》第 68 期，1924 年。
③ アジア歴史資料センター：Ref. B12081556300『在青岛日、中各工場待遇ノ件／』外務省外交史料館、56 頁。
④ アジア歴史資料センター：Ref. B12081556300『在青岛日、中各工場待遇ノ件／』外務省外交史料館、56 頁。

最多，华新纱厂的情况与此类似，16~20 岁的工人数量最多。[1]
1932 年国民政府颁布《劳动法》，其中规定不足 16 岁的工人为童
工。关于童工的定义，1933 年，青岛市社会局颁布的《青岛市工
人待遇暂行规则》中做了明确规定："凡未满 14 岁之男女儿童，
自本规则施行之日起，不得雇用为职工或学徒，其未满 16 岁之童
工，只准从事轻便工作。"[2] 学者王子建等认为，"实则这个'童
工'两字与工厂法所规定的童工具有绝对不同含义。纺纱厂中所
谓的'童工'是一种工种，特指工作需要体力较小，即小孩子亦
能胜任的工作岗位，并不一定指 14 岁以上未满 16 岁的工人。如，
纺纱厂的粗纺和精纺部的落纱工，工作轻易，虽孩童亦能从事，一
般称之为'落纱童工'，又如纺纱厂粗纺和精纺部以及织布厂准备
部的收拢筒管等工作，也是属于童工范围之内的"。[3]

表 3-9　青岛某日商纱厂工人年龄情况（1927）

年龄	人数	百分比（%）
15 岁以下	83	6.6
15~19 岁	754	59.7
20~24 岁	298	23.6
25~29 岁	71	5.6
30~34 岁	34	2.7
35~39 岁	23	1.8
共计	1263	100.0

资料来源：《第一次中国劳动年鉴》，第 380 页。

---

[1]　《第一次中国劳动年鉴》，第 380 页。
[2]　《青岛市工人待遇暂行规则》，青岛市档案馆馆藏，档案号：B0032-001-00490-0040。
[3]　王子建、王镇中：《七省华商纱厂调查报告》，第 91 页。

　　从性别来看，青岛纱厂中女工很少，绝大多数是男工，直到全面抗战时期，青岛纱厂的女工才开始大量增加，这与近代上海纱厂的情况不同，上海纱厂中甚至一些重要的职务都是由女工担任，"男（工）职务反而居次要地位"。[①] 这一情况的主要原因可能在于山东地区思想观念比较保守，大部分农村妇女均要缠足，不适合在工厂劳动。受封建观念影响，除非必要，在山东女子通常不外出做工，青岛工厂一开始也不喜欢招女工。[②] 另外，青岛工人的主要来源是山东省内的农民，他们最初来青做工，通常不带女性家眷，可成为女工的人数也较少。

　　关于青岛棉纺织工人的流动性问题，据日本国立公文书馆所藏青岛棉纺织业的调查报告显示，截止到1926年10月末，内外棉纱厂的工人中，工作时间1个月不满的66人，3个月不满的228人，6个月不满的714人，9个月不满的261人，1年不满的1280人，一年半不满的1275人，两年半不满的658人，三年半不满的621人，三年半以上的374人，其中工作1年不满的工人最多。[③] 同一时期大康纱厂工作6个月未满的571人，占17.7%；7个月以上不满一年的419人，占13%；一年以上两年未满的1139人，占35.2%；两年以上的1089人，占34.1%。其中一年以上两年未满的工人最多，工人的稳定性比内外棉纱厂稍好一些。按工人的连续工龄统计：工作不足一年的275人，不足二年的856人，不足三年的536人，不足四年的491人，四年以上的1227人。[④] 整体来看，

---

① 王子健、王镇中：《七省华商纱厂调查报告》，第123页。
② 刘心铨：《华北纱厂工人工资统计》，《民国时期社会调查丛编（一编）·城市（劳工）生活卷》（下），福建教育出版社，2014，第934页。
③ アジア歴史資料センター：Ref. B12081556300『在青島日、中各工場待遇ノ件/』外務省外交史館、85頁。
④ アジア歴史資料センター：Ref. B12081556300『在青島日、中各工場待遇ノ件/』外務省外交史館、90頁。

青岛日商纱厂工人的流动性还是比较高的，这可能与青岛当地棉纺厂较多有关。纱厂工人较高的流动性，同样体现在工人履历中，如内外棉纱厂3477名工人中，曾在日商纱厂工作过的占62%。隆兴纱厂1227名工人中，有工作经验的占66%。[①]

从工人入职途径来看，主要为介绍人介绍和工人自荐，青岛各日商纱厂的情况不一，如：内外棉纱厂工人中，经介绍人介绍的1025人、招聘249人、志愿加入2203人，计3477人。公大纱厂工人中，经介绍人介绍的3130人，志愿加入272人，计3402人。富士纱厂经介绍人介绍的139人，占7%；招聘353人，占18%；志愿加入1445人，占75%；计1937人。隆兴纱厂经介绍人介绍的235人，占19%；招聘1人；志愿加入991人，占81%；计1227人。[②] 内外棉纱厂和公大纱厂大部分的工人是经介绍人介绍而来的，但富士纱厂和隆兴纱厂大部分工人是自荐而来的。

第七节　工人的福利待遇

工资收入是民众日常生活的基础，是衡量其物质生活水平与消费水平的标尺。同一阶层内受职业、性别、年龄、地域等因素的影响，收入情况又存在着较大差异。工薪阶层对工资的依赖程度非常高，而工资水平的高低则受不同历史时期的政治环境、社会经济发展水平等多种因素的影响。

目前，有关青岛棉纺织业工人工资、生活状况的研究主要建基于一些党史资料、工人运动材料等，内容涉及工人工资、劳动时

---

① アジア歴史資料センター：Ref. B12081556300『在青島日、中各工場待遇ノ件/』外務省外交史料館，92頁。

② アジア歴史資料センター：Ref. B12081556300『在青島日、中各工場待遇ノ件/』外務省外交史料館，90～91頁。

间、劳动条件、日商纱厂对工人的身心凌辱等，这些研究成果使我
们对近代青岛棉纺织工人的工作条件、福利待遇有所了解。但遗憾
的是，这些研究成果基本上停留在事实陈述，缺乏相应的数据支撑
以及细节阐释，研究的深度和广度还不够，导致我们对近代青岛棉
纺织工人的生产生活状况这一问题的认识停留在表面。

事实上，日文档案保留了比较详细的调查资料。1926 年 6 月，
日本驻华通商局对上海工厂的有关情况进行调查，10 月 16 日委托
上谷喜三郎调查华北及"满洲"地方工厂的待遇情况，12 月 15 日
上谷喜三郎完成青岛工厂的调查报告。笔者看到的这份调查报告是
时任日本驻华通商局局长济藤良卫发给通商局驻上海商务书记官横
竹平太郎的，注明是商业机密文件，第 271 号，由日本在北京、上
海、青岛工商会贸易课撰写。文件全名为《青岛日、中各工场待
遇》，共有 230 画幅 326 页。[①] 该调查报告内容非常丰富，涉及当时
青岛主要工业门类，以及工业产业生产经营状况和劳动者待遇问题
的调查数据，特别是劳动者待遇问题，是该调查报告的主要部分。
当时棉纺织工业在整个青岛工业体系中规模庞大，所以，整篇调查
报告约 3/4 的内容是关于青岛的棉纺织业，这份调查报告当时的主
要目的是为日本在华殖民当局提供决策参考，可信度应较高，故而
对我们重新理解和认识 20 世纪 20 年代青岛棉纺织工人的生产、生
活状况具有较高的史料价值。

据《青岛日、中各工场待遇》记载，1925 年纱厂工人运动后，
青岛日商纱厂在工人待遇问题上比较"谨慎"，各纱厂曾试图统一
工人待遇，但由于各纱厂情况不同，很难出台统一的工人待遇标
准，各纱厂在工人工资方面存在一定差异。该档案对青岛日商纱厂
工人工资的统计分为初始日工资、最高日工资，如：大康纱厂各部

---

① 日本国立公文书馆亚洲历史资料中心：http://www.jacar.go.jp；该档案原件保存
于外务省外交史料馆，档案号：B-3-7-2-10-1。

门中初始日工资最高的是木工 0.62 弗,① 初始日工资最低的是精
纺工人 0.24 弗，各部初始日工资平均为 0.504 弗。大康纱厂日工
资最高的是精纺工人 1.95 弗，日工资最低的是选棉工人 0.5 弗，
各部日工资平均为 1.5 弗。② 相比之下，内外棉纱厂的工资低一
些，其初始日工资加奖金最高的是水工 0.53 弗，初始日工资加奖
金最低的是选棉工 0.27 弗，初始日工资加奖金平均 0.275 弗。内
外棉纱厂日工资加奖金最高为水工 1.34 弗，日工资加奖金最低为
打棉工 0.51 弗。③ 隆兴纱厂初始日工资平均 0.29 弗，平均日工资
0.63 弗,④ 不及大康纱厂平均日工资的一半（0.75 弗）。从该调查
报告的统计数据来看，青岛日商纱厂中大康纱厂的工人工资最高。
青岛各日商纱厂为尽可能地实现步调一致，当时还组织了联合人事
科，每周开会一次，交流在工人管理中遇到的问题及解决对策。⑤
关于华新纱厂工人的工资情况，该档案也有记载，当时华新纱厂最
低日工资为 0.35 弗，最高日工资为 0.70 弗，平均日工资为 0.60
弗，年长者每月给予 2 元补贴，以大洋支付。⑥ 但对华新纱厂的统
计缺乏初始日工资的统计，影响了横向的对比研究，如果单从平均
日工资来对比的话，华新纱厂与日商纱厂的差距不大。据中文史料
记载，1924 年青岛日商纱厂清花部工人的日工资为 2 角至 2 角 8
分、拣花部为 2 角至 3 角 6 分、粗纱部为 2 角至 4 角 2 分、细纱部

---

① 按，在当时日文文献中，弗是美元的计量单位，1 弗等于 100 仙。
② アジア歴史資料センター：Ref. B12081556300『在青島日、中各工場待遇ノ件／』外務省外交史料館、121 頁。
③ アジア歴史資料センター：Ref. B12081556300『在青島日、中各工場待遇ノ件／』外務省外交史料館、129 頁。
④ アジア歴史資料センター：Ref. B12081556300『在青島日、中各工場待遇ノ件／』外務省外交史料館、131 頁。
⑤ アジア歴史資料センター：Ref. B12081556300『在青島日、中各工場待遇ノ件／』外務省外交史料館、110 頁。
⑥ アジア歴史資料センター：Ref. B12081556300『在青島日、中各工場待遇ノ件／』外務省外交史料館、267 頁。

为 1 角 5 分至 4 角 8 分，与日本史料中的统计数据相差不大。[①] 据
1928 年《第一次中国劳动年鉴》统计，1925 年青岛纱厂各部平均日
工资约为 0.33 元，单从数据上来看，《第一次中国劳动年鉴》记载
的青岛纱厂工人工资比《青岛日、中各工场待遇》中的低。（参见表
3-10）但是后者所记载的数据除大康纱厂和华新纱厂以外，其他纱
厂的工人工资数据是将工资与奖金合并计算，所以，我们不能做简
单对比。

表 3-10　青岛纱厂工人工资情况（1925）

单位：元

	最低	最高	平均
梳棉	0.25	0.45	0.35
打棉			
练条	0.2	0.5	0.33
粗纺			
精纺	0.15	0.55	0.28
总场	0.18	0.55	0.30
搬运	0.35	0.80	0.50
皮部	0.30	0.70	0.40
杂役	0.30	0.45	0.35

资料来源：《第一次中国劳动年鉴》，第 226 页。

1925 年，全国青年会工业委员会曾对全国的粗工、精工工资进
行了调查，其中男工月平均工资为 9.0 元，女工月平均工资为 7.5
元，这个工资水平与其他行业工人，如铁工、机械工、矿工相比，
处于较低水平。[②] 按照当时青岛纱厂每周休息一天计算的话，全国纺
织男工的平均日工资为 0.34 元，女工的平均日工资为 0.29 元，青岛

① 《青岛之日商纱厂》，《中外经济周刊》第 68 期，1924 年。
② 《第一次中国劳动年鉴》，第 41 页。

日商纱厂工人的工资与全国的平均水平相比，相对还处于一个较高的水平。

进入 20 世纪 30 年代，全国纱厂工人工资从绝对值来看是上涨的，当然不同工种、不同性别的工人上涨的幅度不同。据 1933 年的调查报告，青岛市纺织男工普通月工资是 25 元，纺织女工普通月工资是 10 元，童工普通月工资是 8 元，从整个青岛市各行各业来看，纺织工人的工资属于中等水平。[①] 青岛市社会局所编《青岛情况介绍》记载，1935 年青岛各行业的工人平均工资都比 5 年前有所提高，其中木材制造业月平均工资 12 元，机器及金属品制造业月平均工资 9 元，土石玻璃制造业月平均工资 9 元，公用事业月平均工资 12 元，化学工业月平均工资 12 元，纺织工业月平均工资 15 元，服装用品制造业月平均工资 9 元，饮食及烟草制造业月平均工资 12 元，造纸印刷业月平均工资 9 元。[②] 从这个统计数据来看，青岛纺织工业的工资水平在当时青岛各行业中位居前列。

从全国来看，这一时期中国普通工人的平均工资为每日 1.5～2 角，受过训练的熟手和工头日工资约 2 角多，普通女工每人每日 1～1.6 角，但在纺纱厂和火柴厂最低的女工日工资只有 5 分钱，甚至不到 5 分钱。以当时的物价来看，在上海每天 2 角钱的生活费很难维持一个壮年男工自身的生活，更谈不上养家糊口。[③] 1935 年，王子建、王镇中两位学者对 37 家华资纱厂工人工资进行统计，结果显示：纱厂工资最高为成包工，平均日工资 0.65 元，粗纺工人次之，为 0.52 元，其他的工种日工资为 0.47～0.50 元。内地纱厂工人之间的工资差别较大，但上海纱厂工人之间的待遇差别不大。男工工资普遍高于女工，37 家纱厂男工平均工资为 0.53 元，女工

---

① 《第一次中国劳动年鉴》，第 115 页。
② 青岛市社会局编《青岛情况介绍》，1935，青岛市档案馆馆藏，资料号：A004401。
③ 孙毓棠编《中国近代工业史资料（1840～1895 年）》第 1 辑下册，第 1213 页。

则为 0.47 元，但上海各厂女工工资偶尔有高于男工工资的，主要是一些女工头，上海各厂男工头的平均日工资 0.76 元，而女工头则为 0.91 元。① 当然，这只是全国棉纺织行业的一般情况，不同地域、不同城市之间棉纺织工人工资的差距较大。1934 年，济南鲁丰纱厂股份有限公司有男工 460 名、女工 1340 名，工人日平均工资最高 1 元 5 角，最低 2 角 5 分；济南成通纺纱股份有限公司男女工人合计 1081 名，男女工资每月最高 60 元、最低 9 元，奖金等不计算在内，但这一史料的真实性有待进一步求证。② 江苏南通张謇大生纱厂的童工日工资一般 5~6 分，部分男童工和青年生手女工日工资 7~8 分，熟手女工日工资 1 角多，男工 1~2 角，少数男工和机匠以及女工头在 2 角以上，甚至 4~5 角。③ 1932 年，大生工人日平均工资 0.4938 元，月平均工资 12.84 元（以每月工作 26 天计算），1933 年日平均工资 0.4485 元，月平均工资 11.66 元。④ 民族纱厂的代表上海申新纱厂最低时月平均工资 12.25 元。申新纱厂是上海华商纱厂中工资最高的纱厂，与上海其他产业工人比较起来，棉纺织业工人的工资算是比较低的了。⑤

从收入和支出的比例来看，近代中国工人阶层的消费大致可分为饮食费、衣着费、住房费等主要生活消费和教育、医疗、娱乐等杂项费用，其中生活消费中饮食费占总收入的绝大部分。1930 年，学者陶孟和对北京 48 户工人家庭的支出进行调查，发现饮食、衣服、房租、燃料等生活必需开支占家庭总支出的 97%，杂费仅占 3%。其中饮食费的 80%用来购买米面，米面中又以小米面和玉米

---

① 王子建、王镇中：《七省华商纱厂调查报告》，第 123 页。
② 罗腾霄：《济南大观》，1934，第 302 页。
③ 穆烜、严学熙编著《大生纱厂工人生活的调查（1899~1949）》，江苏人民出版社，1994，第 187 页。
④ 穆烜、严学熙编著《大生纱厂工人生活的调查（1899~1949）》，第 199 页。
⑤ 许维雍、黄汉民：《荣家企业发展史》，人民出版社，1985，第 279 页。

面为主。[①] 从这个消费结构来看，这一时期工人的生活水平还停留在较低的层次。据南京国民政府商务部调查统计，1930 年青岛产业工人平均月支出中，饮食支出占 41.86%，衣着 14%，房租 6.85%，燃料 8.06%，杂项 19.26%，[②] 这与学者陶孟和对北京 48 户工人家庭支出的调查结果相近。据《胶澳志》记载，1928 年前后，青岛市内工匠等劳力以小米为主食，每日需铜元 60～70 枚，其中饮食占收入的四五成，衣服费占二成，居住费占一成，[③] 青岛地区工人的收入支出情况与全国的差别不大。1926 年，美国学者索克斯基（George E. Sokolsky）对上海纱厂工人家庭每月生活费用进行了调查（表 3-11），其中一种为二口之家，仅夫妇二人，另一种为四口之家，夫妇二人加两个孩子。其中二口之家每月的生活费用为 15 元，饮食支出为 11.5 元，占全部支出的 76.67%，加上燃料、房租和杂费，每月的支出为 14 元，每月仅有 1 元用来购置衣服。四口之家每月的生活费用为 21 元，其中饮食支出为 15 元，占全部支出的 71.42%；如果加上燃料、房租和杂费每月的支出为 18 元，剩下的 3 元，其中 2 元用来购置衣服，1 元用来购置小食。这一统计结果与学者陶孟和的非常接近，可以说，无论是北京、上海还是青岛，纱厂工人绝大部分支出都用来维持生存。

表 3-11　上海纱厂工人家庭生活费用一览（1926）

单位：元

用途	二口之家	四口之家
米	5.00	8.00
菜蔬	4.00	4.00
燃料之油	1.50	1.50

[①] 陶孟和：《北平生活费之分析》，商务印书馆，1930，第 48～54 页。
[②] 张国刚：《中国家庭史》第 5 卷《民国时期》，广东人民出版社，2007，第 304 页。
[③] 袁荣叟：《胶澳志》卷 3《民社志五·生活》，第 72 页。

用途	二口之家	四口之家
调味品	1.00	1.50
房租及捐	1.50	2.00
纸烟及小食	0	1.00
衣服	1.00	2.00
杂费	1.00	1.00
合计	15.00	21.00

资料来源：《第一次中国劳动年鉴》，第 161 页。

为说明纱厂工人工资的消费水平，我们特意参照了当时青岛的物价情况。据青岛总商会 1927 年的生活用品价格调查情况（见表 3-12），当时在青岛上等粳米的价格是一石 21 元，石是中国传统的容量单位，10 斗等于一石，不同时期的石对应着不同的市斤，民国时期一石约为 160 市斤，折合下来每市斤的上等粳米价格为 0.13 元，每市斤上等小麦为 0.07 元，牛肉每市斤 0.40 元，羊肉每市斤 0.60 元，猪肉每市斤 0.38 元，鸡蛋每个 0.03 元，土布每尺 0.20 元。按照青岛隆兴纱厂、华新纱厂平均日工资 0.60 元来计算，工人一天的工资可以买 4 斤多上等粳米或 10 斤上等小麦或 1 斤羊肉或 30 个鸡蛋。1933 年《青岛指南》记载，部分收入较低的工人饮食水平较差，"其食物甘薯为主，甘薯以外，杂以粟、豆、高粱、小麦之属，而以腌萝卜、白菜、菠菜、韭菜、茄子、豆腐、丝粉等为最普通佐食之需，极贫之家，则以甘薯之嫩蔓，晒干磨粉，制成团子，以供常食，又有以大豆浸胖，磨碎成浆，和以脆萝卜干，煮以为糜，名为小豆糊，以供饮料，视为美味"。① 从中我们可以看出，青岛地区

---

① 武康魏镜：《青岛指南》，胶东书社，1933，第 1 页。

工人的生活水平一般，但相比青岛地区的农村而言，城市工人的经济条件还是要好一些，当时青岛近郊李村农户人均生活费不足1 角，一天的食费才 0.12 元，而内外棉纱厂工人每天的餐费为0.20 元。[①]

表 3-12　生活用品价格调查（1927）

品名	单位	价格（银元）	
		1 月	7 月
上等粳米	石	21.00	21.50
下等粳米	石	16.50	17.00
上等小麦	石	10.40	11.00
下等小麦	石	9.75	9.85
机制麦粉	斤	0.10	0.10
磨制麦粉	斤	0.10	0.10
黄豆	石	9.75	6.50
玉蜀黍	石	6.75	5.50
牛肉	斤	0.40	0.40
羊肉	斤	0.60	0.90
猪肉	斤	0.38	0.38
鸡卵	百枚	2.50	2.60
豆油	斤	0.20	0.21
芝麻油	斤	0.45	0.50
花生油	斤	0.22	0.25
菜籽油	斤	0.22	0.22
猪油	斤	0.45	0.50
食盐	斤	0.03	0.03
白糖	斤	0.13	0.14
红糖	斤	0.11	0.12

① アジア歴史資料センター：Ref. B12081556300『在青島日、中各工場待遇ノ件/』外務省外交史料館、271 頁。

续表

品名	单位	价格（银元）	
		1月	7月
酱油	斤	0.20	0.20
烟丝	斤	0.45	0.50
土布	尺	0.20	0.10
斜纹布	尺	0.52	0.12
素面爱国布	尺	0.40	0.20
提花爱国布	尺	0.50	0.12
粗洋布	尺	0.10	0.08
细洋布	尺	0.12	0.10
上等棉花	斤	0.55	0.60
下等棉花	斤	0.40	0.45
烟煤	吨	19.00	19.50
劈柴	百斤	1.00	1.20
煤油	斤	0.10	0.10

资料来源：《生活用品价格调查表》，青岛市档案馆馆藏，档案号：B0038 - 0001 - 00430 - 0015。

除工资外，青岛日商纱厂还有一些其他福利，对工人工伤、死亡等给予一定补助。青岛日商纱厂共同制定了《青岛纺织工厂华工工伤扶持项目》，其中规定，因个人重大过失，在工作中受伤、生病、死亡的，该工厂应对本人或直系亲属给予一定补偿。工人工伤或生病可在本公司开设的医院进行免费医疗。工伤后留下残疾的，按照下列原则给予补偿金：终身不能生活自理的一等残疾给予300天工资补助；终身不能劳动的二等残疾给予100天工资补助；劳动能力比以前降低或女子外貌受到伤害有疤痕的三等残疾给予80天的工资补贴。工人死亡给予其配偶或直系亲属一定的补偿金以及安葬费，安葬费的标准是300天工资以内。以上各项所付的金额由各会社根据其个人职务、工资及工作年限、功劳、死亡原因、身体伤害程度等因素决定；具体标准由各会社根据实际情况决定。[1] 大康纱厂规定，工人死亡一般给予其配偶或直系亲属丧葬费、亲属慰问金以及旅费。[2]

　　为提高工人的生产积极性，青岛日商纱厂普遍设立精勤奖和勤续奖。精勤奖，主要是针对工作努力、专业知识过硬的工人，给予月工资的 5%~20% 作为奖励。连续工作半年以上的工人可享受勤续奖，奖励标准为月工资的 5%~10%。加班费的发放标准是加班每小时按日工资的 1/10 计算。[3] 相比大康纱厂、内外棉纱厂对精勤奖、勤续奖的规定更为细致，普通工人一个星期不缺勤，夜班者给予 20 仙补贴，白班者给予 15 仙补贴；半个月不缺勤者给予 25 仙补贴，此为精勤奖。勤续奖分为以下几种情况：入社后 7 个月全勤的给予 10 仙补助，8 个月给予 30 仙补助，9 个月给予 40 仙补助，10 个月给予 60 仙补助，以后每满一个月增加补贴 20 仙，最多增至 4 元 50 仙。半年内缺勤 4 次可看作全勤，缺勤 5 日以上 9 日以内的按以上标准的一半支付，缺勤 10 日以上的不享受此项奖金。[4] 隆兴纱厂、公大纱厂、宝来纱厂、富士纱厂均有类似的规定。宝来纱厂职工可每月购买一袋比市价便宜 40 仙的面粉。

　　1925 年，周志俊执掌华新纱厂以后，逐步改善工人的福利待遇，主要有：从企业利润中拿出一部分资金，在每年端午、中

---

① アジア歴史資料センター：Ref. B12081556300『在青島日、中各工場待遇ノ件／』外務省外交史料館、111~113 頁。

② アジア歴史資料センター：Ref. B12081556300『在青島日、中各工場待遇ノ件／』外務省外交史料館、113 頁。

③ アジア歴史資料センター：Ref. B12081556300『在青島日、中各工場待遇ノ件／』外務省外交史料館、114~116 頁。

④ アジア歴史資料センター：Ref. B12081556300『在青島日、中各工場待遇ノ件／』外務省外交史料館、123 頁。

秋、春节分三次发给工人，每次所得金额约等于工人 1 个月的工资。据统计，到 20 世纪 30 年代，华新纱厂有职工约 2200 人，每年为福利事业投入约 2 万多元，以 2200 名职工计，每位职工每年享有福利费 10 元。[1] 另外，设立不请假奖，规定工人如一年不请假，可以得到相当于本人一个月工资的奖金；设立出数奖，根据工段制定产量指标，如超出定额则发奖，每年分三次发放，每次相当于本人月工资的一半；成立抚恤部，从企业利润中提出一部分作为基金，用于对困难工人的救济。[2] 另外，还设立年末奖金，最高为三个月工资额，最低为半个月工资额。华新纱厂也设立精勤奖，该奖的标准为半个月工资。[3] 设立储蓄、慰劳金制度，将工人薪金的 10% 作为慰劳金，5% 作为储蓄金，工人年老以后，可作养老金领用。设立矜恤部，由厂方拨存基金，为职工疾病、死亡周济之用。到 1937 年，青岛市内已有 7 家民族工厂建立储蓄会，按月强制性储蓄。[4] 青岛日商纱厂亦普遍建立储金制度，其中内外棉纱厂的储金制度规定，存入、支付完全由工人自行决定，年利息6 分。[5]

　　近代中国的棉纺织工厂普遍设有工人宿舍，一方面因为工人大部分来自郊区，没有地方住，需要解决工人的住宿问题；另一方面也是加强工人管理、提高工人工作效率的有效方式。20 世纪 20～30 年代，青岛市的住房一直比较紧张，为解决平民住房问题，在沈鸿烈的主持下，开始兴建平民住所，到 1936 年，青岛市内共有

---

① 《青岛华新纱厂特刊》，第 11 页。
② 《青岛纺织史》，第 161～162 页。
③ アジア歴史資料センター：Ref. B12081556300『在青岛日、中各工場待遇ノ件/』外務省外交史料館、261 頁。
④ 青岛市政府招待处编《青岛概览》，1937 年 1 月，第 34 页。
⑤ アジア歴史資料センター：Ref. B12081556300『在青岛日、中各工場待遇ノ件/』外務省外交史料館、126 頁。

14 处平民住所，约 5000 间，均为平房，每间 12 平方米，一间一窗，公建的每月每间租金 1 元，自建的由公家拨给地皮，不收取租金。社会、公安、财政三局共同派员管理。[①] 但即使这样，青岛的住房紧张，特别是下层群众的住房不足一直是个问题。30 年代，青岛工商业比较发达，而且局势相对稳定，房租价格也直线上涨，1929 年北伐战争期间，"逃乱者麇集青岛，青岛的房租较三年前提高两倍至三倍"。这种情势下，纱厂建工人宿舍在一定程度上缓和了这一矛盾。

据《青岛日、中各工场待遇》记载，1925 年 9 月底，内外棉纱厂 3477 名工人中，住本厂宿舍的有 1741 人，约占一半。[②] 公大纱厂亦有半数工人住在工厂宿舍。富士纱厂住工厂宿舍的工人有 854 人，占全体工人数的 44%。青岛日商纱厂的宿舍中，大康纱厂最具代表性，大康纱厂的宿舍分为两种，一种是高级宿舍，位于纱厂南部，住宿者主要是高级从业人员及其家属，宿舍为砖瓦结构的二层楼房，总建筑面积 643 平方米。1925 年共有 113 户住户，其中单身职工每户住 3 人。房间内设有炕、桌子、椅子等基本生活设施，不用负担宿舍的电费、水费，澡堂免费。房屋租金分为四个等次：洋银 2 元、1 元 5 角、1 元 2 角、1 元 8 角；根据就业年限进行减免，也有半减免或者全减免的情况。另一种是华工宿舍。华工宿舍位于海泊河东北，面向一般工人开放，占地 9332 坪，建筑面积 2928 坪，共有 679 户。砖瓦建筑的平房分为一间房、一间半房、两间房、两间半房四种，租金分别为洋 6 角、9 角、1 元 2 角、1 元 5 角，单身工人每月只需支付 1 角，精勤奖者免租金。有家属的居住期间房租减半，也有全部免除房租

---

① 《青岛概览》，第 40 页。
② アジア歴史資料センター：Ref. B12081556300『在青岛日、中各工場待遇ノ件／』外務省外交史料館、110 页。

的情况，宿舍内的用电、用水和洗澡都是免费的。工人宿舍区内设有浴室、理发店、杂货店、裁缝店等，方便职工生活，也会定期举办各种娱乐活动，在休息日，还聘请音乐师、讲团来工人宿舍区开展活动。① 有时工人宿舍区的广场会放映露天电影，电影带租借费由公司负担，有时工厂举办全体运动会。② 宝来纱厂曾对住在工人宿舍内的单身职工每天发放1分的菜费。据《青岛华新纱厂特刊》记载，华新纱厂有工人宿舍近1000间，容纳职工眷属约4000人。单身宿舍的一律不收租金，携家带口的收取少量租金及灯费，较之一般房租低2/3。③ 当时周志俊住在旧式南楼，而工人宿舍为新建大楼，体现了工人在华新纱厂的地位。为管理好宿舍，华新纱厂在工人宿舍区内设立管理处、消防队、清洁队，各负其责。为解决单身工人的就餐、洗漱问题，宿舍区内设立公共食堂，公共洗衣池。男女浴室各一间，冬季每周开放两次、夏季每日开放。

这一时期的青岛纱厂都设有医院，对职工及其家属免费开放。华新纱厂医院成立于1920年，最初设中医门诊，聘用中医1名，中药司药员1人。1921年，医院扩大规模，设立西医部，聘请西医1名、产科医师1名、药剂师1名、护士3名。设有诊疗室、手术室、药剂室、隔离室、养病室等，医院规模不断扩大。李村、沧口乡区无公立医院，华新纱厂医院对于病人不分区域，故患者越来越多，医院特添置了各种新式医疗器械，如电气消毒、电炉蒸汽锅、太阳灯、内科电疗器、血压计等，还实行免费接生，受到民众的欢迎。到1937年，华新医院颇具规模，得到

---

① アジア歴史資料センター：Ref. B12081556300『在青岛日、中各工场待遇ノ件/』外務省外交史料館、117～118頁。
② 《大康纱厂员工宿舍日记》，青岛市档案馆馆藏，档案号：B0041-002-00093-0027。
③ 《青岛华新纱厂特刊》，第143页。

了乡民的信赖，故 10 里以内的老少妇孺凡有疾病，都来诊治，据统计，每年门诊接待病人在 5000~6000 人，每年所需的中药饮片在 9000 斤左右。另外，还开展春季种痘、夏季防疫等工作。①公大纱厂在工厂开业前已建成医院，有日本人医生 1 人、中国人医生 1 人、药剂师助手 2 人、护士 4 人，设有住院病房和传染病房，条件较好。

图 3-13　华新纱厂医院大门

资料来源：《青岛华新纱厂特刊》。

　　1930 年青岛市社会局对华新、富士、内外棉、公大、宝来、隆兴等 6 家纱厂及峰村油坊工人家庭子女的教育状况进行调查，结果显示，纱厂工人的子女读书比例很低。8 岁以下儿童中，读书的约占 3%；8~13 岁读书的约占 31%；14~16 岁读书的约占25%；16 岁以上还能读书的大约只占 1%。② 到了中学，纱厂工人

---

① 《青岛华新纱厂特刊》，第 138~142 页。
② 《青岛市华新、富士、内外、钟渊、宝来、隆兴等六纱厂及峰村油坊工人家庭状况统计总表》（1930 年 12 月），青岛市档案馆馆藏，资料号：A000529，第 129 页。

子弟的失学情况更为严重，1931 年青岛工厂工人子女入学状况的调查结果显示，青岛市小学生中工人家庭出身的占 15.95%，而青岛中学生工人家庭出身者所占比例仅为4.8%。① 针对纱厂工人子弟失学严重的情况，青岛各纱厂普遍建有工人子弟学校。1932年 3 月，青岛市职工教育委员会提出，隆兴、大康、内外棉、公大、富士、宝来纱厂设置的小学实际上为工人子弟学校，应将其改为某厂工人子弟学校。② 青岛华新纱厂的教育工作做得比较好，华新纱厂非常重视职工及其子女的教育问题，建立了系统的教育体系，可划分为两大部分：一是普通教育，二是职业教育。普通教育分为幼稚园和子弟学校。到 1937 年，华新幼稚园有幼儿近 50 人，多数老师为幼儿师范专业毕业。课程非常丰富，幼儿的饮食营养搭配合理、健康。③ 华新小学是专门为职工子弟设立的经教育局备案的正规学校，共 6 个班，学生约 300 人，教职员 9 人，老师多是师范专科毕业，注重培养实践精神。④ 周志俊亲自兼任华新小学校长，参与规划子弟小学的教学楼，小学招收职工子弟和当地学龄儿童。校舍位于职工宿舍旁，有教室、礼堂、音乐室、休息室共 35 间，田径运动场一处。课程设置方面，突出实践，除照部章外，对于高级五年级、六年级学生，每周必须到工厂实习 2 小时，在劳工学校与工人同在一个教室授课 2 小时，培养对纺织业的兴趣。这是华新小学的特色，便于学生了解工人实际生活状况，使纱厂子弟了解工厂对社会的贡献及生产之重要性。除升学外，学生毕业后可到厂中工作，在工作之余仍可到劳工学校补习。自 1929 年创办以来，华新小学已毕业学生

① 青岛市政府秘书处编印《青岛市行政统计汇编》，1937，第 10~16 页。
② 《关于呈请转饬隆兴、大康、内外、公大、富士、宝来各厂所设小学一律改称工人子弟学校的呈》，青岛市档案馆馆藏，档案号：B0027-004-00449-0003。
③ 《青岛华新纱厂特刊》，第 69 页。
④ 《青岛华新纱厂特刊》，第 9 页。

100 多人，青岛自行车厂副厂长孙鸿正即华新小学毕业生。1937
年，华新小学有学生 220 人，教职员 9 位，教员薪金最高者达 50
元，最低者 28 元。每年由厂中拨出经费 6298 元，临时费每年
789 元。[①] 1925 年，大康纱厂曾在华工宿舍内设置简易学校，招
募童工自愿参加，刚开始有 100 名童工来学习，之后逐渐减少。
三个月后，学校关闭了。[②]

图 3-14　华新纱厂幼稚园吃早餐情景

资料来源：《青岛华新纱厂特刊》。

职业教育方面，华新纱厂成立职工补习学校，主要分为：识字
训练班、公民训练班、职业补习班及纺织专修班，每班人数以 50
人至 80 人为限。[③] 华新纱厂所办学校体现出以下两种精神：一是
崇尚平等精神，消除阶级界限，幼稚园、华新小学中经理的孩子

① 《青岛华新纱厂特刊》，第 7~9 页。
② アジア歴史資料センター：Ref. B12081556300『在青岛日、中各工場待遇ノ件/』
　外務省外交史料館、113 頁。
③ 《青岛华新纱厂特刊》，第 114 页。

图 3-15　私立华新小学校

资料来源：《青岛市华新纱厂特刊》。

与工人的孩子同班上课，不分区域。劳工学校面向全体职工和工人开放，打破职工与工人之间的界限，消除管工者与被管工者之间的壁垒，因材施教。二是注重实用技术的培训。在长期的实践中，华新纱厂管理层认识到，大学毕业生身份既高，每讲求学理之深而未能注重实践，另一方面普通中学仅略习普通课程，对于生产技能，毫无专长，故优秀的技师非常难求，有知识的高等机匠亦不易找到。社会需要技师，但学校培养不出来。外国的工人多具备科学知识，所以工作效率较高，甚至有的成为发明家，而我国技师鄙视工匠不学无术，而工匠亦看不起技师，认为他们无

图3-16　华新小学学生早操

资料来源：《青岛华新纱厂特刊》。

任何经验，一厂之中上下不睦，已经成为事业的阻碍。[1] 华新纱厂的职工补习学校不仅教学设施完备、课程实用，而且社团活动丰富，设有讲演练习会、同乐会、进德会、消费合作社等，对于提升职工的个人素养、工作能力非常有帮助，其中讲演练习会每星期举行讲演练习一次，还酌情举办辩论会，每半年举行公开讲演一次，主要目的是训练学生的辞令。[2]

华新纱厂还设有华新公园和华新公墓。华新公园位于华新纱厂大门旁边，有林荫道、小亭等。公园门外有要座桥，人称华新桥，到了夏天桥下水流湍急，由达翁村渡河至各纱厂者均需经过此桥。[3] 1924年，华新纱厂设立华新公墓，由周志俊捐资购地30余亩，墓地位于小翁头庄后，专门为本厂职工家属之用。当时青岛郊

① 《青岛华新纱厂特刊》，第7~9页。
② 青岛华新纱厂职工补习学校编《华新纱厂职工教育实施概况》，1933年5月，第64页。
③ 《青岛华新纱厂特刊》，第141页。

外尚无公墓，工人及家属去世后，华新纱厂免费提供寿材。[1] 另外，还创办职工俱乐部，开展正常文体活动，试行劳动保险制度。为引导职工树立良好的生活方式，杜绝烟、赌、嫖等不良嗜好，1935 年，在周志俊的倡导之下，工厂成立同人进德会，宗旨是："以研究学术，交换知识，提倡正当娱乐，摒绝不良嗜好为主。"进德会分下列各组：书画组、乒乓组、音乐组、游艺组、篮球组、足球组、网球组、台球组、高尔夫球组，规定以"烟、赌、嫖为禁条、以勤俭为信条"，提出"励行早起，努力职务，减少应酬，力绌浮华"。[2] 周志俊亲任会长，全体员工为会员，通过这些组织来为工人营造良好的生活风气。

图 3-17 华新同人进德会国剧社合影

资料来源：《青岛华新纱厂特刊》。

---

① 《青岛华新纱厂特刊》，第 141 页。
② 《青岛华新纱厂特刊》，第 124～125 页。

图 3-18　华新工人同乐会表演

资料来源：《青岛华新纱厂特刊》。

图 3-19　华新纱厂公园一角

资料来源：《青岛华新纱厂特刊》。

第四章　青岛棉纺织业的沦陷期
（1938~1945）

　　1937 年 7 月 7 日，卢沟桥事变爆发，标志着日本挑起全面侵华战争。日本迅速向华北增兵，七七事变后，日军攻占北平、天津。8 月 13 日，日军进攻上海，并制定企图"3 个月灭亡中国"的计划。8 月 23 日，日本驻青领事馆命令青岛日商纱厂即日停工，撤退职员，开始遣返侨民。

　　青岛市政府意识到战争临近，一方面极力缓和对日关系，争取日军不进攻青岛；另一方面又暗中从济南运来爆炸器材，准备一旦日军进攻青岛，即对日商企业进行爆炸，实施焦土抗战。考虑到日商纱厂是日本在青岛的主要产业，所以，彻底摧毁日商纱厂成为此次爆炸行动的一个重要目标。时任国民党青岛市党部委员的李先良回忆道："我们知道敌人最初在青岛的不战而走，是要保存他们的产业，这些产业当中以纱厂所占的价值为最大，当时约值 5 万元。"[1] 12 月 18 日晚，青岛市市长沈鸿烈下令对青岛日商企业实施爆炸，目标主要是棉纺织、橡胶、榨油、面粉、火柴、酿酒等工

---

　　[1]　李先良：《抗战回忆录》，乾坤出版社，1948，第 10 页。

厂。据青岛日本商工会议所估算，日方此次共损失 3.5 亿日元，棉纺织业损失最重，约 2 亿元，几乎遭到彻底毁灭。经 20 年扩张而成的青岛日商纱厂在两昼夜的熊熊大火中基本毁于一旦。此外，一般工业损失 960 万元，电业损失 150 万元，矿业损失 1330 万元，船舶业损失 37 万元。摧毁建筑物 667 处、受损商户 2500 户，约占青岛日商商户总数的 96%。① 当时的日本报纸《大阪时事新报》对青岛日商纱厂的损失做了报道："在青岛的日本资本投资总额达 3 亿 5 千万日元，其中纺织资本占到 2 亿元。青岛损失主要包括纱锭总数（包含线锭）641266 枚，以及因新增扩张计划而搬入厂内的约 10 万枚纱锭，故总数约 75 万枚。投入生产的织机 11271 台，加上搬入厂内的新机 1500 多台，达到约 13000 台，若每枚纱锭换算值 70 元，每台织机换算值 5000 元，损失达到 116355000 元之巨。另外，还有相当多的成品、原棉、发电设施和员工宿舍等方面的损失，估计在 2 亿元以上。"② 青岛日商纱厂遭到的毁灭性打击从侧面加速了上海地区日商纱厂对华资纱厂的兼并步伐。在得知青岛日商纱厂被毁后，在华日本纺织联合同业会上海本部声称："对于中国方面爆破青岛日本纺织厂的暴行，而上海的华人工程却因避入租界或在越界筑路的区域内继续全速开工，此乃甚不合吾意之举动，既然中国方面在青岛实行如此暴虐行为，则日本方面应接受上海地区的工厂，并对其运作管理，在华纱厂各委员就此见解已达成一致，向当局提出处置方案。"③

1938 年初，日本占领青岛后，在华日本纺织联合同业会迅速制定详细的"复兴计划"，后经日本政府批准实施。据《青岛纺织

① 青岛日本商工会议所：《经济时报》第 12 号，1938 年 5 月，第 39 页。
② 《化为灰烬的青岛日商纺织工厂》，《大阪时事新报》1937 年 12 月 27 日，转引自王萌《战时环境下日本在华棉纺织业研究（1937~1941）》，第 59 页。
③ 王萌：《战时环境下日本在华棉纺织业研究（1937~1941）》，第 74 页。

图 4-1　被炸毁的日本青岛同兴纱厂

资料来源：青岛市档案馆馆藏。

劳动调查》记载，到 1939 年 6 月末，青岛日商纱厂共完成 389632
枚（重建批准数 389704 枚）细纱纱锭，29396 台（重建批准数
29396 台）捻纱机、5830 台织机（重建许可数 7100 台）的运转。
与七七事变前相比，在短时间内恢复了 52% 的设备、56% 的劳工。①
除此以外，日本棉纺织资本还通过收买、合办、新建等形式吞并、
摧残青岛的民族纺织工业，青岛阳本染印厂、华昌铁工厂均被日方
强迫收买。还在青岛创办了"曾我木厂""华北木梭厂"等纺织工

①　〔日〕水谷国一：《青岛纺织劳动调查》，第 5 页。按：捻纱机 1 台 = 纱锭 3 枚，织
机 1 台 = 纱锭 35 枚的比例换算。

图 4-2　被炸毁的日本青岛富士纱厂

资料来源：青岛市档案馆馆藏。

业配套工厂。到 1945 年初，日本在青岛开办的纺织企业达 54 家，形成垄断地位，青岛棉纺织业的发展进入了日商独占时期。

1938 年，英商、华商纱厂均有增扩的势头，在华日商纱厂感到压力，青岛、上海日商纱厂均提出第二期"复兴计划"方案，积极呼吁日本政府批准进行第二期"复兴计划"，但遭到日本当局的断然拒绝。青岛日商纱厂第二期"复兴计划"一直未得到日本政府的批准和实施，故日本全面侵华期间青岛日商纱厂的生产规模始终未达到战前水平，这一计划的失败除了日本当局担心与日本国内棉纺织业产生冲突外，更深层次的原因在于，1939 年随着战争形势的变化，日本在天津的军事、政治势力急剧上升，而青岛在整个日本侵华战略中的地位明显下降，天津成为日本军部认同的未来的"华北中心"，"开战后不久，持天津中心论者的势力加强，他们甚至对日本的中央政策也有过强烈的反映，因而在华北产业开发的第一个五年计划里，以青岛为中心的山东省资源开发计划，已完全被踢出到主流之外"。[①]

日本全面侵华时期，在华日商纱厂的整体情况与战时形势高度相关。日本全面侵华初期，特别是 1938~1940 年，在华日商纱厂的生产经营可以说是一片"兴盛"，日商纱厂获得的大量利润支持着日本在华的殖民体系。但随着战争形势的逆转，在华日商纱厂迅速转向衰落，1940 年 6 月以后，战争对各类战略物资的消耗加剧，日本在华殖民当局逐步加大了对战时经济的统制，不仅导致在华日商纱厂的原棉供应日趋困难，而且在华日商纱厂所生产的棉产品也成为日本在华殖民当局严格控制的对象，以防止这些棉产品进入国统区，经济封锁导致在华日商纱厂面临原棉供应严重不足和产品滞销的双重压力，普遍实行减产，迅速由"兴盛"走向衰落。

第一节　日商纱厂"复兴计划"

上海、天津、青岛相继沦陷后，1938 年 2 月 19 日，在华日本纺织联合同业会在大阪棉业会馆开会，制定了在华棉纺织业的所谓"复兴计划"。战争期间天津日商纱厂几乎没有受到损失，上海日商纱厂也损失不大，而青岛日商纱厂受到毁灭性打击，所以，在所谓的"复兴计划"中，日商纱厂在青岛的恢复成为重点。对于青岛日商纱厂的"复兴计划"，如日本报纸所言，此乃"一大奢望"。《大

[①] 〔日〕松琦雄二郎：《日本人的山东开发计划》，舒贻上译，山东新报社，1947，第77 页。

阪时事新报》评论道："最困难的乃是铁的供给，真是极其困难！为了制造新机械原料的钢铁能否融通供给？前几日当上京的日商纱厂委员访问大藏省时，官员们一看到委员就是'又要钱吧，又要铁吧'。不言而喻，复兴问题是令日本政府颇为头痛的一个大问题。"[1]

为了尽快恢复青岛日商纱厂，在华日本纺织联合同业会向日本政府递交了"青岛纺织工厂复原请愿书"，指出："实施复兴工程之际，若以破坏前的规模来动工颇感困难，故作第一期'复兴计划'，每社先以平均纱锭 5 万枚、织机 1000 台（换算成纱锭 2.5 万枚），九社共 675000 枚的规模为目标着手建设，待其竣工后再继续第二期、第三期工程，以此来恢复旧状最为合理……所需资金仅工厂及其附属建筑设计费、机械费就达 4900 万日元。此外，原棉采购资金及其他融通资金约 1600 万日元等，总计达 6500 万日元，此乃一笔巨额，且因突然遭受损失，大多数日商纱厂皆缺资金准备，故就复兴贷款问题，恳请政府特别照顾。"[2]

青岛日商纱厂的重建过程并不顺利。首先，关于青岛日商纱厂的重建地点，日本军方和日本棉纺织集团存在争议。日本军方提出，青岛原有的棉纺织厂全部被炸毁，已没有基础可言，应该将棉纺织工业转移到济南进行恢复建设。因为青岛和天津均为海港，互相竞争，若将处于内陆的济南作为日本在山东的纺织基地则更有利于打开华北的内陆市场，可以更有利于"以战养战"。但军方的这一建议遭到在华日本纺织联合同业会和日本国内纺织界的一致反对，在华日本纺织联合同业会和日本国内纺织界主张在青岛进行重建更为有利，因为如果将国内因大量减产而闲置的 300 万枚纱锭中

---

[1]　《化为灰烬的青岛日商纺织工厂》，《大阪时事新报》1937 年 12 月 27 日，转引自王萌《战时环境下日本在华棉纺织业研究（1937~1941）》，第 60 页。

[2]　《关于青岛纺织工厂复原请愿书》，1938 年 2 月 21 日，《在华居留民业务复兴资金政府贷款所要额各地调》，日本国立公文书馆亚洲历史资料中心藏，档案号：B05016231800。

的一部分转移至青岛的话，与转移到济南相比可节约三成资金。更为深层次的原因在于，在华日本纺织联合同业会和日本国内纺织界认为，闲置设备进入华北后会增强日商纱厂的生产能力，从而间接打击日本国内纱厂产品在华北的出口，① 日本军方和纺织界各执己见。其次，关于青岛日商纱厂重建的规模和资金。日本政府出于保护国内棉纺织业的考虑，对在华日商纱厂的重建规模做了明确规定：除各社之间的买卖融通外，绝不允许设备总量超过限定的规模总数（纱锭 390500 枚），且绝不允许纱厂预订设备；复兴资金最大限额为 4500 万日元，原则上需由日商纱厂方面自筹，其中 1500 万日元可向各银行暂时贷款。② 但在华日本纺织联合同业会和日本国内纺织界却认为，起码应该恢复到战前的水平。

1938 年 3 月，经过在华日本纺织联合同业会与大藏省等的反复交涉，青岛日商纱厂第一期"复兴计划"终于得到通过。针对爆炸中青岛日商纱厂 73% 的纺机、55.6% 的线机、72.7% 的织机被毁坏的情况，在华日本纺织联合同业会制定了青岛棉纺织业的"复兴计划"，计划恢复锭数 678840 锭，相当于战前青岛日商纱厂生产规模的 74.1%；这一比例高于日本在华棉纺织业 67% 的重建计划比例。实际上，最后日本政府批准的"复兴计划"没有在华日本纺织联合同业会制定的如此宏大，上海重建的锭数为 119043 锭，是原计划的 75.6%，汉口和青岛为原计划的 84.9%，全部加起来相当于原计划的 80%。③ 从经费上看，上海的重建经费为 1000 万元，汉口为 470 万元，青岛为 4900 万元，总计为 6370 万元。④ 青岛日商纱厂重建计划的缩水，引起日本在华纺织资本集团的不

---

① 王萌：《战时环境下日本在华棉纺织业研究（1937~1941）》，第 66 页。
② 陈真等编《中国近代工业史资料》第 2 辑，第 411 页。
③ 《青岛纺织史》，第 202 页。
④ 《青岛纺织史》，第 202 页。

满，他们提出，"关于本市产业动脉、日商经营之九大纱厂复兴再建问题，因攸关失业工人家族之生活及青岛将来之发展。中日市民无不待望其早日实现，惟纱厂方面与政府当局之间复兴意见，不甚一致，以至迟延迄今，现再三接洽结果，业于十五日由大藏、商工两省许可九纱厂再建者为纺锤共计 390500 锭，捻线机 32000 锭，织机 7100 架。但今政府许可指定复兴者，为纺锤 390500 锭，而在破坏前之纺锤为 614200 锭。今昔相比只有六成，织机亦削减为六成。惟各工厂已树立第二次、第三次复兴计划，不久之将业，何可恢复事变以前之旧观，成为建设明朗大青岛之前奏曲"。[1]

据 1938 年 2 月 23 日《青岛新民报》报道，青岛日商纱厂恢复，"其所需资金，仅建设资金五千万元由政府低资通融。钟渊纱厂恢复重建约需八百万元，已声言自力周转"。[2] 由此可见，重建中，青岛日商纱厂只有约 5000 万元的建设资金由政府贷款解决，恢复生产的其余费用由各纱厂自行解决。而日本政府负担的部分，"大都是公司债或实交股金，不足之数以政府的保证赔偿向银行抵押借款，再有不足，向政府申请低利贷款"。同年 11 月，日本议会通过了《在华日人企业复兴资金融通损失补偿法》，决定由日本兴业银行和正金银行为日商企业融资。此后不久，青岛日商纱厂先后获得数额不等的贷款，丰田纱厂获 475 万元、宝来纱厂获 380 万元、同兴纱厂获 185 万元，[3] 初步解决了重建的资金问题。

整体来看，青岛日商纱厂重建的速度较快。1938 年 2 月 28 日，"四沧九大纱厂残迹整理，烧毁各工厂建筑物，废迹之工作，业已

---

①　《改建九纱厂房屋本年夏季可竣工，再设纺锤共计三十九万锭，今昔相比只有六成》，《青岛新民报》1938 年 3 月 19 日。

②　《青岛日本纱厂复兴最后案成立，全部建设资金五千万元，仰给政府低资通融》，《青岛新民报》1938 年 2 月 23 日。

③　转引自庄维民、刘大可《日本工商资本与近代山东》，第 568 页。

完毕。在各工场内仍使用苦力四五百人，整理破机器，大体终了。而撤去工厂内之废物，亦稍告段落，将不能使用之废铁器材，送往日本内地。工厂建筑物之再建，各社由三月至四月，着手进行，现开设临时事务所，青岛重要产业，九纱厂之复兴，急速度进展中，拟本年初秋工厂建筑或可竣工，早者十一月开始营业，迟则本年内亦须开工"。① 3 月 16 日，确立了青岛九大日商纱厂各自的重建规模及方式。② 至 5 月 4 日，青岛日商九大纱厂的整理炸毁残骸工作进展顺利，建设工程已经展开，其中隆兴纱厂整理工程已告完毕，工厂建设工程进行到 10%。大康纱厂整理工程完成 50%，俟近将完毕，立刻着手建设工程。内外棉纱厂整理工程已告完毕，建设工程完成 20%。同兴纱厂整理工程完成 20%，建设工程完成 70%，开始预计复工时间。③

日本第二次占领青岛后，公大、富士日商纱厂厂主先后来青，看到纱厂均遭严重破坏，唯有华新纱厂完好无损，并挂上了美国国旗，甚感怀疑，遂密告日本青岛殖民机构。④ 日本青岛殖民机构遂扣留美商中华平安公司青岛分公司经理顾定夫（志恒）。最后在日本当局的压力下，1938 年 5 月，美商中华平安公司出面作价 196 万元，宝来纱厂名义上收购原华新纱厂，并开始营业。日商买厂后，修复华新纱厂旧有纱锭 22000 锭，新添纱机 11000 台，布机 200 台，并增设了毛巾厂。⑤

---

① 《四沧九大纱厂残迹整理完毕，复兴再建工作加速进行，本市初秋建筑即可竣工，十数万失业工人祈念早日完成》，《青岛新民报》1938 年 2 月 28 日。
② 《复兴青岛九纱厂，纱锭复兴分配方针拟定，实行较困难要求再考虑》，《青岛新民报》1938 年 3 月 16 日。
③ 《关于工厂整建复工情况及其他工厂复工情况的报告》，青岛市档案馆馆藏，档案号：B0041-009-00334-0001。
④ 《青岛华新纺织有限公司和美国中国平安公司之间的协议》，青岛市档案馆馆藏，档案号：B0004-002-23831-0001。
⑤ 周小鹏：《周志俊小传》，第 109 页。

图 4-3 重建中的青岛日商纱厂（约 1938 年）

资料来源：华北交通株式会社，http://codh.rois.ac.jp/north-China-railway/。

　　1938 年 11 月，青岛日商各纱厂相继投产，其中上海纱厂 10 月 15 日投产，隆兴纱厂 11 月 18 日投产。11 月 23 日，同兴纱厂、内外棉纱厂举行盛大开业仪式，其余几家纱厂也在年内投产。但各厂以前储备的原棉已荡然无存，急需储备至少两个月的原棉，但当时山东内陆地区治安恶化，货运列车运行不佳，所以，能够运到青岛的原棉数量很少，缺少原棉则各纱厂将无法顺利生产。[①] 到 1939 年 6

---

① 《大康纱厂在华日本纺织同业会青岛支部关于棉花运输、上市状况、生产状况等事宜会议记录》，青岛市档案馆馆藏，档案号：B0041-002-00110-0072、0073、0074。

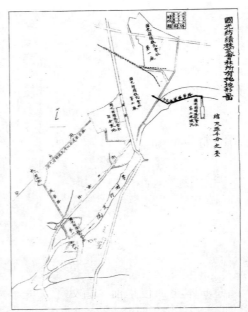

图 4-4　宝来纱厂（国光纺织株式会社）地形示意（1939）

资料来源：青岛市档案馆馆藏。

月，青岛当地媒体报道，"各纺织工厂复兴成绩极为良好，公大纱厂阵容更为整齐，记者前往公大纱厂采访，发现机器更新整齐，工人们精神面貌非常有活力，生产的织布产品尤其精美"。① 当然，这很可能是当时青岛伪政权的溢美之词，但不管怎么说，到 1940 年 6 月之前，包括青岛日商纱厂在内的在华日商纱厂均处于生产经营的上升阶段，对劳工的需求高涨。1939 年 6 月 13 日，《青岛新民报》刊登了《钟纷（纺）公大第五厂招募男女熟手广告》，其中称："本厂业已复兴，无论乡村还是城市，欢迎来厂报名，本厂待遇特别优厚，素为人人所赞许，加以工厂改新，气质非常良好，备有宿舍，有志于就职者，速速来报名。年龄要求：男工十五至三十岁，女工十四

---

① 《本市各纺绩工厂复兴成绩极为良好，公大纱厂阵容更为整齐，织布厂精制品从事工作》，《青岛新民报》1939 年 6 月 12 日。

至二十岁，身体健康，无残疾者。男工最好曾在本厂工作过，女工无此要求。"①

　　这一时期青岛日商纱厂的重建还有一个现象值得关注，即硬件设备的更新换代，达到世界先进水平，主要原因是这一时期日本国内的纺织机械制造技术水平处于世界前列。青岛各厂的设备大部分是直接从日本运来的最新产品，设备自动化程度有较大提高，如：增加清花机棉卷自动补给装置、梳棉机棉条换筒信号装置、并条机管形齿轮自停装置、精纺机后罗拉逆转防止装置、各式大牵伸装置。同时，纺织工艺改进明显：改人工着水为机械着水，浆纱机温度自动调节等。另外，还增加了火灾自动报警器、温湿度调节装置等。从青岛日商纱厂来看，这一时期公大纱厂崛起。截止到 1939 年 12 月，公大纱厂的纱锭规模最大，超过日本全面侵华前一直处于领先地位的大康纱厂。（见表4-1）同时，其织机规模远超其他各厂，工人数量也最多。②

表4-1　青岛日商纱厂恢复状况统计（1939 年 12 月）

厂名	纱锭（枚）	线锭（枚）	织机（台）	中国工人人数
同兴纱厂	38248	5000	700	1692
富士纱厂	32720		600	836
公大纱厂	54984		1700	4204
宝来纱厂	33000	3000	400	1626
隆兴纱厂	44000	3000	500	1450
内外棉纱厂	49252	5880	600	1811
上海纱厂	43984	3960	800	1637
大康纱厂	54980	4956	1176	1552
丰田纱厂	38500	3600	600	1487
合计	389668	29396	7076	16295

资料来源：《东亚同文书院大学东亚调查报告书》，1941 年 6 月，第 666~667 页。

---

① 《钟纺（纺）公大第五厂招募男女熟手广告》，《青岛新民报》1939 年 6 月 13 日。
② 〔日〕水谷国一：《青岛纺织劳动调查》，第16 页。

图 4-5　青岛公大第五厂（1939）

资料来源：青岛市档案馆馆藏。

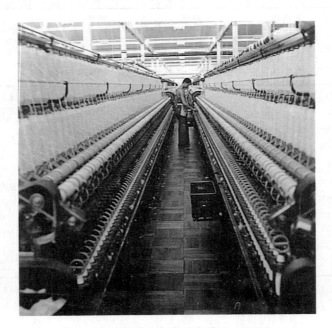

图 4-6　恢复后的青岛日商纱厂（1939）

资料来源：华北交通株式会社，http://codh. rois. ac. jp/
north-China-railway/。

在青岛日资纱厂重建过程中，日方将大量的铁运往日本国内，以满足侵略战争的需要。这在档案中也有记载。（见表 4-2）1939年 1 月 6 日，纺织联合同业会青岛支部在馆陶路 62 号青岛交易所 3楼 39 号室召开会议，在送给大阪本部饭尾委员长的报告中，指出："各社运出之废铁量如 12 月 31 日我方发出之信件所示。埠头处有200 多吨废铁残留，工厂废铁已运出完毕。经同业会对各班次船舶进行检查过秤之后，包括上述残留量在内，各社运出的废铁累计总吨数如附件所示，特此报告。"此外，当时内外棉、隆兴、公大、富士等纱厂的废铁已经搬运完毕，工厂内没有残余。[①] 这些废铁很可能被运往日本。

表 4-2　各社运出废铁数量统计

社名	铸造物	钢材	粗铁	合计
大康	3958 吨 431 千克	1132 吨 417 千克	463 吨 585 千克	5554 吨 433 千克
内外棉	1034 吨 499 千克	216 吨 824 千克	34 吨 230 千克	1285 吨 553 千克
隆兴	1131 吨 255 千克	184 吨 818 千克	46 吨 650 千克	1362 吨 723 千克
丰田	633 吨 610 千克	572 吨 041 千克	43 吨 720 千克	1249 吨 371 千克
上纺	879 吨 428 千克	887 吨 204 千克	81 吨 374 千克	1848 吨 006 千克
公大	2135 吨 261 千克	122 吨 821 千克	205 吨 277 千克	2463 吨 359 千克
宝来	719 吨 842 千克	198 吨 126 千克	20 吨 395 千克	938 吨 363 千克
富士	675 吨 668 千克	67 吨 552 千克	45 吨 277 千克	788 吨 497 千克
同兴	679 吨 718 千克	1034 吨 400 千克	52 吨 440 千克	1766 吨 558 千克
合计	11847 吨 712 千克	4416 吨 203 千克	992 吨 948 千克	17256 吨 863 千克

资料来源：《大康纱厂在华日本纺织同业会青岛支部关于棉花运输、上市状况、生产状况等事宜会议记录》，青岛市档案馆馆藏，档案号：B0041-002-00110-0005、0006。

---

① 《大康纱厂在华日本纺织同业会青岛支部关于棉花运输、上市状况、生产状况等事宜会议记录》，青岛市档案馆馆藏，档案号：B0041-002-00110-0005。

通过七七事变前后青岛日商纱厂设备和工人情况的对比，我们可以看出，1938 年底虽然青岛日商纱厂均恢复了生产，但至 1939 年 7 月，其生产规模与 1937 年 7 月相比，收缩了不少，1939 年 7 月的纱锭数仅相当于 1937 年 7 月的 54.8%，捻纱数相当于 49.5%，织机数相当于 45.3%，工人数相当于 56.3%。（参见表 4-3）以大康纱厂为例，1939 年末大康纱厂的生产规模相当于 1937 年 6 月末的 50%，工人数由 1937 年 6 月末的 5445 人下降到 1939 年末的 1469 人，下降了近 3/4。[①]

表 4-3　日本全面侵华前后青岛日商纱厂设备和劳工数对比

类别	设备			劳工		
	纱锭	捻纱	织机	男	女	合计
1937 年 7 月	710568	59416	12867	18550	14293	32843
1939 年 7 月	389632	29396	5830	10021	8478	18499
以 1937 年 7 月为 100 时的指数	54.8	49.5	45.3	54.0	59.3	56.3

资料来源：〔日〕水谷国一《青岛纺织劳动调查》，第 14 页。

从当时纺织工人在青岛城市工人中所占比例我们也可以看出战时青岛纺织工人减少和纺织产业缩小。纺织工人在全市工人中的占比由七七事变前的 69.3%下降到七七事变后的 40.5%，而化学工业、机械工业及金属工业的工人数量增加，在全市工人中的占比上升。

当然，尽管全面抗战时期青岛纺织工业的规模与战前相比，生产规模缩小，但由于基数大，这一时期的纺织工业仍然是青岛工业中规模最大，从业人数最多的产业。据 1943 年的统计资料显示，

---

① 《大康纱厂在华纺织同业会青岛支部例会记录及各种表报等》，青岛市档案馆馆藏，档案号：B0041-002-00265-0029。

到 12 月底，青岛市共有日商纺织企业 56 家、化学企业 27 家、铁工企业 35 家、木材制造企业 6 家、橡革制造企业 6 家、饮食品及烟草企业 49 家、土石玻璃制造企业 12 家、造纸企业 3 家。[①] 从工人人数来看，华商工人中纺织业 7042 人，饮食品及烟草业 6151 人，机器及金属品制造 3326 人，化学工业 2980 人，木材制造业 1698 人，土石玻璃制造业 1647 人，建筑工程业 1595 人，制纸印刷业 1703 人，冶金工业 825 人，服用品制造业 1663 人，公用事业 495 人，交通用具制造业 406 人，橡皮革制造业 172 人，其他工业 539 人。[②] 日商企业工人中从事纺织业 124119 人，橡革工业 2997 人，饮食品及烟草业 5049 人，冶铁工业 6504 人，化学工业 2568 人，土石玻璃制造业 853 人，造纸印刷业 267 人，木材制造业 853 人。[③] 据此，我们可以看出，当时青岛的纺织工人数约为 2 万名，是工人群体中人数最多的。

第二节　组织结构

这一时期青岛日商纱厂采取的是一种垂直的人事组织结构，工厂长是最高的行政长官，依次是工厂长—工务主任—各部责任人—各科监督—组长—副组长—职工，[④] 其中工厂长、工务主任、各部责任人、各科监督、组长、副组长基本上都是由日本人担任，形成日本人的绝对垄断地位。青岛日商纱厂的组织架构分为两大部分：事务部和工厂部。事务部下设会计、人事、工资、营业、仓库、调查等部门。人事部门直接对工厂长负责，主任由日本人担任，下设宿舍科和通勤工科。宿舍科主要管理工人宿舍区内的食堂、商店、

---

① 《青岛工业概况》第 2 期，1943 年，第 121 页。
② 《青岛工业概况》第 2 期，1943 年，第 5 页。
③ 《青岛工业概况》第 2 期，1943 年，第 121 页。
④ 〔日〕水谷国一：《青岛纺织劳动调查》，第 20 页。

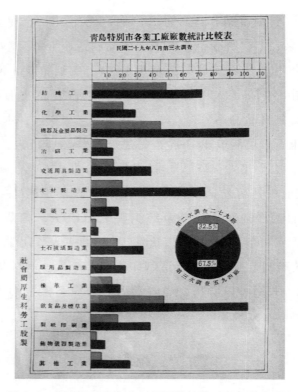

图4-7 青岛特别市各业工厂厂数统计（1940年8月）

资料来源：青岛市社会局厚生科劳工股编《劳工状况》第3期，1940年。

浴场、俱乐部及其他设施，以及管理和收容单身职工和带家属的职工。通勤工科负责管理未在厂宿舍集中居住的工人。工厂部是生产体系的中心，纺部和织部是其核心，其余的原动、电气、维修等诸组织均处于从属地位。纺部和织部根据工作内容的不同，还可细分出更具体的部门，如纺部可分为原棉、清花、梳棉等部门，织部可分为整经、经通、织机等部门。

从青岛日商纱厂的职员构成来看，日本人处于绝对的领导地位；在职员层级中，前三个层级即上级技术员、下级技术员和上级事务员，全部为日本人；中国人只担任下级事务员，且比例非常低，仅为11%，其作为前三个层级日本人的助手，不过是有点职级的劳工而已。女性的比例亦比较低，仅为4%，而且也只担任下级事务员。相较而言，劳工层则全部由中国人构成，特别是女性工人的占比提升，在下级监督工中，女性占25%，在直接劳工中占比达到48%，在劳工层中，女性占比46%，相比20世纪30年代青岛日商纱厂女性工人的数量和比例均有了较大幅度的增加和提升。（参见表4-4）

表4-4　青岛日商纱厂不同职务人员构成一览（1939）

职务		日本人			中国人			合计		
		男	女	合计	男	女	合计	男	女	合计
职员层	上级技术员	46	—	46	—	—	—	46	—	46
	下级技术员	70	—	70	—	—	—	70	—	70
	上级事务员	39	—	39	—	—	—	39	—	—
	下级事务员	81	18	99	55	2	57	136	20	156
	上级监督员	206	—	206	—	—	—	206	—	206
	合计	442	18	460	55	2	57	497	20	517
劳工层	下级监督工	—	—	—	736	251	987	736	251	987
	直接劳工	—	—	—	8662	8150	16812	8662	8150	16812
	间接劳工	—	—	—	623	77	700	623	77	700
	合计	—	—	—	10021	8478	18499	10021	8478	18499

资料来源：〔日〕水谷国一《青岛纺织劳动调查》，第19页。

从纺织技术和管理的角度来看，这一时期青岛日商纱厂的技术员、上级事务员和上级监督员全部为日本人，说明整个日商纱厂的技术和管理都由日本人负责。工人中，下级监督工、直接劳工、间接劳工全是中国人，下级监督工应该就是工头，负责直接管理工人。如表4-5所示，每100名工人配备0.69名技术员，配备1.23名上级监督员和5.87名下级监督工。从管理学的角度来看，技术员显然不足，但监督人员不少，这反映了棉纺织业作为劳动密集型产业，对技术进步需求不够强烈以及当时比较严酷的工作环境。

表 4-5　青岛日商纱厂各职务人员构成比例（1939）

职务类别		相对于直接劳工100 人的人员比例	日本人	中国人	男	女
职员层	上级技术员	0.27	100	—	100	—
	下级技术员	0.42	100	—	100	—
	上级事务员	0.23	100	—	100	—
	下级事务员	0.48	60	40	87	13
	上级监督员	1.23	100	—	100	—
	合计	2.63	89	11	96	4
劳工层	下级监督工	5.87	—	100	75	25
	直接劳工	100.00	—	100	52	48
	间接劳工	4.16	—	100	89	11
	合计	110.00	—	100	54	46

资料来源：〔日〕水谷国一《青岛纺织劳动调查》，第 19 页。

整体来看，青岛日商纱厂建立的是日本人直接管理的制度。这是日本在华纺织企业的通用制度，相比欧美纺织企业的买办制和中国民族纺织企业的工头制有一定的优势，保证了工厂生产的专业化和较高效率。这种直接管理工厂的模式，称为"日式经营"。[1] 这种管理方式不仅可以省去买办、工头等中间环节在招工时所产生的额外费用，提高经济效益，而且可以使企业的日方管理人员直接掌握生产过程中存在的各种问题。另外，从管理学的角度看，这种制度可以以日本工厂严格的纪律和制度管理工人，在华日本工厂

[1] 桑原哲也「日本企業の国際経営に関する歴史的考察——両大戦間期，中国における内外綿会社」『日本労働研究雑誌』第 562 号、2007 年 5 月。

"如日本国内一样秩序井然，没有一丝紊乱，吃饭和休息时间没有杂乱的痕迹"。[①] 但从另一方面来看，这种严苛的生产组织制度使工厂和工人之间没有缓冲地带，上层是日本人，中下层是中国人，劳资矛盾和民族意识相叠加，这就是近代日本在华工厂频繁发生罢工运动的原因之一。

第三节　走向衰落

从目前掌握的统计数据来看，1938 年 7 月至 1940 年 11 月，青岛日商纱厂的生产经营基本处于上升态势。1940 年 11 月后，逐渐走向衰落。从在华日商纱厂的整体来看，1938 年 7 月至 1941 年 12 月，上海、青岛、天津三地日商纱厂的生产经营状况不尽相同，从工人数量、原棉消费量、棉纱生产量或棉布生产量这几个方面来衡量，上海日商纱厂一直处于下降趋势，青岛日商纱厂则是先上升后下降，而天津日商纱厂一直处于上升、扩张的趋势。1938 年 10 月，美国驻青领事馆做过统计，青岛日商纱厂当年的生产规模约 2.6 万纱锭，未来将有约纱锭 7000 锭投入运营，而同时期天津日商纱厂的生产规模则约为 7 万纱锭，且日本方面拟继续增加天津的织机数。[②] 到 1939 年 6 月，天津日商纱厂的各项指标均已远超青岛日商纱厂，特别是棉布生产量，这说明天津日商纱厂的生产规模已经超过青岛日商纱厂，而且在经营策略上与青岛日商纱厂不同。（见表 4-6）天津日商纱厂的异军突起，与这一时期日本对天津的"战略定位"密不可分。随着日本侵华步伐的加紧，天津对于日本的"战略地位"进一步提升，促进了天津日商纱厂的扩张。从中

---

① 转引自高村直助『近代日本綿業と中国』91 頁。
② 《美国驻青领事 Samuel Sokobin 关于日本山东棉花和棉纺织工业的未来计划致美国国务院的信件》，青岛市档案馆馆藏，档案号：B0004-002-25620-0001。

我们可以管窥，虽然日本在华纱厂平时的生产经营活动并不受日本政府的控制，但作为日本在华经济侵略的工具，一旦进入战争非常时期，就要无条件接受和听从日本政府的管制和命令。日本在华纱厂作为日本侵略中国的一部分，也逐渐被拖入战争深渊。

表4-6 上海、青岛、天津三地日商纱厂生产情况
（1938年7月~1939年6月）

项目	男工（人）	女工（人）	原棉消费量（担）	棉纱生产量（俵）*	棉布生产量
上海日商纱厂	12216	44374	2717663	366911	12621155
青岛日商纱厂	10778	8267	292141	51041	1019736
天津日商纱厂	12361	8319	696508	89292	4037512
合计	35355	60960	3706312	507244	17678403

* 俵为当时日本的计量单位，1俵就是1袋，1俵=4斗，下文同。
资料来源：上海日本商工会议所编《上海日本商工会议所年报》（1938~1941年各年度），参见王萌《战时环境下日本在华棉纺织业研究（1937~1941）》，第128页。

青岛日商纱厂的生产成本比照日本发动全面侵华之前，有了较大的增长。制造费用主要包括职工工资、福利设施费、包装费、用品营缮修理费等7项，营业管理费用主要包括津贴、租税、租地费等5项，这其中每项费用平均比日本发动全面侵华前增加了30%。①成本的增加以及原料缺乏的问题在1941年后更加突出，导致青岛日商纱厂日渐衰落。这与在华日本殖民当局实行的经济统制政策密切相关。为满足日本棉纺织业发展和战争的需要，在华殖民当局对棉花交易实行严格的经济统制政策。早在1925年6月，在华日本纺织联合同业会青岛支部已成立，办公地点设在青岛交易所内，由钟渊纺织株式会社公大第五厂的增田幸雄担任理

① 〔日〕水谷国一：《青岛纺织劳动调查》，第103~104页。

事。青岛大康纱厂、内外棉纱厂、富士纱厂等均为成员单位。[①]
1938 年 12 月 1 日，该支部在青岛市馆陶路 62 号青岛交易所 3 楼
39 号室召开会议，主要讨论有关华北棉花配给统一的问题。会上
指出，华北棉花产量极不均衡，日本国内及中国东北、华北等地
对棉花的需求量极高，自 8 月以来，日本本土每月需要约 20 万担
军需特别免税棉花，所以，要实行限额配合，限制消费。至 1939
年 3 月，军方需要收购细棉 50 万担，粗棉 10 万担，共计 60 万
担。每月在满足军方需求的棉花数量之后，多余的棉花才会作为
民需品配给各个工厂。[②] 青岛日商纱厂由于缺乏原棉，被迫减产
40%~50%。然而即使维持低产量，因山东棉大量减产，青岛日商
纱厂也只能从华北获得所需棉花量的 20% 左右，而其余所需的
60%~70% 的原棉不得不从上海方面获得，结果其原供给华北市场
的 60%~70% 的产品流向了上海市场。[③]

　　除对原棉进行经济统制外，日伪机关还对在华日商纱厂的销售
价格、销售渠道等进行干预和统制，将它们纳入战争的轨道，服务
于战争，导致在华棉纺织业的衰落。1938 年 3 月，华北开发株式
会社投资 300 万日元成立华北棉花会社，由该会社统一从事棉花的
收购、仓储、包装、买卖等业务。同年 6 月，日本设立山东棉花买
卖统制组合，总部设在济南，主要成员单位有东洋棉花、日本棉花
等日本棉业巨头，进一步加强对山东棉产的统制。[④] 1939 年 4 月，
华北棉花协会青岛支部成立，办公地点位于馆陶路 62 号青岛交易

①　青岛日本商工会议所编《青岛组合要览》，1942 年 4 月，第 190 页。
②　《大康纱厂在华日本纺织同业会青岛支部关于棉花运输、上市状况、生产状况等事
　　宜会议记录》，青岛市档案馆藏，档案号：B0041-002-00110-0046~0051。
③　〔日〕松崎雄二郎：《青岛的现状》，1940 年度，日本青岛商工会议所，1941，第
　　136 页。
④　《大康纱厂在华日本纺织同业会青岛支部关于棉花运输、上市状况、生产状况等事
　　宜会议记录》，青岛市档案馆馆藏，档案号：B0041-002-00110-0041。

图 4-8　东洋棉花株式会社青岛支店业务广告（1939）

资料来源：日本青岛商工会议所编《青岛商工案内》，1939。

所内。该支部的主要职责是棉花统制，棉花的配给、输出、输入都由该支部统一管理。① 1941 年 3 月，华北棉花协会进行改组，进一步细化职责，成为纺织业、棉业的联合组织，主要业务是按照"兴亚院"华北联络部制定的价格进行棉花收买、配给及地区协调。这些举措破坏了华北地区棉花正常的市场流通，破坏了城乡之间的有机联系，使棉花的上市率逐年降低，商品化程度不断减弱，棉农收益减少，棉花种植进一步萎缩。

① 《青岛组合要览》，第 286~287 页。

　　为控制棉产的交易，实施经济统制政策，华北棉纱布组合不仅加强了对棉纱棉布的统制，而且将毛丝麻等织物亦一并纳入统制。[①] 为达到棉产统制的目的，华北棉纱布商联合会青岛支部基本每周都要开会商定棉纱、细布的价格。1940 年 9 月 3 日（星期日）下午 3 时该支部在青岛市山东路 70 号开会，指出：禁止将 16 支棉纱的价格提高到 1100 日元以上，除 16 支棉纱之外，对于其他规格的棉纱、棉布也要尽量靠近天津地区的基准价格并维持在适当的范围内。天津地区的棉纱、棉布的基准价格如下所示：棉纱 16 支一捆（内含 40 团）1040 日元；20 支一捆（内含 40 团）1080 日元；32 支一捆（内含 40 团）1140 日元；42 支一捆（内含 40 团）1470 日元。棉布一反[②]36.25 日元，可以略微涨价，但是涨幅不能超过上述价格的 50%。[③] 统制政策的实行导致青岛市内棉纱、棉布现货短缺，但价格却维持在低位，市场供需失衡，[④] 而青岛日商纱厂因难以获得原棉供应，不得不实行减产，更加剧了棉纱、棉布的短缺。

　　与此同时，日本殖民机构为推行中日"满"农业一元化方针，加剧掠夺小麦、棉花等战争所迫切需要的农作物。1941 年，"兴亚院"通过《华北主要农产物增产方策实施要领》，提出"山东省农产物紧急增产方策"，试图通过凿井、种子消毒、增施肥料、改良种子、培训技术员、开垦荒地等措施，在山东扩大棉花、小麦种植面积，提高产量，以保证华北兵站基地的军事需求。[⑤] 1939 年 2

① 《华北棉纱布组合强化统制物品，毛丝麻等织物亦一元化》，《青岛新民报》1940 年 8 月 11 日。
② 反，长度单位，一反约宽 34 厘米，长 10 米。
③ 《大康纱厂在华日本纺织同业会青岛支部关于细布价格、绢布配给统制纲要等事宜会议记录》，青岛市档案馆馆藏，档案号：B0041-002-00105-0029~0031。
④ 《纱布始终俏利——因限制之关系不能上涨》，《青岛新民报》1940 年 9 月 19 日。
⑤ 刘大可：《抗日战争时期山东沦陷区农村经济》，《济南大学学报》2000 年第 6 期。

月，日本殖民当局设立华北棉产改进会，该会在山东设分支机构，内设指导、推广、经理等部门，制定了 1000 万担的棉花增产计划，先后在惠民、临清、齐东、济宁、青州、莱阳设实验场种植棉花，研究棉花耕种技术，提高单位产量。[①] 另外，还强迫沦陷区农户少种粮食作物，多种棉花，并禁止在铁路两旁种植高秆作物，但这些举措收效甚微。1937 年山东棉花种植面积为557.4 万亩，产量为 158 万担，而 1939 年山东棉花种植面积仅为176.1 万亩，产量为 46.3 万担，1939 年比 1937 年减产约 71%。[②]

由于棉花减产、青岛棉纺织厂开工不足及交通不畅等，济南棉花市场交易量迅速下降，1938 年全年仅交易 13 万~15 万担，相当于战前的 1/10。[③] 1938 年日军实行棉花统制经济，山东棉花的输出、输入为日军、日商控制，济南棉花市场迅速瓦解，29 家棉业花行相继歇业，至 1940 年仅剩下 1 家为日伪服务。[④] 1939 年 1 月，军方指定济南日商组成棉花收购组合，由东洋棉花、日本棉花、江商等 10 家日商组成，由正金银行和朝鲜银行提供融资支持，收购的原棉按军需民用的一定比例进行配给，济南棉花市场基本萎缩。日军占领德州后，济南棉花北运通路被阻断，原来济南市场的棉花大部分转运德州市场，再运天津。

此外，包括青岛日商纱厂在内的在华日本纺织企业的衰落也与日本国内纺织集团的敌视有关。30 年代以来，在华日本纺织企业（下文简称"在华纺"）与日本国内纺织集团（下文简称"日本

---

① 郑伯彬编著《抗战期间日人在华北的产业开发计划》，资源委员会经济研究所丛刊，1937 年 10 月，第 98 页。
② 庄维民、刘大可：《日本工商资本与近代山东》，第 473 页；另参见《美国驻青领事 Samuel Sokobin 关于日本山东棉花和棉纺织工业的未来计划致美国国务院的信件》，青岛市档案馆馆藏，档案号：B0004-002-25620-0001。
③ 庄维民、刘大可：《日本工商资本与近代山东》，第 620 页。
④ 吕维俊主编《民国山东史》，山东人民出版社，1995，第 868 页。

纺"）在原料、市场等方面均存在竞争关系。日本纺认为，在华纺过于追求自身的利益，妨碍了日本国内纺织品在中国市场的销售，而且在华纺为中国的劳动力提供就业机会，为他们提供工资，是对中国的"贡献"，这与日本的国家利益相背离，所以，在日本一直有要将在华纺全部撤离的声音，到日本全面侵华时期，因原棉供应日益紧张，战争对纺织品市场销售的影响日甚，在华纺与日本纺的矛盾愈加激化，而且日本纺越来越占上风，在华纺的处境日益艰难。

图 4-9 青岛日商纱厂内景（1939）

资料来源：华北交通株式会社，http://codh.rois.ac.jp/north-china.railway/。

第四节　生产效率问题

　　关于棉纺织工人的劳动效率，一般通过以下三个方面来评价：一是精纺及织布工序中，每名工人操作的纺锤数量；二是精纺及织布工序中单位时间内的生产量；三是各部门单位生产设备所需要的工人数量。从中国近代纱厂的整体效率来看，客观来说，在华日商纱厂的效率要高于华资纱厂，日本国内纱厂的效率要高于在华日商纱厂。学者王子建推算，20世纪30年代，关于中日纱厂之效率，假定日本纱厂为100%，则在华日厂为70%，华厂为60%。[①]关于青岛日商纱厂的生产效率问题，《青岛纺织劳动调查》做了比较全面详细的调研，不仅有青岛日商纱厂的数据，而且还将青岛与这一时期上海日商纱厂、天津日商纱厂和日本国内纱厂的数据进行对比，其结论与王子建先生基本一致。

　　从纺纱的生产效率来看，由于纱支粗细的不同会影响生产效率，我们以比较普遍的20支纱作为基准进行对比（参见表4-7）。从单位时间（1小时）的平均生产额来看，青岛日商纱厂的平均生产额最低，上海日商纱厂次之，日本国内纱厂最高。从青岛九大日商纱厂内部来看，这一时期单位时间（1小时）内平均生产额最高的是公大纱厂，最低的是同兴纱厂。（参见表4-8）精纺工一人半班平均生产额最高的也是公大纱厂，最低的是内外棉纱厂，这说明青岛九大日商纱厂中，在纺纱方面，公大纱厂的工人生产效率最高。这一点从当时的新闻报道也可以看出。当时青岛媒体报道中有很多关于公大纱厂的溢美之词，可以说，此时的公大纱厂已经超过

---

　　① 转引自金国宝《中国棉业问题》，第65页。

资格更老的大康纱厂和内外棉纱厂，成为战时青岛日商纱厂的
代表。

表4-7　青岛、上海及日本国内日商纱厂平均生产额比较
（以20支纱为基准）（1939）

地方	一日生产额（码）	半班生产额（码）	一个小时生产额（码）	半班工作时间
青岛	140	70	6.09	11.5 小时
上海	145	72	6.26	11.5 小时
日本国内	110	55	6.48	8.5 小时

注：根据1936年的调查资料，日本国内一日生产额105码，平均每小时6.1码，基于此制定出生产效率提高的若干计划，再根据最近的调查资料进行修正。

资料来源：〔日〕水谷国一《青岛纺织劳动调查》，第94页。

表4-8　青岛日商纱厂生产能力调查结果（以20支纱为基准）（1939）

工厂	半班每枚生产额（码）	机械运转时间（小时）	一枚每小时生产额（码）	精纺工一人半班生产额（码）			一个小时生产额（码）		
				最高	最低	平均	最高	最低	平均
内外	65	11.5	5.65	31200	9750	13400	2730	780	2080
大康	60	11.5	5.22	23240	6840	15540	2108	595	1351
丰田	60	11.5	5.22	26400	13200	23580	2296	1148	2050
宝来	65	11.5	5.65	27300	11310	19500	2374	983	1696
上海	70	11.5	6.09	29400	8400	22050	2577	730	1917
富士	60	11.5	5.23	24600	14400	17400	2139	1252	1513
同兴	58	11.5	5.04	25520	8700	14500	2219	757	1261
隆兴	57	11.5	4.96	28500	11400	19950	2478	991	1735
公大	77	11.5	6.70	46200	9240	24640	4017	803	2143
平均	63.5	11.5	5.53	29261	10360	20062	2554	893	1750

注：回转数由于职工的技术和使用的机械情况不一致，多在7000~8000。如果恢复到普通状态（回转数10000），新式机械半班70码就可以看作普通部分。

资料来源：〔日〕水谷国一《青岛纺织劳动调查》，第93页。

从织布的生产效率来看，以上海、青岛日商纱厂为代表的在华日商纱厂与日本国内纱厂的生产效率差距较大。如表 4-9 所示，在华日商纱厂半班工作时间比日本国内纱厂多 3 小时，但产量仍比日本国内纱厂低，织布工人生产效率的差距可见一斑。从所需工人来看，日本国内纱厂 100 台自动织机仅需工人 20 名，100 台普通织机需工人 40 名；相比之下，青岛日商纱厂 100 台自动织机和 100 台普通织机所需工人均比日本国内纱厂多 10 人，而天津日商纱厂比青岛所需工人还要多 2 名。（参见表 4-10）根据这些调查报告，水谷国一提出，如果将日本全面侵华时期青岛日商纱厂的生产效率视作 100，上海日商纱厂的生产效率则为 110，日本国内纱厂的生产效率则为 140，天津日商纱厂的效率则为 90。

同时，负责编撰《青岛纺织劳动调查》的水谷国一也指出，由于此次调查恰逢青岛日商纱厂刚刚开始重建，很多工人都是生手，缺乏经验和技术，机械的运转和人员尚未配置到最佳状态，所以，该调查所反映的青岛日商纱厂的劳动效率应该偏低，后期可能会有提高。当然，像纺织业这样比较成熟的机械行业，影响劳动效率最重要的因素其实是机械生产能力，职工个人劳动能力的影响相对要小。

**表 4-9 平常状态下青岛、上海及日本国内日商纱厂
生产效率比较（细布生产、自动机械）**

地方	一日生产额（码）	半班生产额（码）	一小时生产额（码）	半班工作时间（小时）
青岛	106	53	4.56	11.5
上海	110	55	4.78	11.5
日本国内	120	60	7.06	8.5

资料来源：〔日〕水谷国一《青岛纺织劳动调查》，第 98 页。

表 4-10　平常状态下青岛、上海、天津及日本国内
日商纱厂生产效率比较（100 台织机所需工人）

地方	自动织机	普通织机
青岛	30	50
上海	28	44
天津	32	52
日本国内	20	40

　　注：（1）每 100 台织机所需人员；（2）上海、天津的数据是基于上海纱厂及公大纱厂的调查，日本国内的则参考《在华纺织业的发展及其基础》所刊载的资料。

　　资料来源：〔日〕水谷国一《青岛纺织劳动调查》，第 98 页。

　　在织布效率方面，青岛九大日商纱厂内部同样存在一定差异。织布工一人半班平均生产额和单位时间（每小时）平均生产额最高的均为上海纱厂，这一数值处于低端的是公大纱厂和富士纱厂。原因可能在于织布机械设备的落后，九大纱厂中只有公大纱厂和富士纱厂仍采用比较落后的普通织布机，剩下的七家采用的都是当时先进的自动织布机，普通织布机和自动织布机的效率差别还是比较大的。除此之外，各厂管理制度和工人技术水平的差异也是各厂生产效率差异较大的重要原因。

表 4-11　青岛日商纱厂生产能力（细布）调查结果（1939）

工厂	半班每台生产额（码）	一台每小时生产额（码）	织布工一人半班生产额（码）			每小时生产额（码）			机械类别
			最高	最低	平均	最高	最低	平均	
内外	51	4.44	1224	204	714	106.6	17.8	62.2	自动
大康	47	4.09	1128	376	752	98.2	32.7	65.4	自动
丰田	45	3.91	1260	180	675	109.5	15.6	58.7	自动
宝来	45	3.91	900	180	360	78.2	15.6	31.3	自动
上海	49	4.26	1568	384	784	186.3	34.1	68.2	自动

工厂		半班每台生产额（码）	一台每小时生产额（码）	织布工一人半班生产额（码）			每小时生产额（码）			机械类别
				最高	最低	平均	最高	最低	平均	
同兴		52	4.52	1248	208	676	108.5	10.1	58.8	自动
隆兴		43	3.74	860	387	516	94.8	33.7	44.9	自动
公大		54.6	4.75	546	109	218	28.5	9.5	14.3	普通
富士		48	4.17	288	96	144	25.0	8.3	12.5	普通
平均	自动	47.4	4.12	1170	274	640	111.7	22.8	55.6	
	普通	51.3	4.46	417	103	181	26.8	8.9	13.4	

注：平均数没有统计隆兴纱厂的女工；回转数相对于 200 而言，自动机械 170、普通机械 180 左右。如果达到平常状态，每台织机半班生产额可以充分当作自动机械 50~55 码；普通机械 55~60 码。

资料来源：〔日〕水谷国一《青岛纺织劳动调查》，第 94~95 页。

第五节　工人的社会状况

到 1939 年 4 月末，青岛九家日商纱厂全部开工。随着日商纱厂生产的恢复，青岛棉纺织工人的数量也在不断攀升。到同年 7 月，工人数量达到 18499 人，比同年 1 月份增加了 8570 人，但与日本全面侵华之前 33000 名工人总数相比，仅相当其 56%。（参见表 4-12）

表 4-12　青岛棉纺织工人数量统计（1939 年 1~7 月）

单位：人

月份	男工	女工	合计	以 1 月为基准的指数
1	5529	4409	9938	100
2	6214	5088	11302	114
3	6701	6416	13117	132

续表

月份	男工	女工	合计	以1月为基准的指数
4	7149	7050	14199	143
5	8709	7825	16534	167
6	9579	8184	17763	179
7	10021	8478	18499	186

资料来源：〔日〕水谷国一《青岛纺织劳动调查》，第13页。

据表4-13，从工人人数和设备情况来看，青岛日商纱厂中公大纱厂的工人最多，达2773人。当然，该厂的机器设备，如精纺机、织机也是最多的，需要的工人相应也多。内外棉纱厂的工人人数列第二位，为2401人。工人人数排在第三位的是上海纱厂，为2333人，该厂的精纺机、燃丝机、织机都处于中等以上水平。相比之下，无论是精纺机、燃丝机还是织机数量都排在前列的大康纱厂，工人人数仅排在第六名，然而根据前文对各纱厂生产效率的分析结果来看，大康纱厂工人生产效率相比其他纱厂并不高，其中的原因有待进一步探析。

表4-13 青岛日商纱厂主要设备和劳工人数比较（1939年7月）

工厂	设备			劳工		
	纱绽	捻纱	织机	男	女	合计
大康	54980(55000)	4956(5000)	830(1200)	1422	676	2098
内外棉	49252(49500)	5880(6000)	600(600)	951	1450	2401
上海	43984(44000)	3960(4000)	800(800)	1114	1219	2333
隆兴	44000(44000)	3000(3000)	500(500)	916	649	1565
富士	32720(33000)	—	300(600)	670	446	1116
同兴	38248(38500)	5000(5000)	700(700)	970	1252	2222
公大	54984(55000)	—	1100(1700)	1992	781	2773

工厂	设备			劳工		
	纱锭	捻纱	织机	男	女	合计
丰田	38500（38500）	3600（3600）	600（600）	712	1480	2192
宝来	32964（33000）	3000（3000）	400（400）	1274	525	1799
合计	389632（390500）	29396（29600）	5830（7100）	10021	8478	18499

注：括号内为 1939 年度内预计安装完毕的设备数。

资料来源：〔日〕水谷国一《青岛纺织劳动调查》，第 14~15 页。

这一时期青岛棉纺织工人大部分来源于青岛周边农村，其中来自即墨县和胶县的工人人数最多，其次是平度县和高密县。来自山东腹地的工人大量减少，主要原因可能是山东腹地农村治安情况比较糟糕，日商纱厂无法委托包工头到农村招募劳工，只能在工厂门前张贴公告进行招聘，所以招聘的工人绝大部分来自青岛周边农村。

表 4-14　青岛棉纱厂工人籍贯调查（1939）

出生地	实数			占比		
	男	女	计	男	女	计
青岛市	4094	2971	7065	43.05	37.62	40.58
即墨县	1885	1665	3550	19.82	21.08	20.39
胶县	574	509	1083	6.04	6.44	6.22
平度县	501	438	939	5.27	5.55	5.39
高密县	382	428	810	4.02	5.42	4.65
莱阳县	308	392	700	3.24	4.96	4.02
安丘县	257	196	453	2.70	2.48	2.60
潍县	85	54	139	0.89	0.68	0.80
诸城县	126	121	247	1.32	1.53	1.42
昌邑县	104	150	254	1.09	1.90	1.46
日照县	66	106	172	0.69	1.34	0.99

出生地	实数			占比		
	男	女	计	男	女	计
青州	120	127	247	1.27	1.61	1.41
江苏	12	9	21	0.13	0.11	0.12
济南	16	11	27	0.17	0.14	0.16
其他	980	722	1702	10.30	9.14	9.78
合计	9510	7899	17409	100.00	100.00	100.00

资料来源：〔日〕水谷国一《青岛纺织劳动调查》，第115页。

　　这一时期青岛日商纱厂工人的一个显著特点是，女工大量增加。据档案记载，早在1923~1925年，青岛公大纱厂最先在益都县（现山东省青州市）招募没有缠足的妇女，之后，各个公司都开始在没有缠足习俗的青州、莱阳、平度等县招募女工，这些地区的居民据说是满族的后代，故没有缠足的习惯，但从整体来看，1937年前女工在青岛日商纱厂所占比例很低，与上海日商纱厂截然不同。但到1940年，青岛九家日商纱厂男女工人比例为54∶46，与当时华北其他的纺织业发达城市，如天津、济南相比，青岛纱厂的女工比例更高。[①] 从各厂的具体情况来看，内外棉纱厂、上海纱厂、同兴纱厂、丰田纱厂的女工人数超过了男工人数，特别是丰田纱厂，女工人数是男工人数的2倍，这是从未有过的情况。女工人数的增加，一方面是缘于山东腹地农村社会风俗的变革，禁止缠足令的实施，解放了妇女，提高了妇女的劳动能力，社会风气更加开放，妇女更愿意出来工作；另一方面是青岛日商纱厂的用工倾向发生改变，他们更愿意雇用相对易于管理、工资低的女工。从女工的籍贯来看，来自青岛的女工占绝大

---

① 〔日〕水谷国一：《青岛纺织劳动调查》，第8页。

部分，这反映出女性就业时的地域选择，出于人身安全等因素的考量，无论是女性本人还是父母都希望女性在当地就业。从女工从事的岗位来看，主要集中在棉条、细纱、卷纱、合纱、捻纱、返卷等，其中女性工人占比最高的工序是返卷，青岛九家纱厂的女性工人在这一工序的平均比例是89%。[1] 原动、电气、铁工、木工等工作岗位则全部为男性工人。

图 4-10　青岛日商纱厂中的女工（1939）

资料来源：华北交通株式会社，http://codh.rois.ac.jp/north-china.railway/。

---

[1] 〔日〕水谷国一：《青岛纺织劳动调查》，第31~35页。

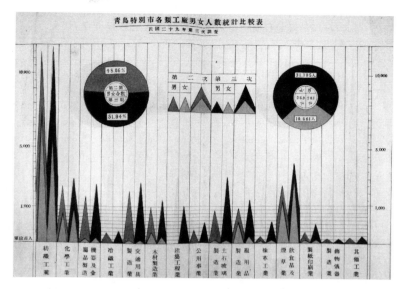

图 4-11　青岛特别市各类工厂男女人数统计比较（1940）

资料来源：《劳工状况》第 3 期，1940 年。

如表 4-15 所示，14 岁及以下的工人共有 479 人，占整个工人比例的 3.1%。15 岁到 25 岁的工人占 79.29%，其中 15 岁~20 岁约占 57.10%。按照当时的《劳动法》，不满 16 岁的工人即可认定为童工，说明在青岛日商纱厂雇用童工。由于棉纺织业是劳动密集型产业，需要工人的数量多，而且工作比较单一、易掌握，即使是低龄少年工人也可熟练掌握大部分操作规程，所以，当时世界各地的棉纱厂几乎都存在着一部分的童工，毕竟童工的工资要低于成年人。另外，由于中国当时户籍制度不健全，很多工人又不识字，不能准确地说出自己的年龄，所以，一般的调查报告采用的都是人事部门负责人认定的年龄，可能还存在部分偏差。另外，当时中国户籍制度不完善，日商纱厂有时会以身体发育状况，如身高等作为招募标准。公大纱厂规定只录取身高四尺五寸以上的工人，上海纱厂规定只录取四尺八寸以上的，所以，在工人年龄的认定方面存在一定偏差。

表 4-15　青岛日商棉纺织工人年龄调查（1939 年 7 月）

年龄段	实数			占比		
	男工	女工	计	男工	女工	计
14 岁及以下	144	335	479	1.80	4.28	3.06
15 岁~20 岁	2604	6342	8946	33.21	81.00	57.10
21 岁~25 岁	2533	930	3463	32.30	11.88	22.10
26 岁~30 岁	1372	146	1518	17.50	1.86	9.69
31 岁~35 岁	672	51	723	8.57	0.65	4.61
36 岁~40 岁	370	17	387	4.72	0.21	2.47
41 岁~50 岁	140	8	148	1.79	0.10	0.94
50 岁以上	5		5	0.06		0.03
合计	7840	7829	15669	100	100	100

资料来源：〔日〕水谷国一《青岛纺织劳动调查》，第 110 页。

　　1940 年 9 月，青岛特别市社会局厚生科劳工股曾编印《劳工状况》，对青岛当时的劳工进行统计，其中提到青岛的九大日商纱厂童工的情况。据统计，大康纱厂 1601 名工人中，有 309 名童工，最低年龄是 14 岁；内外棉纱厂共有 1959 名工人，其中童工 477 名，最低年龄为 13 岁；隆兴纱厂共有工人 1404 名，其中童工 333 名，最低年龄为 13 岁；宝来纱厂共有工人 1766 人，其中童工 89 名，最低年龄为 13 岁；同兴纱厂共有工人 1774 名，其中童工 332 名，最低年龄为 13 岁，其余的 4 个纱厂没有统计童工的数量。[①] 这一统计数据与水谷国一《青岛纺织劳动调查》的统计结果虽有出入，但都证明了青岛日商纱厂雇用了童工。

　　中国近代纺织工人大部分未接受过教育，据初步统计，文盲和半文盲占到了 90% 以上。从表 4-16 来看，1939 年青岛九家日商纱厂工人的识字水平来看，绝大多数的工人不识字，有阅读能力的男工占 27.7%，有阅读能力的女工仅占 8.2%。（参见表 4-16）对比上海

---

① 《劳工状况》第 3 期，1940 年，第 35 页。

某日商纱厂工人识字程度的调查结果来看，青岛纱厂工人的整体识字水平低于上海。上海某纱厂的调查结果显示，女工的识字率不如男工，其中男工中文盲占 60%，能认自己名字的占 20%，能写自己名字的占 20%，而女工中文盲占 85%，能读自己名字的占 15%，能写自己名字的仅占 8%。[①] 这一差异的原因可能在于，上海某纱厂与青岛纱厂的工人来源不同，上海纱厂的工人主要来自苏北及上海周边的农村，整体经济水平可能要好于北方，识字率相对高一些。

表 4-16 青岛日商纱厂工人识字调查（1939）

		无阅读能力			有阅读能力			合计		
		男	女	计	男	女	计	男	女	计
上海	人员	829	1067	1896	259	98	357	1088	1165	2253
	占比	76.20	91.60	84.20	23.80	8.40	15.80	100.00	100.00	100.00
宝来	人员	786	483	1269	482	42	524	1268	525	1793
	占比	62.00	92.00	70.80	38.00	8.00	29.20	100.00	100.00	100.00
内外棉	人员	633	1270	1903	168	31	199	801	1301	2102
	占比	79.0	97.60	90.50	21.00	2.4	9.5	100.00	100.00	100.00
丰田	人员	553	1362	1915	140	84	224	693	1446	2139
	占比	79.80	94.20	89.50	20.20	5.80	10.50	100.00	100.00	100.00
隆兴	人员	784	643	1427	76	12	88	860	655	1515
	占比	91.20	98.20	94.20	8.80	1.80	5.80	100.00	100.00	100.00
富士	人员	496	377	873	166	15	181	662	392	1054
	占比	75.00	96.20	82.80	25.00	3.80	17.20	100.00	100.00	100.00
同兴	人员	687	1074	1761	178	119	297	865	1193	2058
	占比	79.00	90.00	86.00	21.00	10.00	14.00	100.00	100.00	100.00
公大	人员	1072	625	1679	715	156	871	1787	781	2568
	占比	60.00	80.00	66.00	40.00	20.00	34.00	100.00	100.00	100.00
大康	人员	1079	402	1481	461	97	558	1540	499	2039
	占比	70.10	80.60	72.60	29.90	19.40	27.40	100.00	100.00	100.00
合计	人员	6919	7303	14222	2645	654	3299	9564	7957	17521
	占比	72.30	91.80	81.20	27.70	8.20	18.80	100.00	100.00	100.00

资料来源：〔日〕水谷国一《青岛纺织劳动调查》，第 107~109 页。

[①] 刘明逵：《中国工人阶级历史状况》第 1 卷第 1 册，中共中央党校出版社，1985，第 551 页。

从棉纱厂工人的职业生涯来看，根据九家日商纱厂的调查结果，以前从事纺织行业的工人占比最多，达到全体工人的 63.2%，从事农业的工人位列第二，占全体工人的 21%，以上两者合计达84.2%。（参见表 4-17）当然，由于中国近代工业化的进程起步较晚，实际上这些工人最初绝大部分是从农村来到城市的。从性别来看，与男性工人的职业经历相比，女性工人的职业经历更为单一、简单，82% 的女性此前从事过农业和纺织业，11.6% 的女性处于无业状态，从事过"其他工业"、"商业"和其他工作的女性工人仅占 6.4%。从工人的流动性来看，青岛日商纱厂男工的平均受雇用时间为两年两个月，女工则为一年五个月。①

表 4-17 青岛日商纱厂工人前职业调查（1939）

前职业		实数			占比		
		男工	女工	计	男工	女工	计
农业		1826	1273	3099	22.50	19.40	21.00
工业	纺织业	5175	4117	9292	63.60	62.60	63.20
	其他工业	426	286	712	5.30	4.30	4.80
商业		304	20	324	3.70	0.30	2.20
土木建筑业		97		97	1.20		0.70
交通运输业		42		42	0.50		0.30
渔业		85		85	1.00		0.60
采矿业		1		1	0.10		
公务、自由业		51		51	0.60		0.30
其他		59	118	177	0.70	1.80	1.20
无业		69	763	832	0.80	11.60	5.70
合计		8135	6577	14712	100.00	100.00	100.00

资料来源：〔日〕水谷国一《青岛纺织劳动调查》，第 113~114 页。

为保证工作效率，青岛日商纱厂都尽量录用未婚、无配偶的员工。据统计，在日商九大纱厂的 13876 名工人中，无配偶的工人占

---

① 〔日〕水谷国一：《青岛纺织劳动调查》，第 10 页。

63.2%，有配偶的占 36.8%，无配偶工人是有配偶工人的 1.7 倍。按照性别来看，47.4% 的男工有配偶，而女工有配偶者比例远远低于男性，只有 22.1%，尚不及有配偶男工的一半。（见表 4-18）从各厂的实际情况来看，富士纱厂的男工无配偶者比例最小，为 44%，而丰田纱厂男工无配偶者比例则高达 75%。宝来纱厂的女工无配偶者比例最低，为 62%，而隆兴纱厂的女工无配偶者比例最高，为 88%，各工厂之间差异比较大。男女工人之间有无配偶情况的差异，主要原因可能是男工、女工家庭环境的差异，大部分的男工来自农村，大部分的女工来自城市。在近代农村早婚早育非常普遍。

表 4-18　青岛日商纱厂工人配偶关系调查

有无配偶	实数			占比		
	男工	女工	计	男工	女工	计
有配偶者	3836	1277	5113	47.4	22.1	36.8
无配偶者	4264	4499	8763	52.6	77.9	63.2
计	8100	5776	13876	100	100	100

注：此表调查了 7 家纱厂，内外棉纱厂、同兴纱厂未参与调查。
资料来源：〔日〕水谷国一《青岛纺织劳动调查》，第 111 页。

另外，《青岛纺织劳动调查》对工人家庭成员在同一个纱厂的从业情况进行了统计，结果显示：两人在同一纱厂从业的情况仅占 11.6%，家庭成员中三人、四人在同一纱厂从业的情况则更少。[①] 从性别来看，女性工人家庭的其他成员在同一纱厂从业的比例高于男性工人，特别是三人从业和四人从业的情况，这说明在当时的青岛日商纱厂中普遍存在着男性工人如父亲、哥哥，介绍女性家人如女儿、妹妹等，来同一个纱厂工作的情况。

① 〔日〕水谷国一：《青岛纺织劳动调查》，第 112 页。

第六节 工人的晋升之路

为激发工人的劳动积极性，在华日商纱厂制定了培养选拔工人的制度。这一时期青岛日商纱厂的工人分为 4 个等级：工长、正式工、试验工（临时工）和见习工。设立试验工或者临时工这一等级是战时日商纱厂应对熟练工人极度短缺的一种方法，实际上是在录用有经验者时设置的一种暂时等级。日商纱厂首先对新录用的有经验的工人进行技能测试，根据其成绩确定是否为试验工，试验工的时限一般为 1~3 个月，试用期结束后，试验工才能转为正式工，试验工的工资比正式工低，比见习工高，纱厂通过这种方法减少员工频繁辞职流动。除试验工外，青岛日商纱厂中还有为数不少的见习工，根据工作内容的难易和工人的技术水平确定见习的期限，最短为 1 个月，最长为 6 个月，平均为 2~3 个月。一般来说，精纺工的见习期为 4 个月，织布工的见习期为 6 个月，返卷工的见习期为 1 个月。由于不同的纱厂有不同的规定，以及工人的个体差异，见习的时间并不固定。整体来看，操作织机的工人要达到操作熟练，需要比较长的见习周期，所以，各纱厂都希望直接雇用有经验的工人，由此经常会发生纱厂之间争夺有经验工人的情况。由于战争等多种因素的影响，青岛日商纱厂老员工的复职率很低，纱厂不得不录用较多见习工和试验工。如表 4-19 所示，在 1939 年 7 月的调查中，九家纱厂的试验工及见习工占到全部工人总数的 13.9%，其中大康纱厂的试验工及见习工占比最高，达到 20.9%，隆兴纱厂比例最低，试验工及见习工占全部工人的 7.7%。一个有意思的现象是，正式工比例最高的隆兴纱厂，其监督及调度员的比例也是最高的，难道正式工比试验工和见习工更需要监督和管理吗？另外，从工人性别

表4-19　青岛日商纱厂工人组成结构调查（1939）

		监督及调度员			正式工			试验工及见习工			合计		
		男	女	计	男	女	计	男	女	计	男	女	计
大康	人员	104	24	128	988	543	1531	330	109	439	1422	676	2098
	占比	7.3	3.6	6.1	69.5	80.3	73.0	23.2	16.1	20.9	100.0	100.0	100.0
内外棉	人员	27	38	65*	654	1260	1914	180	152	332	861**	1450	2311***
	占比	3.1	2.6	2.8	76	87	82.8	21	10.5	14.4	100	100	100
上海	人员	45	48	93	816	1071	1887	253	100	353	1114	1219	2333
	占比	4.0	4.0	3.9	73.3	87.9	80.9	22.7	8.1	15.2	100	100	100
同兴	人员	90	27	117	730	1166	1896	150	59	209	970	1252	2222
	占比	9.3	2.2	5.3	75.2	93.1	85.3	15.5	4.7	9.4	100	100	100
丰田	人员	66	21	87	526	1259	1785	120	200	320	712	1480	2192
	占比	9.2	1.4	4.0	73.9	85.0	81.4	16.9	13.6	14.6	100	100	100
国光	人员	75	13	88	1079	432	1511	120	80	200	1274	525	1799
	占比	5.9	2.5	4.9	84.7	82.3	84.0	9.4	15.2	11.1	100	100	100
日清	人员	87	20	107	749	589	1338	80	40	120	916	649	1565
	占比	9.5	3.1	6.8	81.8	90.8	85.5	8.7	6.1	7.7	100	100	100

续表

		监督及调度员			正式工			试验工及见习工			合计		
		男	女	计	男	女	计	男	女	计	男	女	计
富士	人员	42	20	62	595	327	922	33	99	132	670	446	1116
	占比	6.3	4.5	5.6	88.8	73.3	82.6	4.9	22.2	11.8	100	100	100
公大	人员	110	40	150	1582	591	2173	300	150	450	1992	781	2773
	占比	5.5	5.1	5.4	79.4	75.7	78.4	15.1	19.2	16.2	100	100	100
合计	人员	646	251	897	7719	7238	14957	1566	989	2555	9931	8478	18409
	占比	6.5	3.0	4.9	77.7	85.3	81.2	15.8	11.7	13.9	100	100	100

* 原文如此。
** 原文如此。
*** 原文如此。
资料来源：〔日〕水谷国一《青岛纺织劳动调查》，第28~30页。

来看，有些纱厂的女性正式工多于男性正式工；在监督及调度员这一层次中，内外棉纱厂和上海纱厂的女性人数也多于男性，其余的纱厂都是男性远多于女性；在试验工及见习工中，只有丰田纱厂和富士纱厂的女性工人多于男性工人，这可能从另一个角度说明，男性工人的流动率要高于女性工人。

第七节　工资福利待遇

1938~1945 年，青岛日商纱厂仍延续以前的工作时间制度，实行昼夜二班交替制，每班的实际劳动时间扣除休息时间后约为 11.5 小时，中间会有约半小时的休息时间。每月固定休息 2 天，另外，元旦休息 1~2 天，春节休息 3~5 天，每年工作日为 334~336 天。①

这一时期青岛日商纱厂工人工资采用计件工资、计时工资以及计件与计时工资结合三种计算方式。在同一家纱厂内，既有根据时间计算工资的，也有根据产量计算工资的，还有以时间和产出各占一半来计算工资的。一般来说，外部职工以及内部的混打棉工、梳棉工、见习工、临时工均采用按时付工资的制度按天结算工资。纺织部中从棉条到染场的正式工，以及织布部中从原纱到织布的正式工均采用按产量付工资的制度。按产量给付工资又可分为以下四种：仅按产量付工资制、参考工人熟练度的复合产量工资制、半日薪半产量工资制和集体产量工资制四种形态，另外还有外包工资制等。②

这一时期，由于物价上涨和劳动供求关系的变化，七七事变后，纱厂工人工资有了一定增长。见习男工的工资从七七事变前的 25 元上涨到 1939 年 6 月的 40 元，上涨了 60%。见习女工的工资从七七事变前的 23 元上涨到 1939 年 6 月的 34 元，上涨了 48%。男

---

① 〔日〕水谷国一：《青岛纺织劳动调查》，第 36~37 页。
② 〔日〕水谷国一：《青岛纺织劳动调查》，第 39 页。

性熟练工的工资从七七事变前的 50 元上涨到 1939 年 6 月的 64 元，上涨了 28%。女性熟练工的工资从七七事变前的 42 元上涨到 1939 年 6 月的 57 元，上涨了 35%。[①] 女性熟练工的工资上涨幅度高于男性熟练工，可能是由于女性熟练工的人数较少或女性熟练工的工资基数较低。但从 1939 年 6 月至 1940 年 3 月，青岛纺织工人的工资基本未再增加，只是从 1940 年 3 月起每月增加津贴 0.27~0.3 元，到 5 月，津贴改为每月可以 4 元的价格购买面粉 1 袋。[②] 主要原因是 1940 年以后，日本殖民当局强化经济统制，青岛日商纱厂缺乏棉花原料，棉纺织业整体衰退，不仅难以增加工资，而且还经常裁减工人，许多被裁减的工人因青岛生活成本高，大部分回到家乡。

与当时青岛其他行业相比，棉纺织工人工资的上涨幅度并不明显。如：化学工人七七事变前最高日工资是 0.80 元，最低日工资是 0.30 元，平均日工资为 0.60 元。至 1940 年 1 月，化学工人最高日工资为 1.38 元，最低日工资为 0.40 元。到 1940 年 9 月，化学工人最高日工资涨至 2.7 元，最低日工资为 0.70 元，一年之内平均日工资增加了 0.64 元。[③]

纱厂工人工资一般分为基本工资和津贴。鉴于各纱厂工种繁多，为制定一个相对公平合理的工资衡量标准，需要对各工种、各工序职业技能的相对价值进行评价。《青岛纺织劳动调查》以细纱作为基本工资，假定这一数额为 100，那么纺织部清花则为 115，粗纺为 110，卷纱、合纱和捻纱均为 100，皮革为 95，选棉为 85，织造为 120，电气、铁工为 130，杂工为 90。[④] 从中我们可以看出，基本工资较高的均是一些外部工种，如电气、铁工等，采用日付或

① 〔日〕水谷国一：《青岛纺织劳动调查》，第 40 页。
② 《劳工状况》第 3 期，1940 年，第 18 页。
③ 《劳工状况》第 3 期，1940 年，第 11 页。
④ 〔日〕水谷国一：《青岛纺织劳动调查》，第 44~45 页。

者外包的形式。纺织部内部工种的基本工资差别并不大，最高的是织造、打包等工序，最低的是剪花、杂工等技术含量较低的工种。

青岛九大日商纱厂之间的整体工资差别较小，但如表 4-20 所示，就见习工初任工资而言，各纱厂同一工种工资存在差异，各工种工资存在一定差别。从各纱厂来看，梳棉工人工资最高的是丰田纱厂和隆兴纱厂，工资最低的是上海纱厂。织造工工资最高的是丰田纱厂，工资最低的是内外棉纱厂。从工种来看，清花和梳棉工人的工资最高，精纺、卷丝和经通工人的工资相对较低，有可能是童工。从工人性别来看，从表 4-20 中仅有的涉及男女工人工资的"精纺"来看，对于同样的工作，男女工之间的工资差别不大，内外棉纱厂精纺工种男性工人和女性工人的工资相同。上海纱厂、宝来纱厂精纺工种男性工人的工资比从事同一工种的女性工人高。

表 4-20　青岛日商纱厂见习工初任工资

部门	职别	内外棉	公大	上海	同兴	富士	丰田	宝来	隆兴	大康
纺织部	清花	44	40	35	40	40	45	40	45	40
	梳棉	44	40	35	38	40	45	40	45	40
	棉条	38	35	—	37	32	40	38	42	40
	粗纺	38	35	35	37	32	—	38	42	40
	精纺	男 29　女 29	30	男 30　女 28	33	30	38	男 30　女 27	43	28
	卷丝	29	33	30	—		38	30	41	30
	纫场	33	—	—		31	—	—	42	30
	染场	38	—	—		35	—	—	—	—
织布部	粗卷	29							40	33
	整经	39							42	36
	经通	29			35				43	33
	织造	31	35	35	38	40	45	35	44	35
外部技术工		各公司皆 35 钱到 45 钱								

资料来源：〔日〕水谷国一《青岛纺织劳动调查》，第 47 页。

从表 4-21 可见，见习工的基本工资相较于初任工资有了较大的增长。如粗纺见习工基本工资平均额为 67.9 元，而初任工资平均额不到 40 元，增长了 70%。在正式工中，从男工和女工的日付工及外包工的平均工资来看，粗纺见习工的平均基本工资最高，卷纱见习工人的平均基本工资最低。（见表 4-21）

表 4-21 青岛某日商纱厂见习工基本工资情况（1939 年 7 月 1 日）

职别	男工						女工						男女工的基本工资平均额
	日付工			外包工			日付工			外包工			
	最高	最低	平均	最高	最低	平均	最高	最低	平均	最高	最低	平均	
清花	130.0	47.0	60.3	—	—	—	—	—	—	—	—	—	60.3
梳棉	100.0	47.7	57.7	—	—	—	—	—	—	—	—	—	57.7
棉条	92.2	50.8	63.0	66.6	48.9	62.2	—	—	—	65.0	47.5	56.2	60.2
粗纺	122.7	45.0	69.1	92.6	59.8	68.5	—	—	—	65.7	55.4	60.9	67.9
细纱	134.9	43.0	64.4	—	—	—	74.0	44.6	63.3	81.6	45.0	62.0	62.7
卷纱	99.5	44.0	63.0	—	—	—	80.4	68.5	74.5	78.2	39.7	56.9	57.5
捻纱	102.8	45.9	64.7	—	—	—	83.0	83.7	83.0	71.0	45.0	61.0	62.8
工种	96.1	50.1	62.9	—	—	—	69.3	41.8	56.7	89.1	51.5	64.0	63.4
工种	99.3	75.0	89.5	71.3	54.3	63.6	—	—	—	54.8	54.5	54.5	64.1
试验													
皮革													
剪花													

资料来源：〔日〕水谷国一《青岛纺织劳动调查》，第 48~49 页。

1940 年 9 月，青岛市社会局对青岛日商纱厂工人工资的统计资料更为翔实，考虑到当时社会局的职责及调查目的，青岛市社会局的数据应该比较可信。（参见表 4-22）

表4-22　青岛特别市各业职工及一般劳动者状况（1940年9月）

厂名	地址	经理	资本（元）	开办时间	工人数	工人年龄	日工资	工作时间	教育卫生设施
大康纱厂	四方镇	武田彰	113000000	1919年11月	851（男） 442（女） 309（童工）	56（最高） 14（最低）	1.4（最高） 0.40（最低） 0.67（平均）	11小时	宿舍、医院、澡堂、食堂
内外棉纱厂	四方镇	石川作太郎	33000000	1917年12月	749（男） 733（女） 477（童工）	57（最高） 13（最低）	1.11（最高） 0.37（最低） 0.70（平均）	11小时	小学、补习班、宿舍、医院、澡堂
隆兴纱厂	四方镇	内田节二	28500000	1923年4月	636（男） 435（女） 333（童工）	53（最高） 13（最低）	1.3（最高） 0.45（最低） 0.80（平均）	11小时	宿舍、医院、澡堂
丰田纱厂	四沧路6号	三田省三	10000000	1935年4月	604（男） 915（女）	54（最高） 13（最低）	1.82（最高） 0.38（最低） 0.72（平均）	11小时	宿舍、医院、澡堂
上海纱厂	四沧路	圆城寺规	12000000	1935年2月	892（男） 791（女）	52（最高） 15（最低）	1.08（最高） 0.35（最低） 0.72（平均）	11小时	宿舍、医院、澡堂
公大纱厂	沧口	增田幸雄	20000000	1936年4月	2328（男） 1277（女）	43（最高） 14（最低）	1.69（最高） 0.58（最低） 0.90（平均）	11小时	宿舍、医院、澡堂、补习学校、食堂

续表

厂名	地址	经理	资本（元）	开办时间	工人数	工人年龄	日工资	工作时间	教育卫生设施
固光纱厂	沧口	原茂久雄	8600000	1923 年 5 月	1222（男） 455（女） 89（童工）	51（最高） 13（最低）	1.47（最高） 0.28（最低） 0.78（平均）	11 小时	宿舍、医院、澡堂、补习学校（筹备中）
富士纱厂	沧口	昆谷平右卫门	50000000	1921 年 10 月	534（男） 87（女）	45（最高） 13（最低）	1.28（最高） 0.35（最低） 0.81（平均）	11 小时	宿舍、医院、澡堂、俱乐部
同兴纱厂	沧口	饭尾一二	15000000	1935 年 7 月	742（男） 700（女） 332（童工）	45（最高） 13（最低）	1.85（最高） 0.32（最低） 0.70（平均）	11 小时	

资料来源：《劳工状况》第 3 期，1940 年，第 35 页。

从 1940 年 9 月青岛市社会局的调查数据来看，战时青岛九大纱厂的劳动时间为 11 小时，这与战前的情况基本一致。从工资来看，同兴纱厂的最高日工资在九大纱厂中最高，上海纱厂的最高日工资在九大纱厂中最低，仅为 1.08 元。从最低日工资来看，宝来纱厂在九大纱厂中最低，仅为 0.28 元，这应该是童工的工资。公大纱厂的最低日工资在九大纱厂中最高，这可能与该厂没有童工有关。从平均日工资来看，公大纱厂最高，大康纱厂最低，但九大纱厂平均工资差别并不大。在一份有关大康纱厂的档案中记载，1941 年 7 月 17 日内外棉纱厂工人月工资为 48 元。[①]按照青岛市社会局的统计数据，1940 年 9 月内外棉纱厂平均日工资为 0.7 元。一个月按照 30 天计算，月工资仅为 21 元，与档案中记载的内外棉纱厂 48 元的月工资相差甚远。同时期染织厂的工人工资比棉纺织厂要高一些，如兴亚染织厂工人的月工资为 54 元，永丰织布厂工人的月工资为 54 元。[②] 到 1944 年，青岛全市共有棉纺织工人 6907 人，平均日工资为 5.22 元，月工资约为 157 元。[③] 这些数据均出自当时的档案文献，但各个数据之间的差距较大，如 1940～1944 年仅四年间青岛日商纱厂工人的月工资从 21 元涨到 157 元，其中的原因有待探析。

从横向对比来看，与当时青岛的其他行业相比，纱厂工人的工资应该是处于中等偏下的水平。1939 年，纺织工业的平均日工资为 0.60 元，机器制造业平均日工资为 0.70 元，建筑工程业平均日工资为 0.83 元，橡革工业平均日工资为 0.65 元，化学工业平均日工资为 0.60 元。[④] 据档案记载，1939 年 12 月，青岛烟草行业最高

---

① 《大康纱厂华工宿舍日记》，青岛市档案馆馆藏，档案号：B0041-002-00093-0059。
② 《大康纱厂华工宿舍日记》，青岛市档案馆馆藏，档案号：B0041-002-00093-0059。
③ 中纺青岛分公司编《中国纺织建设股份有限公司青岛分公司概况及在中国价值地位》，1949，第 10 页。
④ 赵琪编《青岛指南》，1939 年 9 月，第 71 页。

日工资为 4.73 元，最低日工资为 0.30 元。这一时期青岛大英烟草公司新入职的男工月工资为 23.35 元，普通男工月工资为 30.08 元，一等男工月工资为 54.25 元；女工按照不同的工种月工资为 42~56 元不等，有经验的把头月工资为 60~70 元，新晋把头月工资为 50~60 元。① 青岛华北烟草公司的把头月工资为 85 元，半年赏金 250 元，年末赏金 600 元；一等工日工资为 2.1 元，普通工日工资 1 元，童工日工资 0.85 元。② 青岛四方发电所杂役日工资为 0.95 元，电工日工资 1.2~2.0 元。③ 青岛丰田式铁厂养成工日工资为 0.50 元，月工资 15 元；普通工日工资 1.1 元，月工资 33 元；熟练工日工资 1.5 元，月工资 45 元。④ 烟草业、四方发电所、丰田式铁厂等都属于工资待遇比较好的行业和企业，与纺织工人的待遇形成鲜明对比。

1939 年 12 月青岛物价水平如下：士林布 1 尺 0.33 元、白细布 1 尺 0.20 元、大米 1 斤 0.28 元、苞米 1 斤 0.09 元、地瓜 1 斤 0.04 元、豆腐 1 斤 0.08 元、菠菜 1 斤 0.05 元、猪肉 1 斤 0.40 元、豆油 1 斤 0.58 元。⑤ 据《青岛纺织劳动调查》，青岛九大日商纱厂单身工人每月的生活费平均为 14~16 元，其中 10 元左右花在饮食方面；平均每天的生活成本在 0.5 元左右，⑥ 按照当时青岛日商纱厂工人日工资为 0.7~0.8 元的标准来看，纱厂工人的工资刚能维持自身生活。四口之家每月的生活费在 25 元左右，⑦ 这样看来，工人如果要靠自己的工资维持全家人的生活比较困难。

---

① 《大康纱厂华工宿舍日记》，青岛市档案馆馆藏，档案号：B0041-002-00093-0007。
② 《大康纱厂华工宿舍日记》，青岛市档案馆馆藏，档案号：B0041-002-00093-0008。
③ 《大康纱厂华工宿舍日记》，青岛市档案馆馆藏，档案号：B0041-002-00093-0010。
④ 《大康纱厂华工宿舍日记》，青岛市档案馆馆藏，档案号：B0041-002-00093-0010。
⑤ 《大康纱厂华工宿舍日记》，青岛市档案馆馆藏，档案号：B0041-002-00093-0005。
⑥ 〔日〕水谷国一：《青岛纺织劳动调查》，第 78~79 页。
⑦ 〔日〕水谷国一：《青岛纺织劳动调查》，第 80~81 页。

据青岛大康纱厂1942年7月18日所做的调查可知，1942年6月工人每月生活的消费情况大致如下：蜀黍粉50斤，每斤0.23元，共11.50元；面粉6斤，每斤0.47元，共2.82元；小米5斤，每斤0.32元，共1.6元；黄豆3斤，每斤0.34元，共1.02元；咸菜8斤，每斤0.18元，共1.44元；酱油1斤，每斤0.32元，共0.32元；另外，需要被服修理费2元，修鞋费1.4元，其他杂费2元，合计24.1元。[1] 到7月，由于物价上涨，青岛日商纱厂工人每月生活费用上涨到45元，但工资的增长显然跟不上物价的上涨速度。

日本全面侵华之前，除工资外，青岛日商纱厂曾许诺给工人发放年功补贴和其他补贴。战争期间，日商纱厂工人主要补贴有：加班补贴、全勤及精勤奖励、物价补贴和年终奖金四种，缺勤工人没有物价补贴和全勤及精勤奖励。（见表4-23）年终奖金只发给普通役付工和特殊工，正式工人不享受年终奖金。

另外，战时青岛日商纱厂的加班补贴并不高，其中大康、上海、富士、丰田、同兴、宝来、隆兴等七个纱厂的加班补贴仅为每小时工资的1/10。[2] 1940年下半年后青岛日商纱厂不断减产，工人几乎没有加班机会。

表4-23　青岛日商纱厂工人物价补贴情况

工厂	支付标准
公大	平均为基本工资的10%，但缺勤者除外
大康	3日以内勤勉工作者，男工每天10钱，女工每天7钱，每月每人不超过3天
上海	全勤者为基本工资10%，缺勤1天为8%，2天为6%，3天为4%
富士	1939年5月开始，每月收入的10%
丰田	全勤者每月3元，缺勤者每缺勤一天扣除10钱

---

① 《大康纱厂华工宿舍日记》，青岛市档案馆馆藏，档案号：B0041-002-00093-0121~0123。

② 〔日〕水谷国一：《青岛纺织劳动调查》，第52～53页。

续表

工厂	支付标准
同兴	全勤者为 10%，缺勤 1 天为 8%，2 天为 6%，3 天为 4%
宝来	全勤者为 10%，缺勤 1 天为 8%，2 天为 6%，3 天为 4%
内外棉	基本工资 41 钱以下，每月给 1.30 元，41 钱以上每月给 1.50 元，7 月以后增加 1 倍
隆兴	全勤者，缺勤 1 天者为每天 10 钱，2 天以上 3 天以内缺勤者为 8 钱，4~5 天为 7 钱，5 天以上缺勤者，一律给 5 钱

资料来源：〔日〕水谷国一《青岛纺织劳动调查》，第 52~53 页。

　　另外，日本全面侵华期间青岛日商纱厂延续此前的策略，对工人有一定救济措施，各纱厂未形成统一的制度，主要包括以下几个方面：一是关于工伤。由纱厂负责医治，养病期间，公大纱厂全额支付工资，内外棉纱厂支付 2/3。宝来纱厂发生工伤的第一个月全额支付，第二个月支付一半的工资，第三个月之后支付 1/3 工资。因工伤造成残疾，终身无法自理的，一次性支付平均日工资的 200 倍。因工伤造成残疾，终身无法从事劳动的，一次性支付平均日工资的 100 倍。终身无法从事与之前一样的劳动的，一次性支付平均日平均工资的 50 倍。身体无法恢复到原来状态但能继续从事原来的劳动的，一次性支付日平均工资的 20 倍。[1] 二是关于工人死亡。内外棉纱厂的抚恤金为日平均工资的 100 倍，但会根据实际情况增减。公大纱厂的抚恤金最高是 200 元；对于工伤致死的工人给予 20 元棺椁费，普通病致死的给予 10 元棺椁费。内外棉纱厂干部职员死亡时给予 10 元棺椁费，普通职工死亡时给予 5 元棺椁费。[2] 另外，据相关记载，当时青岛日商纱厂扣除工人工资的主要有：房租、水电费、伙食费、煤炭费、劳保费用、罚金等。其中罚金最

① 〔日〕水谷国一：《青岛纺织劳动调查》，第 76 页。
② 〔日〕水谷国一：《青岛纺织劳动调查》，第 77 页。

值得关注，关于这方面的案例各纱厂有很多，仅内外棉纱厂每月因工人偷盗而引发的案例就不低于 20 起。为杜绝工人偷盗，各纱厂都在工厂门口设立检查岗，对下班的工人进行检查，由此出现我们在史料中见到的女工被检查身体的日本人乘机揩油的事。①当时工人偷盗的很大一部分原因是不满于日本侵华，有民族主义的意识。

日本全面侵华初期，上海纱厂女工的月平均收入为 12 ~ 15 元，②平均每天 0.4 ~ 0.5 元，与当时青岛纱厂的工人工资相差无几。此后，上海女工的收入有所增长。1938 年，女工的小时工资已略超 1936 年的 4.4%。③从 1939 年到 1941 年太平洋战争爆发前夕，由于战后人口激增，棉纺市场需求强劲，促使各厂扩大生产，上海纺织行业畸形繁荣，工资亦随之提高。1941 年，上海纺织女工的月工资达到 59.2 元。④当然，这一时期上海物价涨幅亦很大，"可说是直线形的向上，造成空前的'百物腾贵'现象"。总体上看，与青岛相同的是，上海纺织女工工资收入上涨的速度不及生活费上涨的速度。

对于当时青岛日商纱厂工人的工资待遇情况，日本的纺织工场主认为，虽然纺织工人的薪资处于一个较低水平，但相对当时一般中国人的薪资水平而言，收入还是比较高的，特别是相比广大的农民收入而言。当然，这只是日本方面的一面之词，相比在华日本棉纺企业获得的巨额利润，中国工人的工资可以说是九牛一毛。

青岛九大纱厂日本职员的工资高出中国工人工资很多倍。据 1941 年的纱厂档案记载，同年 11 月，富士纱厂董事中西喜一的月

①《大康纱厂庶务日记》，青岛市档案馆馆藏，档案号：B0041-002-00048-0018。
② 经先静：《战争时期上海女工的日常生活（1937~1945）》，博士学位论文，华东师范大学，2017，第 82 页。
③ 经先静：《战争时期上海女工的日常生活（1937~1945）》，第 91 页。
④ 经先静：《战争时期上海女工的日常生活（1937~1945）》，第 92 页。

薪为71900元，经理土屋理重的月薪为52800元，月薪最低的职员城本千惠子为9300元。[①] 1940年9月，富士纱厂工人日薪最高为1.28元，最低为0.35元，平均日薪为0.81元，如果一个月按30个工作日计算，工人的月薪最高为38.4元，最低月薪为10.5元，与日本职员的工资有天壤之别，更不要说，因为每月都有固定的休息日，工作天数不可能达到30天。而日本职员除了工资，还有各种补贴和津贴。《1941年下半期特别储金利息明细表》列举了职员的特别储金利息，其中中西喜一下半年的特别储金利息为2925元，土屋理重为1505元，城本千惠子为318元。[②] 相比之下，工人的津贴微乎其微。

战时青岛日商纱厂基本都建有工人宿舍、厂医院、子弟小学等设施。日本棉纺织企业主认为，像纺织工业这样连锁性较强的产业，其中只要有一个工序的劳动者出勤率不足就会对所有工序的作业造成不利影响。一般来说，通勤工的缺勤率较高，并且容易发生由于回乡长期缺勤的情况，所以，建工人宿舍是必要的。建工人宿舍也有助于保护、监督工人，因为大多数的工人都是出身农村的年轻男女，做好监督工作至关重要。同时，工人宿舍的建立也有助于工厂精神的涵养，工厂精神对于提升生产效率、优化产品品质、强化协同工作、控制工人思想、防止劳资争端发生等方面均具有非常重要的作用，而集体宿舍是涵养工厂精神的重要载体。

青岛日商纱厂的工人宿舍多采用砖瓦结构，通风、采光和卫生等条件还算不错。（参见表4-24）水谷国一的调查报告认为，无论是从外观还是内部构造而言，工人宿舍条件与其在家乡的住宅状态

① 《职员工资及大小把头赏金表》，青岛市档案馆馆藏，档案号：B0041-009-00602-0001-0001。
② 《职员工资及大小把头赏金表》，青岛市档案馆馆藏，档案号：B0041-009-00602-0001-0002。

差别较大，对工人而言，这是"巨大的恩惠"。① 这显然是日本人
调查报告的一面之词和刻意夸大。

表 4-24　青岛日商纱厂工人宿舍设施调查（1939）

工厂	种类	数量		总坪数	构造	建设时间	每坪价格
		栋数	户数				
富士	携家属	19	207	98456	砖瓦造平房	1921~1922 年	（现在价格）80 元
	单身	13		97342			72 元
丰田	携家属	39		2491	砖瓦造平房	1923~1924 年	（改造评定价）83 元
	单身	8		272			80 元
同兴	携家属		172	1370	砖瓦造平房	1935 年	（建设价格）约 70 元
	单身						
公大	携家属	88	536	4562	砖瓦造平房二层建筑涂混凝土	1923 年末至1924 年 6 月	（建设价格）银 15028 两
	单身	5	80	896			
上海	携家属		60	853	平房涂混凝土	1935 年 7 月	（建设价格）约 70 元
	单身		176	2507			
内外	携家属	1	750	3433	平房涂混凝土	1919 年 10 月、1922 年 10 月、1936 年改造	（改造价格）74 元
	单身			46			75 元
隆兴	携家属		30	1963	平房涂混凝土	1922 年 11 月	（建设价格）54 元
	单身			—			
大康	携家属	2	328	1952	平房涂混凝土	1920 年	（建设价格）约 60 元
	单身			1842			
宝来	携家属		363	2805	砖瓦造平房	不详	不详
	单身						

注：（1）携带家属的住宅分为一、二、三等；（2）建设费的数据从青岛土木建筑协会长服部获知。每坪单价大致为：七七事变前砖瓦造平房 50~60 元，七七事变后砖瓦造平房 90~110 元，日本人住宅 200 元左右。

资料来源：〔日〕水谷国一《青岛纺织劳动调查》，第 63~64 页。

---

① 〔日〕水谷国一：《青岛纺织劳动调查》，第 62 页。

据《青岛纺织劳动调查》记载，青岛日商纱厂宿舍一般分为携带家属的住宅和单身住宅两种，携带家属的住宅又可分为 A、B、C 三等，A 等级的面积为 10 坪至 12 坪。B 等级的面积为 6 坪至 8 坪，C 等级的面积为 4 坪至 5 坪。住宅按照不同的职务、级别进行分配，携带家属的上级职员、高级事务员等可选择条件最好的 A 等级。一般来说，日商纱厂中的上级职员和高级事务员大部分为日本人，但公大纱厂、上海纱厂规定，同等职级的携带家属的华人职员亦可以选择 A 等级住房。携带家属的一般职员、组长级别的可选择 B 等级的住房。携带家属的工人选择 C 等级的住房，单身工人则选择单身宿舍。从布局上来看，上海、公大等纱厂的携带家属的住宅每一户均有水泥围墙或者有铁丝网围起来的院子，还有放置杂物的储藏间，比较宽敞。单身宿舍则相对拥挤，为容纳更多的工人入住，房间里的炕很大，每户可以入住 8~10 人，入住者只限于同乡，通常入住者中的一人将其在家乡的母亲招来，给全屋人做饭。单身宿舍由上白班的工人和上夜班的工人错开使用。每一到两栋楼配置一个公用水龙头，在水龙头附近设置洗衣间。每一栋楼设置一个抽水式公共卫生间。各个级别的住宅均应缴纳一定的租金、水费、电费等，但相比当时青岛市内每月 3~5 元的房租，宿舍的租金相对便宜。①

一般来说，日商纱厂中的事务员和职员为日本人，可以选择条件最好的 A 等级。公大纱厂、上海纱厂的华人职员亦可以选择 A 等级的住房。一般职工、职员、组长级别的可以选择 B 等级的住房。工人选择 C 等级的宿舍，单身工人则选择单身宿舍。各个级别均应缴纳一定的租金、水费、电费等，但相比当时青岛市内每月 3~5 元的房租，日商纱厂工人宿舍的租金便宜一些。另外，富士、

① 〔日〕水谷国一：《青岛纺织劳动调查》，第 68~70 页。

隆兴、大康三个纱厂免租金，大康纱厂、隆兴纱厂工人宿舍亦不收取水费、电费。①

住宿工人占全体工人的比例实际上并不是很高，这与日本方面宣传的比较优越的工人宿舍条件不相符。大康纱厂居住在工人宿舍的工人占比在九大纱厂中最高，但仅达49%，内外棉和隆兴纱厂工人住宿舍的比例最低，仅为10%。但据1942年大康纱厂华工宿舍的档案记载，到1942年9月21日，大康纱厂华工宿舍共有2176名工人，其中成年男性588人，成年女性932人，男孩337人，女孩319人。② 这只是居住在工人宿舍的工人数量，不包括居住在职员宿舍的职员数，与水谷国一的统计数据相差较远，遗憾的是，我们尚未找到其他的有关大康纱厂住宿工人的数据，可以与之进行对比研究。

为了维持工人宿舍区的正常运转，日商纱厂需要投入一定的经费。据档案记载，大康纱厂华工宿舍的北宿舍位于四方区康宁路1号，北宿舍共分为一、二、三、四、五、六、七、八、九路，以及前路，共10条路，到1940年，总共有550户，1940年7~11月这5个月的宿舍投入费用合计1925元，其中材料费1595元、工资330元；平均每户的经费3.5元，其中材料费2.9元，平均每户0.60元。③ 纱厂还需要对工人宿舍进行一定的管理，当然，这种管理也很可能是日商纱厂控制工人的一种手段。1939年12月，大康华工宿舍发生盗窃事件，为加强治安，特设立了昼勤、夜勤，加强巡逻。④ 1940年3~4月，大康纱厂华工宿舍接连发生赌博事件，先后有20多个工人参与赌博，档案中详细记载了工人的姓名、年

---

① 〔日〕水谷国一：《青岛纺织劳动调查》，第68~70页。
② 《大康纱厂华工宿舍日记》，青岛市档案馆馆藏，档案号：B0041-002-00093-0142。
③ 《大康纱厂华工宿舍日记》，青岛市档案馆馆藏，档案号：B0041-002-00093-0109。
④ 《大康纱厂华工宿舍日记》，青岛市档案馆馆藏，档案号：B0041-002-00093-0004。

龄、工作部门、工号以及宿舍地址等信息。① 1943 年 8 月 2~8 日大康纱厂华工宿舍的卫生周记中记录了大康纱厂华工宿舍每日进行大扫除、清理下水道、进行大消毒等内容，还附有华工宿舍为防疫使用消毒剂情况的调查表、便所消毒情况统计表、屋外消毒剂使用情况统计表等。② 另外，为预防虎列拉等传染病，大康纱厂华工宿舍多次组织工人接种疫苗。

除内外棉、宝来、丰田三个纱厂外，其他青岛日商纱厂的工人宿舍内都设有工人俱乐部，主要的娱乐活动是演出中国戏曲、中国武术，以及放映电影，其中，戏曲和武术很多都由工人自编自演。大康纱厂工人宿舍内的戏曲演出在四方沧口地区非常有名，其他地方都来邀请他们表演。1940 年中秋节，大康纱厂华工宿舍区内演出京剧和柳腔剧，主要费用有：化妆品费、车马费、舞台装饰费、接待费等，大康纱厂给予 300 元的经费支持。③ 1943 年中秋节，大康纱厂华工宿舍区内又举行演出，合计支出 683 元，由纱厂列支。④ 另外，各个纱厂在住宅区里都设有公共洗浴设施，由宿舍管理员直接管理，允许工人及其家属免费使用。大康、隆兴两家纱厂每日均提供洗浴服务，公大、内外棉纱厂隔天提供洗浴服务，其他纱厂每周有两三次入浴时段。纱厂工人宿舍内的体育设施主要有秋千、单杠、乒乓球台等，内外棉、大康、隆兴三个纱厂还设有网球场。工人住宅区内设有商店和理发店，采取特许经营的方式，以保证价格稳定。宝来纱厂工人宿舍的理发店剃光头 10 钱、刮头 10 钱、刮胡子 10 钱。另外，为方便单身工人就餐，工人宿舍区内一般都设有公共食堂。

① 《大康纱厂华工宿舍日记》，青岛市档案馆馆藏，档案号：B0041-002-00093-0040。
② 《大康纱厂华工宿舍日记》，青岛市档案馆馆藏，档案号：B0041-002-00093-0176。
③ 《大康纱厂华工宿舍日记》，青岛市档案馆馆藏，档案号：B0041-002-00093-0139。
④ 《大康纱厂华工宿舍日记》，青岛市档案馆馆藏，档案号：B0041-002-00093-0183。

　　公大、富士、大康、隆兴、同兴和宝来六家纱厂均设有厂医院；内外棉、丰田和上海纱厂采用的是委托就医制度，厂医院只能诊疗轻症，重症患者需要送到市里的特约医院住院治疗。医生的聘金为：日本人 170 元至 300 元（包括补贴），华人 100 元至 150 元，护士（日本人）70 元到 90 元（包括补贴），华人 25 元到 30 元。每年经费最低需要 3000 元，最高 10000 元。[①] 日本全面侵华前，工人到厂办医院看病全部免费。战时厂办医院收费。20 世纪 30 年代，公大、内外棉、大康和隆兴等四个纱厂均设厂办私立小学；七七事变后，工厂、小学停办；此后，这些小学未再恢复。

---

　　① 《大康纱厂华工宿舍日记》，青岛市档案馆馆藏，档案号：B0041-002-00093-0180。

第五章 青岛棉纺织业的自救期
（1946～1949）

抗战胜利后，国民政府开始接收日伪产业，经宋子文提议，并经行政院通过，决定将敌伪纺织工厂及其附属事业由经济部接收，并成立中国纺织建设公司，以纯粹商业的方式来经营。[①] 1945 年 12 月 4 日，中国纺织建设公司在重庆宣布成立，时任经济部部长翁文灏担任董事长，聘束云章任总经理，李升伯、吴味经任副总经理。1946 年 1 月 2 日，总公司开始在上海办公，同时成立天津、青岛分公司，后增设东北分公司。不久又相继在重庆、西安、沙市、汉口、广州、南通、杭州、汕头、郑州、香港等地设办事处，负责购买原料及外销纱布。

中国纺织建设公司青岛分公司（下文简称中纺青岛分公司）成立伊始，就面临原料紧缺、电力供应困难、技术人才缺乏等诸多难题。中纺青岛分公司展开艰难自救，一方面在总公司的带领下，积极与政府协调，解决原料、动力问题；另一方面积极优化企业内部管理，提高劳动生产率，恢复一部分产能。但整体来看，这一时

---

① 杨德惠：《我国之棉纺织工业》，上海市商会商业月报社编《纺织工业》，1947 年 7 月，第 33 页。

期政治形势紧张，内战阴云密布，国民政府自顾不暇，工人人心惶惶，生产时断时续，生产能力与 30 年代鼎盛时期不可同日而语。据有关资料统计，1945 年 8~12 月，中纺青岛分公司的生产量不及全面抗战前的 40%，所开纱锭仅 1/4，工人待遇仅及 1937 年的 35%，加之物价高涨、交通阻隔，资金冻结，经营非常困难。[①] 到 1946 年 7 月，各厂的平均生产率恢复到全面抗战前的 80% 以上，所开纱锭达 24 万枚，织布机 5000 余台，每月生产棉布计 10 万余匹。[②] 1947 年下半年以后，中纺青岛分公司的生产经营开始陷入困境，直到 1949 年 6 月青岛解放。值得一提的是，青岛解放前夕，面对复杂的政治态势，中纺青岛分公司在中共地下党的领导下，自上而下发起了爱厂护厂运动，完整地保存了青岛各大纱厂的生产设备设施和技术人员，使棉纺织业成为新中国成立后最早恢复生产的行业，为此后青岛棉纺织业的发展奠定坚实基础。青岛棉纺织业为全国棉纺织业在 50~60 年代的发展和布局做出重要贡献。

第一节　中国纺织建设公司概况

1945 年 12 月 25 日，中国纺织建设公司最先对天津地区的敌伪纺织企业进行接收，先后接收棉纺厂 8 个，机械厂、印染厂、梭管厂、针织厂、化工厂各 1 个，由中纺公司天津分公司领导。1946 年 1 月 16 日，中国纺织建设公司开始分批接收上海地区的棉纺厂，先后共接收棉纺厂 18 个、印染厂 6 个、毛纺厂5个等，全部归总公司直接领导。与此同时，青岛地区的接收工作也正在展开。

---

① 杨德惠：《我国之棉纺织工业》，《纺织工业》，第 31 页。
② 《中国纺织建设公司青岛分公司概述》，《纺织周刊》第 7 卷第 18 期，1946 年 7 月，第 560~561 页。

图 5-1 中国纺织建设公司青岛分公司成立一周年合影

资料来源：中纺青岛分公司编《青纺统计年报》，1947 年。

到 1946 年上半年，中纺公司共接收工厂 85 个，主要分布在上海、天津、青岛、东北四地；以上海为最多，计 38 个，青岛 13 个，天津 10 个，东北地区 24 个。当时上海民众对接收人员的印象很不好，称接收人员"五子登科"，即房子、票子、车子、女子、物资。当时在收复区流行民谣："盼中央，望中央，中央来了更遭殃！"[①] 新闻媒体对这种现象也有报道。

据初步统计，中纺公司成立时有棉纺纱锭 170 万枚，占全国棉纺纱锭的 34%，线锭 33 万枚，号称"纱锭、线锭 200 万枚"。另外，还有棉织机 35322 台，毛织机 356 台，麻织机 1252 台，绢纺织机 363 台，以及 7 个印染厂。[②] 到 1948 年 1 月，中纺公司共有职员 5496 人，工人为 75000 人，其中总公司职员 591 人，上海各厂职员 2382 人，青岛分公司职员 850 人，天津分公司职员 845 人，东北分公司职员 580 人，各地办事处职员 248 人。[③] 中纺公司无论从生产规模还是人员配备而言，无疑是中国当时最大的棉纺织企业，也是中国纺织工业有史以来第一个大型国营集团。

据表 5-1，从各个地区来看，中纺公司各分公司毫无疑问是当地棉纺织业的主体，特别是东北地区，中纺公司东北分公司完全垄断了当地的棉纺织业。中纺公司天津分公司的纱锭数占到了天津棉纺织业的 85.2%，织机数占 97.7%。上海地区的民族棉纺织业非常发达，相比其他地区，虽然中纺公司上海分公司拥有的纱锭数、织机数远远超过其他地区，但其在上海当地棉纺织业所占比例并不算突出，纱锭数仅占当地纱锭总数的 39.2%，织机数仅占上海地区织机总数的 59.5%。青岛虽然有民族棉纺织企业——青岛华新纱厂，

---

① 吴云溥编《接收原来是劫收》，《中国近代经济史话》，江苏人民出版社，1984，第 124 页。
② 顾毓瑔：《回忆中纺公司》，中国人民政治协商会议全国委员会文史资料研究委员会编《工商经济史料丛刊》第 4 辑，文史资料出版社，1984，第 152 页。
③ 《青岛纺织史》，第 212 页。

但其实力相较中纺公司青岛分公司还是有相当的差距，所以，中纺公司青岛分公司无论是纱锭数还是织机数在青岛地区所占比例均在90%以上。

表 5-1　中纺公司各厂纱锭、布机数在国统区总数中的占比（1947）

地区	纱锭			布机		
	中纺（枚）	全体（枚）	中纺占全体百分比	中纺（台）	全体（台）	中纺占全体百分比
上海	866276	2212648	39.2	14170	23822	59.5
青岛	303046	335846	90.2	6908	7168	96.4
天津	332872	390589	85.2	8640	8840	97.7
东北	144199	144199	100.0	2604	2604	100.0
其他		1293005			11345	
合计	1646393	4376287	37.6	32322	53779	60.1

资料来源：严中平等编《中国近代经济史统计资料选辑》，第 112 页。

从中纺公司内部来看，虽然 1947 年中纺公司的棉纱生产量达到全国的 79%，占据着绝对的优势地位，但纱锭运转数占设备总数的百分比并不是很高，为 49.6%，不到一半。运转数比例最高的是上海地区，达 56.3%，其次是青岛地区，运转比例最低的是东北地区，只有 18.9%。（参见表 5-2）从中我们可以看出时局对经济活动的重大影响。

表 5-2　中纺公司各分公司纱锭、布机设备及运转数（1947）

地区	厂数	纱锭			布机		
		设备数（枚）	平均运转数（枚）	运转数占设备数百分比	设备数（台）	平均运转数（台）	运转数占设备数百分比
上海	20	897328	505074	56.3	18195	9878	54.3
青岛	8	324524	171775	52.9	7262	4078	56.2

续表

地区	厂数	纱锭			布机		
		设备数（枚）	平均运转数（枚）	运转数占设备数百分比	设备数（台）	平均运转数（台）	运转数占设备数百分比
天津	7	332872	163204	49.0	8640	4963	57.4
东北	5	223208	42231	18.9	5330	727	13.6
合计	40	1777932	882284	49.6	39427	19646	49.8

资料来源：严中平等编《中国近代经济史统计资料选辑》，第112页。

　　中纺公司的产品销路较好，除在国内销售外，还外销至南非、西非、印度、菲律宾、新加坡等地。1947年到1948年8月底，中纺公司共输出棉纱计51036件，棉布1946689匹，共换取美金3791万元。中纺公司向财政部上缴了大量盈余，以弥补巨额财政赤字。据统计，1946年，中纺公司上缴盈余391亿法币，1947年为5880亿法币，1948年半年即上缴29100亿法币，另外还有库存原棉108万担，羊毛1140吨以及其他的原料，尚未出售的成品棉纱42000余件，棉布322万匹以及部分的针织品和呢绒等等，① 由此可见，中纺公司的利润比较可观。中纺公司作为国营企业，还承担着国民政府军布军纱的生产任务，1946年生产军布30万匹，1947年350万匹，军用棉纱8400件，消耗棉花17万担。还承担着公教人员，以及机关技工、杂工的配售布匹的生产任务，每年所需春季布料约16万匹，冬季布料约20万匹，这些配售布匹均由中央银行支付。但由于货币贬值，中央银行付款时物价已涨，无法买回纺纱所需的棉花，中纺公司这两年损失棉花折合约80万担。直到新中国成立前夕，中央银行还拖欠中纺公司军布军纱款项计金圆券2万亿

---

① 《青岛纺织史》，第212页。

元。① 另外，1948 年以来，国内物价飞涨，货币贬值，国民政府为平抑物价，命令中纺公司所产棉纱、棉布压低销售价格，中纺公司因此损失巨大。

针对以前纱厂管理混乱、技术力量薄弱等问题，中纺公司进行了一些改革。纱厂人事问题一直为人诟病："很多人常说，中国纱厂过去失败的原因不是技术而是人事。这个人事指的是人事问题。确确实实我国纱厂没有一个人不感到人事问题头痛。"② 束云章也指出："中国纺织业界为什么办不好纺织事业呢？中国任何机构人事制度大多是私人交情，请面子，以致技术人员即使有什么改良的建议，在上者往往不顾，置之脑后，以致把事情越来越糟。"为了改变这种状况，在人事管理方面，中纺公司采用"为事择人、人适其事、人尽其才、人尽其用"的策略，不仅总公司聘用人才遵循此方针，下属各厂也是如此，由此延揽了大批的专业人才，下属各厂的厂长、副厂长都由总公司选任，多数由留学生或纺织业的行家担任。③ 而且"束云章用人尚能公开，不十分讲裙带关系。他的这种作风在旧社会还是不可多得的"。④ 人事改革对中纺公司迅速恢复生产起到了重要作用。

为改变中国纱厂管理落后、技术力量不足的状况，中纺公司重视经营管理规范建设，形成一套比较完善、科学的经营管理规章制度。《中国纺织建设公司法令章则汇编》近 700 页，分为十大部分：总则、工务、业务、人事、文书、会计、稽核、福利、统计和财务，并附设了大量的规章制度、生产标准、检验标准

---

① 顾毓琇：《回忆中纺公司》，《工商经济史料丛刊》第 4 辑，第 153 页。
② 《纺织周刊》第 9 卷第 8 期，1948 年 2 月 28 日，第 124 页。
③ 王菊：《近代上海棉纺织业的最后辉煌（1945~1949）》，上海社会科学院出版社，2004，第 48 页。
④ 傅道伸：《我所知道的束云章和雍兴实业公司》，《陕西文史资料》第 17 辑，陕西人民出版社，1986，第 292 页。

等，范围之广、内容之详尽，令人叹为观止。① 中纺公司在经营
管理方面的成就得到社会的认可，"中纺公司所属纺织厂在工程
设计、标准规格、研究试验、培训进修、统计报表等工作，确实
比民营纺织厂成功……中纺公司在纺织技术和管理方面的实践经
验，对以后纺织工业有计划的发展，起到良好的借鉴作用"。② 关
于中纺公司的历史地位，1946 年 11 月 13 日中纺公司副总经理吴
味经报告"外界对中纺公司之意见"时指出："中纺公司初开办
时，国人鉴于过去国营事业之失败，均以怀疑期待之目光相视。
嗣后中纺公司次第接收各厂并于短期内复工并积极增产，一般意
见均认为，中纺公司机构健全，人选整齐，操守亦尚清白，故其
工作效率甚高"。③ 纺织业界对于中纺公司的评价同样如此，比如
"从技术的立场来说，中纺公司的生产效率比一般民营纱厂为高，
网罗人才比民营纱厂多，办理工厂比民营纱厂好，这也许［是］
公论"。④ 当然，中纺公司也存在不足，总经理束云章曾撰文指出：
纺织专业技术人才的缺乏、经营管理人才的匮乏、纺织机械绝大部
分依赖进口等问题，都制约着中纺公司的发展。⑤

第二节　中纺青岛分公司成立

国民政府接收人员尚未抵达青岛时，青岛市市长李先良已将各

---

① 中国纺织建设公司编《中国纺织建设公司法令章则汇编》，青岛市档案馆馆藏，档
　　案号：B0041-0009-00307-0001。
② 忻鼎新：《纺织工业在战后的恢复与调整》，《中国近代纺织史研究资料汇编》第 7
　　辑，1990，第 13 页。
③ 《中纺公司厂长会报纪录（41～50 次）》，上海市档案馆馆藏，档案号：Q192-
　　62-26。
④ 《纺织周刊》第 9 卷第 4 期，1948 年 1 月 23 日，第 49 页。
⑤ 中华民国机器棉纺织工业同业公会联合会编《全国纺织业联合会第二届大会特
　　刊》，1947，第 14～15 页。

日伪纱厂接收，并派人管理，[①] 以减少物资损失及救济失业工人，并继续监督生产，以待经济部鲁豫晋区特派员办公处接收日伪纱厂。1946 年 1 月 13 日，中纺青岛分公司经理范澄川等一行 70 余人由重庆飞抵青岛。1 月 25 日，开始接收大康、内外棉、隆兴、丰田、上海、公大、宝来、富士、同兴等九大日商纱厂，并在接收后按上述顺序更名为中纺第一至第九棉纺织厂。到 1946 年 11 月，中纺青岛分公司共接收 22 个单位，承购 4 个单位，共计 26 个单位。（见表 5-3）后按照政府的协定，将第七纺织厂发还华新纺织纱厂。另外，还接收丰田式铁工厂，改为中纺第一机械厂，专门从事纺织机械及配件的生产。改组日华兴业会社瑞丰染厂为中纺青岛分公司

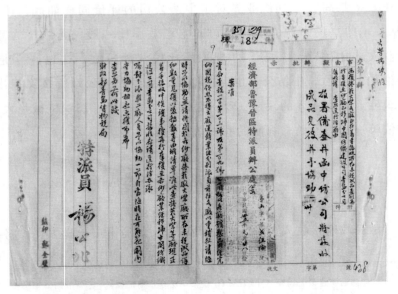

图 5-2　关于纱厂移归中国纺织建设公司青岛分公司接收的函（1946）
资料来源：青岛市档案馆馆藏。

---

① 周志俊：《青岛华新纱厂概况和华北棉纺业一瞥》，《工商经济史料丛刊》第 1 辑，第 27 页。

第一印染厂，将和顺染织厂、大信针织厂两厂合并为中纺第一针织厂，将华北木梭工厂和曾我木工厂均归并于第一机械厂，合并成立青岛木梭木管工厂。承购制药会社、鑫和橡胶厂、兴亚农药厂三厂，并合并为化工厂，主要生产烧碱、漂白土、土耳其红油等。

表 5-3　中纺青岛分公司接收单位基本情况一览

接收前名称	接收后名称	地址	处理办法
大康纱厂	中国纺织建设公司青岛第一纺织厂	四方	复工并增开纱锭布机
内外棉纱厂	中国纺织建设公司青岛第二纺织厂	四方	复工并增开纱锭布机
隆兴纱厂	中国纺织建设公司青岛第三纺织厂	四方	复工并增开纱锭布机
丰田纱厂	中国纺织建设公司青岛第四纺织厂	水清沟	复工并增开纱锭布机
上海纱厂	中国纺织建设公司青岛第五纺织厂	水清沟	复工并增开纱锭布机
公大纱厂第五厂	中国纺织建设公司青岛第六纺织厂	沧口	复工并增开纱锭布机
宝来纱厂	中国纺织建设公司青岛第七纺织厂	沧口	1946 年 10 月移交华新
富士纱厂	中国纺织建设公司青岛第八纺织厂	沧口	复工并增开纱锭布机
同兴纱厂	中国纺织建设公司青岛第九纺织厂	沧口	复工并增开纱锭布机
大信针织厂	中国纺织建设公司青岛第一针织厂第一工场	东山路	复工
和顺染织厂	中国纺织建设公司青岛第一针织厂第二工场	华阳支路	复工
晨光手巾厂	附设第七纺织厂		发还民营
华北纤维股份有限公司青岛支店	中纺公司青岛分公司接收	大沽路	仓库及职员宿舍

接收前名称	接收后名称	地址	处理办法
青岛纺织同业公会青岛支店	中纺公司青岛分公司接收	馆陶路	
东洋棉花株式会社青岛支店事务所	中纺公司青岛分公司接收	冠县路	分公司
华北木梭工厂	中国纺织建设公司青岛木梭木管工厂	水清沟	并归第一机械厂
曾我木工厂	附设第一机械厂	水清沟	并归第一机械厂
东亚重工业分厂	附设第一机械厂	水清沟	购并第一机械厂
三亚兴业株式会社	第四纺织厂内	辽宁路	并归第四纺织厂
日华兴业株式会社染色加工织布工场	中国纺织建设公司青岛第一印染厂	水清沟	
丰田式铁工厂	中国纺织建设公司青岛第一机械厂	水清沟	
东莱化学工业厂	附设第四纺织厂		并归第四纺织厂接收
金井工业株式会社			
第一工业制药株式会社	中国纺织建设公司青岛第一化工厂		价购
兴亚农药株式会社	合并第一化工厂		价购
曹达工厂	附设第五纺织厂		价购

资料来源：《青纺统计年报》，1946年，第7页。

在中纺青岛分公司的历史上，范澄川是一个值得提及的人物。范澄川（1896~1995），原名新度，湖南长沙人，近代著名纺织企业家。1935年，任湖南第一纺织厂厂长。1937年，范澄川与作为中国银行纺织事业负责人的束云章相识。抗战期间，束云章几次邀请他到中国银行工作。1945年，抗战胜利后，在束云章的推荐下，他担任中纺青岛分公司的经理。在他的领导下，中纺青岛分公司积极恢复生产。青岛解放前夕，他配合中共地下党组织公司职工开展护厂运动，卓有成效，为新中国成立后青岛纺织工业的发展奠定基础。新中国成立后，范澄川历任华东纺织管理局副局长、山东省政府委员、中国纺织工业部纺织科学研究院副院长等职务，1995年在北京逝世。

图5-3　范澄川

资料来源：青岛市档案馆馆藏。

　　在中纺公司的接收过程中，对原有物资材料的处理是一个大问题，青岛分公司情况亦然。青岛地区接收的敌伪资产大体可分为三大类：一为原料；二为不动产及机械设备；三为纱布及成品。按照1946年4月接收敌伪工厂物资估价表显示，青岛第一至第九纺织厂等12家企业的资产达750余亿元。①

　　接收物资种类繁杂，数量庞大，且责任重大。为做好这项工作，1946年4月1日，中纺青岛分公司特成立处理室，专门负责

---

① 《青纺统计年报》，1946年，第5页。

接收物资的清点、整理并提出处理意见。处理室对各类物资先进行清点、整理、开列品名、核对数量、安排存放地点，并估价，编制销售敌伪物资申请书，待申请批准后，依所确定的数量与价格，进行处理。处理方式有 6 种：外运、拍卖、标售、盘售、平售、价拨。[①] 接收的房产、机器等固定资产，由各厂继续使用。纱布及成品由业务课及处理室遵照敌伪产业处理局指示办法进行处理。一部分棉纱设立门店进行销售，间有拍卖及标售。另外，还有 989 包棉纱运往上海销售，这些接收品按章免税，成本较低，所以通过销售棉纱各厂获得一些收益。一部分布匹划拨给军队做军服，原因是抗战胜利后，军队调防来青较多，军用布匹需求量较大。据统计，先后划拨军政部胶济区特派员办公处各种布匹计 56300 匹，并拨中国军服 2835 套，军袜 5000 打，军手套 8050 打，卷脚襻 29988 付，五分漂带子 1000 卷。另外，还划拨华北被服呢革总厂各种布匹共计 150000 匹，均按军布定价，每匹 18000 元，作为优待。[②] 其余布匹进行零售，从 1946 年 1 月至 4 月，敌伪产业处理局在青岛市内设了 4 所平售处：1946 年 6 月在中山路设第一平售处；1946 年 8 月在大沽路商会会址设第二平售处；1946 年 10 月，于台东镇设第三平售处；后于四方又设第四平售处。四个平售处累计售出各种布匹 20 余万匹又 3 万余码，据敌伪产业处理局初步估计，平售收入不下 90 亿元，全部归入国库。另外，接收物资中有相当部分的警防团服、军服、劳工服、中学生服及其他制服。当时流亡在青岛的学生约 9000 人，棉衣被褥无着，中纺青岛分公司经与敌伪产业处理局商量，免费拨给各流亡中学棉花共计 25767 市斤，每人可得 8 市斤，并派卡车分送各校，让学生早获温暖，安心学习。另外，善后救济总署济青分署还将 61600 套棉衣转给青岛市及附近区域难民御

---

① 《青岛纺织史料》，第 151 页。

② 《青纺统计年报》，1946 年，第 6 页。

寒。在接收的物资中，还有相当部分现金，由各厂或分公司会计课上缴中央银行。到 1946 年底，接收工作告一段落。①

从组织机构来看，中纺青岛分公司最高设董事会，董事会下设总公司（设总经理和副总经理管理），总公司下设分公司、秘书室、总务科、业务课、工务课、材料课、会计课、机建室、统计室、员工福利委员会、驻青稽核室、四方总库、汽车调派所、检验室、化验室、整理工作团、处理室、视导团、九大纺织厂（因第七厂后发还华新纱厂，实为 8 个厂）、第一机械厂、第一印染厂、第一针织厂和济南办事处，以及高密收花处、海州收花处和张店收花处等。② 可以说机构比较庞大、复杂，以致职权不清。

1948 年，中纺青岛分公司领导层认为，整个公司仍权责不明，运作紊乱，机构亦庞杂不清，如化验室、四方总库、整理工作团、原棉成品两个检验室，均无明确的主管。机械厂、梭管厂、化工厂、印染厂、针织厂各厂的工务与业务亦无负责审核人员，人事与福利未能统一筹办，建筑与机电勉强混为一室，以致职权不清，互相推诿等。于是决定进行机构改革，主要有：一是设立人事室，承担原属总务科的登记考核业务。二是将工务课改为工务室（处），主管全厂一切工务，下设纺织组和机电组，由一名总工程师主持。三是在总务科下增设运输、建筑、出纳三股。③

第三节　中纺青岛分公司运营情况

1946 年初，中纺青岛分公司接收各厂后，陆续开工复产。根

---

① 《青纺统计年报》，1946 年，第 6 页。
② 《青纺统计年报》，1946 年，第 1 页。
③ 中国纺织建设公司青岛分公司编《青纺旬刊》第 1 卷第 4 期，1948 年 10 月 5 日，第 2~3 页。

据中纺青岛分公司的运转统计数据来看，自 1946 年 1 月接收后开日班，7 月份增开夜班。1947 年 11 月至 1948 年 3 月，因燃煤缺乏而减工，1948 年 8 月后因棉、煤短缺而减工。中纺青岛分公司一年 365 天，除星期日休息 52 天，国定假 5 天，旧历年假 2 天，实有工作天数 306 天。1946 年，各厂的开工率均在 90% 左右，最高的是中纺青岛分公司一厂，开工率达到 92.48%。1948 年后，各厂的开工率均下降，最高的约为 75%。[①]

范澄川、王新元在《青纺半年》中记载：所开纱锭从 1946 年 2 月份的 4.5 万余枚增加到 7 月份的 40 余万枚，增加了 7.89 倍。织机由 2 月份的 1600 台增加到 7 月份的 9000 余台，增加了 4.63 倍。棉纱产量由 2 月份的 375992 磅增加到 7 月份的 3459810 磅，增加了 8.2 倍。棉布产量由 2 月份的 1596276 码增加到 7 月份的 8469449 码，增加了 4.3 倍。[②]

表 5-4 的统计数据与范澄川、王新元二人所述数据有所出入，但不管从哪组数据来分析，这一时期中纺青岛分公司的生产总量和生产效率确实在不断增加和提高。

表 5-4 纺纱工厂 8 个月的工作情形 （1946 年 2~9 月）

日期	所用原棉（斤）	共开纱锭（枚）	所纺支数	共产布纱（匹）	平均工资（元）
二月	122717	302230	4.5、20、23	92672	
三月	179568	473754	4.5、23、32	151292	29340.5
四月	198061	561120	20、23、32、42	147813	30162.10
五月	209423	732597	20、23、32、42、60	189576	49842.13
六月	216010	794111	20、23、32、42、60	214934	69660.78

---

① 《各纺织厂工作天数统计》，中国纺织建设公司青岛分公司编《青纺三年》，1949 年 6 月，第 45 页。

② 范澄川、王新元：《青纺半年》，《青岛纺织史料》，第 161 页。

日期	所用原棉 （斤）	共开纱锭 （枚）	所纺支数	共产布纱 （匹）	平均工资 （元）
七月	309955	997893	20、23、32、42、60	317853	73862.96
八月	403679	1302267	20、23、32、42、60	402342	76729.09
九月	433036	1398163	20、23、32、42、60	409526	76793.02

资料来源：中国纺织建设公司青岛分公司编《青纺月刊》，1946 年 11 月 30 日，第 31 页。

据统计，从 1946 年 2~9 月，中纺青岛分公司无论是原棉消耗量、所开纱锭数量还是布纱产量均在不断增加，其中原棉消耗量增加 2.53 倍，纱锭增加 3.63 倍，布纱产量增加 3.42 倍。可以看出，1946 年 2~9 月，按照 1946 年 7 月份的统计，每纺锭扯作 20 支纱，每 10 小时平均产量为 0.456 磅，每台织机每 10 小时平均产量为 36.2 码，这个效率虽不及日本纺织厂最高水准，但较之民营纱厂，已有进步。[1] 中纺青岛分公司的生产成本在逐步下降，生产效率在逐步提高。到 1947 年初，梳棉车工 1 人可管理 32 台机器，1 名工人可管理并条及粗纱机 2 台。细纱车工每人可负责 600~1000 锭。[2] 从中纺青岛分公司内部各厂来看，第一棉纺厂（大康纱厂）、第二棉纺厂（内外棉纱厂）的生产效率在中纺 8 个公司中处于较高水平，如 1946 年 12 月 3~9 日的周统计数据表明第二棉纺厂的棉布机器运转率为 87.66%，棉纱机器运转率为 90.2%；而第六棉纺厂的棉布生产效率最低，仅为 69.52%，第八棉纺厂的棉纱生产效率最低，仅为 69.93%。[3]

1947 年 2 月 3 日，中纺青岛分公司召开成立一周年大会，范澄

---

[1] 范澄川、王新元：《青纺半年》，《青岛纺织史料》，第 161 页。
[2] 《青纺月刊》，1946 年 11 月，第 31 页。
[3] 《中纺公司青岛分公司各厂棉布生产效率比较周报》，青岛市档案馆馆藏，档案号：B0041-007-02954-0001-0005。

图 5-4　第一棉纺厂（原大康纱厂）鸟瞰图（1948）

资料来源：青岛市档案馆馆藏。

图 5-5　第二棉纺厂（原内外棉纱厂）鸟瞰图（1948）

资料来源：青岛市档案馆馆藏。

图 5-6　第三棉纺厂（原隆兴纱厂）鸟瞰图（1948）

资料来源：青岛市档案馆馆藏。

川对全年的工作做了总结。他指出，一年来中纺青岛分公司取得的
成绩主要有：一是生产量增加。1946 年 2 月至 1947 年 2 月，全年
生产棉纱 85600 件，生产棉布 190 万匹，纱锭增加 12 倍。二是工
人人数增加，工人数量增加 3 倍，工人所得增加 10 倍，职员人数
增加 8 倍，平均每人所得增加 3 倍。① 1949 年初中纺青岛分公司成
立三周年，范澄川又做了总结：1946 年全年各厂纱锭运转数为
97214705 枚，1947 年增加到 164244249 枚，但 1948 年又减少到
138655565 枚；如以 1946 年全年的运转数为 100%，则 1947 年为
168%，1948 年为 140%。1946 年各厂布机运转数为 2289184 台，
1947 年增加到 3606988 台，到 1948 年又减少到 2007121 台；如以
1946 年全年的运转数为 100%，则 1947 年为 157%，1948 年为

---

① 《平民报》1947 年 2 月 3 日。

131%。1946 年全年生产棉纱 105486.93 件（扯 20 支纱的件数），1947 年增加到 192124.45 件，到 1948 年又减少到 167609.10 件；如以 1946 年全年产量为 100%，则 1947 年为 182%，1948 年为 159%。1946 年全年棉布产量为 906130 匹，1947 年增加到 3192505 匹，到 1948 年又减少到 2799875 匹；如以 1946 年全年产量为 100%，则 1947 年为 352%，1948 年 309%。[①] 我们可以看出，中纺青岛分公司这三年的生产情况大致为：先上升后下降，1946 年上升，到 1947 年达到顶峰，1948 年开始回落。这一现象发生的主要原因，范澄川认为有三个：一是技术人员缺乏和专业水准不够。抗战胜利后，全国的纺织技术人才都比较缺乏，很多人不愿意北上，技术人才的缺乏是中纺青岛分公司在工务上的主要弱点之一。二是棉煤供应的困难，尤其是 1948 年以来，不是棉花不够，就是煤炭缺乏，有时棉煤两缺，无法顺利生产。三是员工生活不安定，由于物价不断上涨，时局动荡，大家都在顾虑自身的安全和生活，无法全力投入生产。[②] 实际上，主要原因在于时局动荡不安。

从生产成本来看，1946～1948 年三年间，中纺青岛分公司的生产成本不断攀升。[③] 据相关记载，1946 年得益于美国棉花的大量供应，生产成本比较低。但自 1947 年 7 月至 1948 年 12 月，60 支纱的单位成本涨幅高达 7566 倍。1947 年 7 月，60 支纱的单位成本仅为 0.1678 法币（亿元），到 1948 年 12 月则为 1269.6627 法币（亿元）。32 支纱单位成本涨幅次之，一年半时间上涨 7000 倍。同时期，20 支纱单位成本上涨 6000 倍。10 支纱单位成本涨幅最小，但

---

① 《青纺旬刊》第 2 卷第 4 期，1949 年 1 月 5 日，第 3 页。
② 《中纺青岛分公司经理范澄川在青纺成立三周年纪念大会上的致词》，《青岛纺织史料》，第 260 页。
③ 1948 年 8 月 19 日，国民政府改革币制，发行金圆券。1947 年 1 月至 1948 年 7 月，采用法币和金圆券两种单位计值，法币整数部分以亿为单位，小数部分以万元为单位。金圆券以元为单位。金圆券与法币比值为 1：3000000。

图 5-7　中纺青岛分公司纺纱组图（1946）

资料来源：《青纺统计年报》，1946 年。

也达到了 5500 倍。[①] 主要棉布生产成本与棉纱相类，上涨幅度最大的咔叽的生产成本一年半上涨 8000 倍，涨幅最小的亦达到了 5500 倍。[②] 以中纺青岛分公司生产的 12 磅细布为例，其平均成本为：原料费占 60%，主要是棉纱成本价；人工费占 10.3%，主要是工人工资；制造费用占 20.3%，包括间接材料、水电煤炭、修缮及其他制造费用；管理费占 9.4%，包括厂内管理层员工薪金、办公费

---

① 《主要棉纱单位制造成本（1947 年 8 月～1948 年 12 月）》，《青纺三年》，第 23 页。
② 《主要棉布单位制造成本（1947 年 8 月～1948 年 12 月）》，《青纺三年》，第 24 页。

图 5-8　中纺青岛分公司织布组图（1946）

资料来源：《青岛统计年报》，1946 年。

等。[1] 从原材料费用来看，中纺青岛分公司所用的棉花都是美棉，价格仅为市价的一半。但即便这样，原料费用和制造费用两项相加占到总成本的 80% 以上，还不包括应摊的官息、保险、折旧等费以及分公司、总公司的业务费在内，如果加上这些费用，生产成本会更高。生产成本的攀升，导致开支的增加。1946~1948 年三年间厂务费用也一直在增加。厂务费用主要包括四大项：职工薪给、职工福利和膳宿、水电费，以及其他各项费用，如邮电费、旅费、保险费、包装费等。1946~1948 年三年平均而言，职工薪给约占 35%，职工福利及膳宿约占 16%，水电费约占 15%，其他各项费用约占 34%。[2] 其中 1947 年比 1946 年上涨 6.5 倍，1948 年比 1946 年上涨 59 倍。假定 1946 年厂务费用为 100，则 1947 年的厂务费用为

---

① 范澄川、王新元：《青纺半年》，《青岛纺织史料》，第 166~167 页。

② 《厂务费用（1946~1948 年）》，《青纺三年》，第 21 页。

652，1948 年的厂务费用为 5921。[①]

因当时青岛与内陆交通不畅，中纺青岛分公司的产品大部分在本地销售，少部分运往天津和上海销售。从 1946 年 1~9 月，中纺青岛分公司生产的棉布的 66.8%在青岛本地销售，27.4%运往天津销售，5.8%运往上海销售。54.5%的棉纱在青岛本地销售，20.2%运往天津销售，25.3%运往上海销售。[②] 1946~1948 年三年间，中纺青岛分公司所生产的棉纱的 78.52%在青岛本地销售，21.48%销往外地。在外销的 7950 件棉纱中，6950 件被销往上海，占 87%，900 件被运往天津销售，占 11.3%，100 件运往济南，占 1.3%。需要指出的是，运往上海的棉纱并不完全在上海销售，一部分是经上海运往别的地区。[③] 与棉纱相比，棉布的销售地点更为多元，这一时期中纺青岛分公司所生产的棉布的 75.76%在青岛本地销售，24.24%运往外地销售，主要外销地是上海、天津、济南、南京、沈阳等，上海一直是中纺青岛分公司棉布外销的重点城市。[④]

从产品价格来看，受时局影响，纱布价格波动较大。以青岛、天津、上海三地而言，1946 年，天津的纱布价格一直领先，上海次之，青岛最低。但棉花价格最高的却是青岛，因为青岛无棉花可收，全靠外国或外埠供给，这可能也是中纺青岛分公司的利润相对上海的纱厂较低的重要原因之一。范澄川曾从纱布成本、盘价以及市场价格三方面对 1947~1948 年的青岛棉纱、棉布价格进行分析，他指出，1947 年 7 月，棉纱的成本、盘价、市价三者的关系为：以成本为 100，则盘价 105，市价 109；棉布的成本、盘价、市价三者的关系为：以成本为 100，则盘价 106，市价 109。到同年 12 月，这个数据

① 《厂务费用（1946~1948 年）》，《青纺三年》，第 21 页。
② 范澄川、王新元：《青纺半年》，《青岛纺织史料》，第 165 页。
③ 《成品外运统计（棉纱外运量）》，《青纺三年》，第 9 页。
④ 《棉布外运量》，《青纺三年》，第 10 页。

便变动了，即棉纱以成本为 100，则盘价 90，市价 93；棉布以成本为 100，则盘价 79，市价 84，即成本价高于市价，公司陷于亏损之中。1948 年上半年情况有所改善，但到了下半年，情况恶化，市价又开始低于成本价，这是"八一九"以后所谓新经济政策施行的结果。当时的中纺青岛分公司不仅需要配合政策，以低于成本的价格配售纱布，而且还受当地政府的统制，不能自由出口，被迫在本市以廉价出售，但买进原料又必须通过上海，加上运到青岛的运费，原料价格一般要比上海高 5%，但成品售价反而比上海市价低 5%，损失很大。[1] 在统制政策的管控下，青岛地区棉纱价格上涨 35%，棉布上涨 70%，同期粮食上涨 10 倍，煤炭上涨 8 倍，工资上涨 5 倍，相比其他生活物资，纱布的价格上涨幅度是最小的。[2]

表 5-5　上海、天津、青岛 20 支棉纱平均市价比较 （1946）

地域	品名	单位	2 月（元）	6 月（元）	12 月（元）	总平均（元）
上海	20 支棉纱	每件	1008000	1377391	2400400	1503760
天津	20 支棉纱	每件	1336000	1498000	2247500	1675828
青岛	20 支棉纱	每件	985000	1263600	2200833	1483413

资料来源：《青纺月刊》，第 46 页。

表 5-6　上海、天津、青岛 12 磅细布平均市价比较 （1946）

地域	品名	单位	2 月（元）	6 月（元）	12 月（元）	总平均（元）
上海	12 磅细布	每匹	57925	53570	102692	64178
天津	12 磅细布	每匹	49760	64603	99230	70258
青岛	12 磅细布	每匹	32575	55892	85726	57364

资料来源：《青纺月刊》，第 46 页。

---

[1]　《中纺青岛分公司经理范澄川在青纺成立三周年纪念大会上的致词》，《青岛纺织史料》，第 261 页。

[2]　范澄川、王新元：《青纺半年》，《青岛纺织史料》，第 165 页。

整个中纺公司的利润问题，当时备受各界关注。1946 年 5 月 27 日《民主报》上《中国纺织建设公司历年的利润及其分配》一文载："5 月 25 日，立法院举行第 300 次会议，讨论孙九录等 30 余人之临时动议 1 件，拟请行政院宋子文院长列席会议，报告财政真实情况并备质询。以上海中国纺织公司而言，该公司全部纱厂每天出纱 1000 包计，以每包 150 万~190 万元的价格出售，则每包纱的成本连税共 60 万元，平均每包可获纯利约 60 万元，每天可获利 6 亿元，今以每月开工 25 天计，获利 150 亿元，每年所获纯利甚巨而达 1800 亿元，此巨大之利益对国家财政有极大帮助，但未审运用如何？"[①] 立法院最后讨论结果如何，并没有记载，但从中我们可以看出当时人们对中纺公司利润的关注。中纺公司在向经济部的工作报告中对公司的盈利情况进行了剖析，指出：公司成立之初，政府拨给资本 10 亿元，营运资金 50 亿元，同时接收敌伪工厂所存的原料物料价值约 193 亿元，总计成本为 253 亿元。但公司所辖工厂太多，经营范围广，加上机器设备、损坏物料原料需维修和补充，按照 1946 年 1 月的物价指数来折算，没有 1500 亿元以上不能经营。若以年终物价论，则至少需要 8000 亿元以上才能运转，故中纺公司成立时，就不得不从银行借贷购料。好在生产恢复较快，经营获利，到年终不但还清了银行贷款，而且交国库 800 亿元，未转账的军用纱布 1000 余亿元，全部纯收入达到 5776 亿元。此外，又另提折旧准备金 516 亿元，存棉花 100 余万担，羊毛 126 万磅以及染料等多种。未售出的棉花 38000 余件。棉布 150 余匹及呢绒、针织品等，均按成本列账；如按目前的市价估计，则全部纯利润应在 1 万亿元左右。[②]

---

① 陈真编《中国近代工业史资料》第 3 辑《清政府、北洋政府和国民党官僚资本创办和垄断的工业》，第 1398 页。

② 中国纺织建设公司《1946 年度向经济部的工作报告》（经济部档案资字第 21 号），陈真编《中国近代工业史资料》第 3 辑《清政府、北洋政府和国民党官僚资本创办和垄断的工业》，第 1399 页。

据此推测，中纺公司的利润还是比较可观的。另外，据中纺公司
1947 年度报告记载，1946 年，整个公司（包括上海和各地分公司
各类企业）总盈余 3375.51 亿元（约相当于黄金 175 万两），其中
扣除资本官利 1408.96 亿元和所得税 1575.42 亿元，盈余约为
391.13 亿元（约相当于黄金 20 万两）。1947 年盈余 12080 亿元
（约相当于黄金 45 万两），扣除资本官利 1400 亿元和所得税 4800
亿元，盈余为 5880 亿元（约相当于黄金 22 万两）。盈余中还包括
一部分未出售的成品的成本价，以及原料价。[①]

　　有资料记载，到 1947 年春，中纺青岛分公司的利润每月除去
开支，占整个中纺公司利润的 31%。[②] 有的资料以 1946 年 8 月 28
日上海双马牌 20 支棉纱价格每件 1170000 元和龙头牌细布价格每
匹 47000 元为标准，进行推算指出，细纱 20 支每件耗用原棉 3 担
半，每担以 85000 元计算，共 29.75 万元，加工费 30 万元，每件
纱的成本大约 60 万元。至于棉布，以 20 磅细布计算，需用原纱每
锭 2 万元，加工费约 1 万元，成本为 3 万元，由此推算出当时中纺
上海分公司的利润在 50% 以上。[③] 如果这一数据确凿，则上海分公
司的利润高于青岛分公司的利润，这应该是符合实际情况的。虽然
从棉纺织机器设备来看，这一时期青岛的机器更为精良，而中纺上
海分公司的机器设备比较陈旧，但从生产效率来看，上海分公司的
生产效率一直高于青岛，生产效率高，利润自然也高。

第四节　华新纱厂"起死回生"

　　1937 年 9 月，随着日本侵华的加剧，青岛市市长沈鸿烈下令

---

① 《中国纺织建设公司三十六年度工作总报告》，第 3 页，转引自王菊《近代上海棉纺织业的最后辉煌（1945~1949）》，第 147 页。
② 《中国纺织建设股份有限公司青岛分公司概况及在中国价值地位》，第 19 页。
③ 《中国纺织建设股份有限公司青岛分公司概况及在中国价值地位》，第 4 页。

工厂内迁，周志俊与重庆华西公司签订契约，计划拆卸纱机 2 万
锭，布机 200 台及大宗印染设备，将之转移内地生产，并将青岛厂
房及所余设备作价法币 170 万元，卖给美商中华平安公司，以求保
护。① 同年 12 月，华新纱厂拆机装船，准备运赴重庆，但在长江
口岸被日军封锁，货轮被迫在上海停留。周志俊遂改变计划，在上
海买地，先后开设了信和纱厂、信孚印染厂和信义机器厂，形成相
互联合的"三信"企业。

　　1937 年 12 月 13 日，青岛华新纺织有限公司与美商中华平安公
司签订合同，将纱厂以法币 170 万元卖给后者。② 日本第二次占领
青岛后，日本棉纺织巨头看到日本在青棉纺织企业都受到极大冲
击，只有华新纱厂安然无恙，遂起了吞并之意。不久，日本方面竟
将平安公司中方经理顾志恒扣押在宪兵队内，强迫他签字卖出华新
纱厂，但遭到顾的拒绝。美国驻青领事馆虽多次出面调停，但都未
奏效，平安公司只好将华新纱厂作价日金 196 万元卖给日商宝来纱
厂，平安公司与华新纱厂原来的契约随之失效。③ 抗战胜利后，按
照国民政府规定，凡被迫出售及售价不及原值一半的均可以申请赎
回。1937 年华新纱厂资产总值为 509 万元，除南迁上海部分价值
110 万元外，尚余资产价值 399 万元，但仅以 170 万元售与宝来纱
厂，售价仅为价值的 42%，④ 符合赎回的条件。为赎回青岛华新纱
厂，周志俊多方沟通，当时美国平安公司美籍总经理樊克令建议，
聘请陈纳德空中运输公司副经理卫乐尔为平安公司协理，以便用
美商名义收回华新纱厂，将青岛华新纱厂变为外资企业，但周志

---

① 周小鹃：《周志俊小传》，第 108 页。
② 《美商中华平安公司有关棉纱布房地产等事的联系》，青岛市档案馆馆藏，档案号：
　　B0041-008-00011-0210～0217。
③ 《关于纱厂职员子女辅助金及机电技工训练班简章、职员请假规则等规章制度》，
　　青岛市档案馆馆藏，档案号：B0041-008-00017-0050。
④ 周小鹃：《周志俊小传》，第 61 页。

俊拒绝，他仍寄希望于国民政府，希望通过国民政府申请发还。当时青岛华新纱厂已由青岛市政府接收，成为中纺青岛分公司的第七棉纺厂。周志俊无奈，只好利用私人关系，数次前往南京，陈明理由，疏通宋子文，才得以赎回华新纱厂。1946 年 11 月 11日，周志俊正式将青岛华新纱厂赎回，原售价 170 万元按当时汇价折合美金 502164 元，再以赎回时外汇官价折合伪法币1682249609 元分四个月交清。至于日商增益部分，由中纺公司和敌伪产业处理局共同估价为伪法币 1701486977 元，华新纱厂分24 个月付清。①

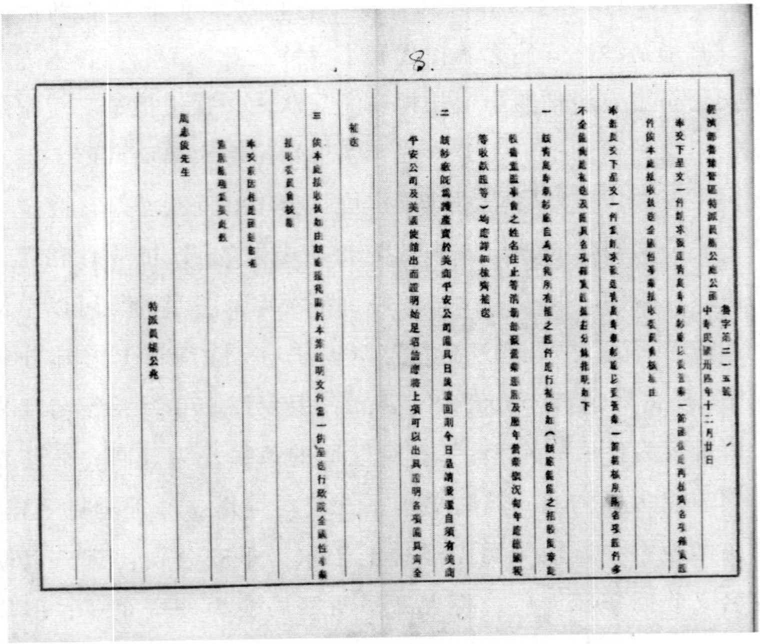

图 5-9　请求发还青岛华新纱厂管业事宜的公函（1945）

资料来源：青岛市档案馆馆藏。

---

① 周小鹃：《周志俊小传》，第 61 页。

华新纱厂虽然赎回了，但由于厂内以前的原棉及其他物料等已被中纺青岛分公司调运，一时无法开工生产。周志俊决定增资。1946 年 10 月 15 日，华新纱厂通过了《青岛华新纺织有限公司增资方案》，决定将资本由全面抗战前的 270 万元扩充到 40 亿元，分为 4000 万股，每股 100 元，在青、津、沪三地发行。① 这 4000 万股中包括三类股票：（1）老股。全面抗战前的老股本 270 万元虽然已在 1938 年发还股东，但此次赎厂后，仍按 300 倍升值承认股权，总计为 81000 万元，合 810 万股。（2）票面股。1190 万股，每股 100 元计 119000 万元，由原股东优先承购，并可转让。（3）溢价股。2000 万股，每股 100 元，实收 180 元，2000 万股实际是由周氏向久安各企业摊派，其中：信合纱厂 1370 万股、信孚印染厂 100 万股、惠民工业社 100 万股、常安工业社 50 万股、久安房地产公司 100 万股、信义机器厂 30 万股、久联办事处 200 万股、周志俊 50 万股。② 从上面的股份分配可以看出，久安公司为华新纱厂恢复生产注资最多，但实际上当时久安公司各企业处于恢复阶段，实力并不强，这个集团后来濒临崩溃。周氏晚年对此也曾总结教训说："为使华新增资，恢复生产，遂使信和纱厂、信孚印染厂资金受到影响，尤以信和为甚，后来信和经营困难，中途搁浅，未始非受华新之累。"③

与中纺青岛分公司一样，1947 年是华新纱厂这一时期发展的顶峰，生产能力最强。《美商中华平安公司有关棉纱布房地产等事的联系》档案中详细记载了这一时期华新纱厂的基本情况，当时华新纱厂有纱锭 34868 枚、线锭 4416 枚、布机 500 台、全部蒸汽锅

① 《关于纱厂职员子女辅助金及机电技工训练班简章、职员请假规则等规章制度》，青岛市档案馆馆藏，档案号：B0041-008-00017-0001。
② 周小鹃：《周志俊小传》，第 62 页。
③ 周小鹃：《周志俊小传》，第 62 页。

炉设备 4 套、大小马达 800 只、全部蒸汽透平发电机 1500 千瓦，以及职工 1824 人。最高生产能力为：10 支纱每 20 小时 4 件，20 支每 20 小时 24 件，32 支每 20 小时 24 件，42 支每 20 小时 7 件，12 磅细布每 20 小时 1000 匹，各种色布、印花布每 20 小时 6000 匹。①

图 5-10　青岛华新纱厂多宝牌商标

资料来源：青岛市档案馆馆藏。

与中纺青岛分公司一样，这一时期青岛华新纱厂亦遇到严重的经营困难：一是原料不能充分接济；二是运输困难；三是燃料及电

---

① 《美商中华平安公司有关棉纱布房地产等事的联系》，青岛市档案馆馆藏，档案号：B0041-008-00011-0144、0145。

力不足；四是因没有外汇许可证等，不能由国外采购原料和物料。[1] 1947 年，华新纱厂全年需原棉 8424000 磅，其中在国内购买 2808000 磅，其余的 5616000 磅需要从国外购买，但交通阻隔，无法保证。为获得原棉，华新纱厂先后在天津、上海、济南、营口、西安、徐州、重庆等地设立棉农采办庄。1947 年 4 月又与上海信和纱厂联合投资 1570 万元在安徽开办东流棉场，接济生产，但仍未能满足需要。1947 年 12 月，华新纱厂与国民政府行政院善后救济总署签订花纱交换合同，销售方式改为以货易货，后改为代纺，所得工缴按比例分成，维持开支，所产纱布完全归善后救济总署所有。但纱跌棉涨，如善后救济总署与华新纱厂签订花纱交换合同时一件 20 支纱可换棉花 760 磅，而到了 1948 年 9 月一件 20 支纱只能换棉花 600 磅，华新纱厂亏损巨大，生产经营困难。[2] 另外，燃料和各种物料不足。华新纱厂每年需煤炭 6000 余吨，重柴油 13800 余吨，均无法保证。其余的如机油、钢丝针布、皮辊皮、打包麻布、染料、电缆电线等物料亦非常缺乏，钢丝圈等不得不从上海购买。[3]

1948 年 3 月，周志俊从上海来青，研究迁厂事宜，提出两套方案：一是南迁，到台湾建立第二信和；二是将企业资产转为现金，保存实力，待日后再起。5 月，周志俊带领四名工程技术人员前往台湾，买地百余亩，并在台北市设立青岛华新纱厂办事处。为便于纱布南运，1949 年 1 月，华新纱厂又在福州设立驻闽办事处，并以建孚银行名义经营业务，将大量资产转为现金，华新高

---

① 《美商中华平安公司有关棉纱布房地产等事的联系》，青岛市档案馆馆藏，档案号：B0041-008-00011-0144、0145。

② 周小鹍：《周志俊小传》，第 64 页。

③ 《青岛华新纱厂业务会议记录》，青岛市档案馆馆藏，档案号：B0041-008-00004-0168~0184。

级职员闻讯纷纷辞职，工人也相继离厂还乡，华新纱厂陷入瘫痪状态。华新纱厂的发展充满曲折，起伏不定，使周志俊对国民党的统治丧失信心，新中国成立后，他看到希望，毅然决定留在大陆。

第五节　发展困境

这一时期中纺青岛分公司虽然全部开工，并取得一定的生产经营成绩，但仍面临着种种困难。

一是人才问题。中纺青岛分公司接收之初，跟随范澄川来青的70余人尚不及应配备人员的 1/10。而青岛由于受敌伪统治时间较长，知识分子逃亡未归，一般人的教育水平过低，人才比较缺乏。中纺青岛分公司虽然前后组织了几次考选，但录用的并不多，其职员主要是从其他省份招聘，青岛当地的人很少。1946 年 7 月中纺青岛分公司 795 名职员中，来自江苏省最多，达 219 人，占 27.5%，其余主要来自山东、湖南、浙江等省；从学历来看，大学毕业者 202 人，专科毕业者 163 人，高中毕业者 256 人，中学毕业者 174 人。[1] 另外，为解决人才不足的问题，还留用了日本技术人员。全面抗战时期日本在青各棉纺厂有日本人 417 名，加上家属共 1400 余人，抗战胜利后绝大部分遣送回国，仅留下技术人员 61 名。[2]

二是原棉问题。全面抗战前山东是国内主要的产棉区，战时棉农多改种谷类，产量急剧减少，品质也在下降。范澄川在《青纺半年》中提到，1946 年初，中纺青岛分公司共有纺锭 35 万余枚，

---

① 《青岛纺织史料》，第 36 页。
② 《中国纺织建设股份有限公司青岛分公司概况及在中国价值地位》，第 17 页。

如果全部日夜开工，每月所需原棉约9万担，但从敌伪手中接收的次等棉仅有2.2万余担，不够10天的生产量。[①] 1946年3月以来，先后由联合国善后救济总署及上海总公司拨济14批，合33万余市担，皆为美棉和印棉，解了燃眉之急。但由于原料来源不稳定，中纺青岛分公司不敢增雇工人和增加纱锭，在青岛本地搜购棉花，半年才收购到4000余担，仅为进口的1%。[②] 截止到1946年7月底，中纺青岛分公司共接收、自购和拨交的原棉总共30余万市担，除已用去的11万余市担外，存棉不足20万市担。以现在的增产速度计，勉强可维持到年底。[③] 当时全国的棉纺织业都缺原棉，加之物价高涨、工潮不断、时局动荡、交通阻隔、杂税繁多等影响，原棉产销基本陷于停滞，不得不大量依靠外棉，而外棉进口消耗外汇，国民政府输入管理委员会订立采购外棉规则，实施外棉限额分配制。[④] 1947年，缺棉的状况得到了部分缓解，中纺青岛分公司开始在济南、陕西、郑州、南通、汉口等地开展棉花收购工作，成效显著。据1947年中纺公司的档案记载，为应对棉花危机，中纺青岛分公司要求各棉纺厂提前报送所需棉花的估计表，制定详细的收花工作流程和规则，将棉花划分为上级+、上级、上级-、次上级+、次上级、次上级-、中级+、中级、中级-、次中级+、次中级、次中级-、下级+、下级、下级-、次下级+、次下级、次下级-、平级等19级，由原料课、业务课等多个部门协同办理棉花采购事项。[⑤] 1948年，因战争影响，棉花收购工作又陷于困境。[⑥] 下半年，中纺

---

①　范澄川、王新元：《青纺半年》，《青岛纺织史料》，第163页。

②　《青岛纺织史料》，第36页。

③　范澄川、王新元：《青纺半年》，《青岛纺织史料》，第162页。

④　杨德惠：《我国之棉纺织工业》，上海市商会上海市商业月报社编《纺织工业》，1947年7月，第33页。

⑤　《关于棉花事项》，青岛市档案馆馆藏，档案号：B0041-009-00088-0005、0006。

⑥　《青纺三年》，第1页。

青岛分公司陷入了更深的危机之中，中纺青岛分公司每月用棉计76000余担。自重庆禁止原棉出口，汉口因限价无法收购，济南失守后，各地均闹棉荒。由于原棉缺乏，1948年10月后中纺青岛分公司开始轮流停工，每周只能工作4天。

三是煤炭问题。如果当时中纺青岛分公司各厂全部开工的话，每日所需动力约计12000千瓦，这是当时青岛发电厂的全部动力。虽然中纺青岛分公司多次争取，但青岛发电厂最多只能供给中纺青岛分公司1/3的动力，剩下的需要其自行解决。范澄川曾多次提到，发电用煤加上工场浆纱等处每月需煤6000余吨，到1946年7月底，共计消耗煤炭20000余吨，除自购及由秦皇岛拨购5000余吨外，由檀香山运到3000余吨，另向西雅图订购10000吨作为9月份的燃料，但10月份的煤炭还在筹措之中，尚无把握。①

四是物料问题。据统计，中纺青岛分公司所需的物料达数千种，以油料、五金、电料、配件及浆纱材料为大宗。中纺青岛分公司成立半年来，在青岛购买各种物料达20余亿元，各种油料计60000余加仑，大部分由美孚与德士古供给。五金、电料在青、津、沪等地搜购，但货缺价高。中纺青岛分公司每月制作浆纱需要面粉6000余袋，但当时粮食价格飞涨，为维持生产，不得不在津沪两埠禁粮出口的时期高价收购面粉。纺织配件因存量甚少，全部开工的话，估计约需增补木管10万枚，配件10万余件，经动员机械厂及民营大小工厂努力协作，已制成配件木管3万枚，6万余件，并向津沪搜购，勉强可应付，但特种配件的制造与采购仍然非常困难。② 1948年实施限价以来，商人以消极不卖相抵制，物料更

---

① 《青岛分公司与各厂关于生产、生活等方面内容来往报告和批复》，青岛市档案馆馆藏，档案号：B0041-001-00146-0119。

② 《中纺青岛分公司一九四六年关于物料购置的公函及中纺四厂有关函呈》，青岛市档案馆馆藏，档案号：B0041-005-00069-0088。

加缺乏，机件损坏无法修理。

五是员工问题。中纺青岛分公司成立时有工人 4000 余人。经陆续增聘，到 1946 年 7 月工人增加到 14000 余人，但如果各厂全部开工，还需增雇 6000 余人。主要困难在于熟练技工严重缺乏，雇用生手的话，不经过 2~3 个月的训练不能完全承担工作任务，对于企业扩大生产来说，非常不利。虽然中纺青岛分公司一年新招工人 12000 余人，但大部分是生手，因为急于生产，没有经过适当的训练就充当技工，其生产效率和技术水准可想而知。更为严重的是，老工人错误的工作习惯和工作方法很容易传授给新工人，导致恶习相传。

六是工务问题。在中纺青岛分公司成立一周年时，其副总经理王新元对公司的工务情况进行总结，指出存在的主要问题有：（1）经营标准不统一。各厂设备不同，虽然制定了不同的标准，但却未得到正确执行，所以，各厂的经营成绩不能得到准确的比较，以每件纱消耗的原棉与物料而论，各厂差别很大。（2）各厂的设备和前后纺的配置不甚适宜，未能从速调整。各厂所纺的棉纱支别，由 6 支到 16 支，种类过多，未能按照各厂设备情形集中支别，形成大量生产，导致原棉分配、制品标准、技工训练、机械修配等大都各有对策，未能统筹，影响效能。（3）制成品的切实检验虽然已经开始实行，但未迅速改进，制成品的标准化与原棉的检验、制造的工作流程和成品的检验脱节。（4）忽视保全工作。保全重于运转，这是日本纺织业发展的要诀。即使再好的机械，如果没有获得适当的保全，也不会产生高效率，会由自动机变成普通机，由小故障变成大毛病，影响生产。（5）生产效率需要提高。中纺青岛分公司的工作效率比上海总公司低很多，需要继续提升。（6）机械整理工作不及时。当时中纺青岛分公司还有一些库存的机械和器材尚未完全整理出来，特别是当时急需的机器零件，购买不易，甚至无法采购到，充分利用原有的器材显得更为重要，为此设立机械整理团。

七是工资问题。中纺青岛分公司成立后，实行工资改革，到1946年底中纺青岛分公司高级职员的薪金经过45%、35%、25%的三重削减，其每月所得仅相当于两名低级办事员，工资级差进一步缩小。同时，工人的待遇逐步得到提高，到1946年10月已经超过全面抗战前的水平。[①] 1948年以后，因物价飞涨，粮食缺乏严重，黑市粮食价格高涨，而且无处可购。据初步统计，中纺青岛分公司全体员工及其眷属共8万余人，每月需大米500余担、棉粉3万余袋、苞米杂粮1.5万余担。除面粉可由市政府每人配售15市斤外，其余粮食，均需自行采购。大部分的工人又没有积蓄。虽然中纺公司已向经济部申请设法筹措，并向银行借款5000余万元，补发拖欠工人的工资，[②] 但工人每月工资最少者还不足以维持其本人的生计，最多者也不能维持其眷属之生活。特别是1948年11月后，政府开始实行限价政策，工人们买不到粮食，很多人想把眷属送回老家，但根本没有路费。[③] 为应付紧急情况，中纺青岛分公司要求各分厂必须储备3个月的粮食作为应急。1949年1月5日，第六棉纺厂有职员85人，工友45人，警卫27人，其他26人，共计183人，其3个月的粮食储备情况如下：米20494市斤，上月用6380市斤，又续购6380市斤；面230袋计10120市斤，上月用79袋计3476市斤，又续购79袋计3476市斤。[④]

---

① 王新元：《一年来的工作检讨》，《青纺月刊》第1卷第5期，1947年3月1日，第10页。

② 《民言报》1946年1月24日。

③ 王新元：《停工期间员工教育刍议》，《青纺旬刊》第1卷第7期，1948年11月5日，第6页。

④ 《三个月购储食粮表》，青岛市档案馆馆藏，档案号：B0041-007-02861-0013。

八是销路问题。二战期间，印度产棉区未遭破坏，纺织业较有基础，其纺织品迅速占领香港市场。日本纺织业也开始增产，日本纺织品很快占领南洋市场，对中国纺织品影响非常大。1948 年以后，中国纺织品亏损严重，以 1948 年 8 月份的成本与售价相比，每件纱布亏损均达金圆券 100 余元，估计中纺公司每月损失在金圆券 200 万元以上。与此同时，黑市猖獗，黑市价格与限价的差额达到 40% 以上。[①]

范澄川在 1949 年 5 月的一次会议上指出，棉花存量仅有几万市担，煤炭也仅有 3000 多吨，棉布除一些不易售出的零码布、杂色布以外，只有 10 余匹，而棉纱仅缴还对美援会的欠账就得亏上 1000 多件，这已是所有的流动资产。包括职薪、工资、税捐、煤电、自来水、伙食和周转金及杂用等在内，每月开支在银洋 80 万元以上。以 1949 年 5 月 4 日的棉布市价来折算，需要 22 万匹的棉布，根本无力负担。[②]

为应付严峻的形势，范澄川提出要开源节流。开源方面：（1）争取全部开工。虽然在成品市场价格低落和生产费用增加的情况下，争取全部开工也许亏损更厉害，但当时要解决的问题已经不是追求利润，而是怎样维持，所以，明知赔本也不得不开工。要想全部开工，必须解决原棉和燃煤的供应，当时有四船原棉，本计划运往上海，但因上海港口运输有问题，又拟改运日本，范澄川打算请求运到青岛。燃煤方面，因台湾煤炭价格较高，决定争取开滦煤矿的支持。（2）解决市场问题。按照以前的统计数据，中纺青岛分公司的产品大约只有 5% 销售于当地，其余 95% 都运往国内其他市场。但受战争的影响，市场范围缩小，再加上政府对纱布销售

---

①　《青纺旬刊》第 1 卷第 5 期，1948 年 10 月 15 日，第 2~3 页。

②　范澄川：《当前危机的认识与对策》，《青纺旬刊》第 3 卷第 2 期，1949 年 5 月 15 日，第 2~3 页。

的管控以及改以银洋为支付手段，市场对银洋需求更为迫切，纱布价格惨跌。由此，公司决定开辟棉纱的空缺市场——香港和广州。节流方面：（1）减少职员的薪金。工人的工资已经按照 1948 年 8 月 19 日的面粉价格，折成面粉计发，下一步打算再照发薪时的面粉价格折发银洋。职员薪金亦拟依照这一办法办理，即把现行指数制度及每月分期补发制度一律取消；在公司财政情形没有改善以前拟分别折减，以发给生活维持费为原则。具体折减办法由各厂联席会议审议确定，折减的部分先发给借条，等公司财政好转以后，再行筹还。[①]

实际上，范澄川提出的这些办法在当时严峻的形势面前，根本不可能推行。1948 年下半年，青岛国民党军政人员及其家属和部分商民开始纷纷南下。据媒体报道，"南行飞机、商船均已满员。登记南迁者已至十二月之期"。同时，国民党青岛当局下令将当地一些重要工厂、企业尽快迁往台湾，并于 1948 年底从上海运来两万公斤炸药，企图在撤退时将青岛的港口、码头、铁路、水电设施和来不及迁走的重点工厂、企业炸毁。中共青岛市委遵照"迫敌撤退、保全城市"的指示，组织地工人员针对国民党的破坏阴谋，大力发动全市职工开展反南迁和护厂护校运动，同时对一些有名望的爱国人士和工厂企业的上层人物，如中纺青岛分公司经理范澄川、青岛发电厂厂长徐一贯等积极开展争取工作。

中纺青岛分公司各厂的护厂斗争由其副总经理、中共党员王新元领导。早在 1946 年 2 月，王新元已把一部分中共地下党员安排在分公司有关部门及下属企业，多次召开护厂联席会议，到各厂进行宣传教育。中纺各厂在他的领导下，建立了严密的护厂策

---

① 范澄川：《当前危机的认识与对策》，《青纺旬刊》第 3 卷第 2 期，1949 年 5 月 15 日，第 4 页。

略和稳定队伍，护厂队设指挥部、参谋部，下设情报、消防、救护、供应等部门，各厂制定了护厂大纲，并设计了联络暗号，制作了护厂旗和袖章等。护厂队还成立了"军警接待组"和"敢死队"，一旦敌人到厂破坏，即由"敢死队"武力应对。作为爱国民主人士，范澄川对于护厂运动非常积极，他认为，员工对厂应如对家对国，只要是厂内现职工就都有牺牲自己来爱厂护厂的义务；爱厂护厂没有阶级差别，即员工要绝对平等；人不可只能共安乐而不能共患难。[1] 正是有了这样的共识和基础，中纺青岛分公司才能完整地保存下来。

第六节　人事概况

从组织结构来看，中纺青岛分公司设总经理 1 人，副总经理 2 人。1946 年有职员 1134 人，1947 年有职员 1310 人，1948 年有职员 1239 人。[2] 从职员的年龄结构来看，21~30 岁的占比最高。1947 年，这一年龄段的职员占到了全体职员的 47.02%。1948 年，这一年龄段的比例有所下降，但仍然是占比最高的，达 42.45%。31~40 岁这一年龄段的职员在全体职员的占比次之。1947 年，这两个年龄段职员的总和占全体职员的 85%；1948 年，这一比例为 82.57%。从这些数据来看，中纺青岛分公司职员的年龄结构还是比较合理的，青壮年占绝大多数。（参见表 5-7）

---

[1]　《青纺旬刊》第 1 卷第 10 期，1948 年 12 月 5 日，第 3 页。
[2]　《青纺三年》，第 25 页。

表 5-7　中纺青岛分公司职员年龄统计（1947~1948）

年龄	1947		1948	
	人数	百分比	人数	百分比
共计	1310	100	1239	100
20 岁以下	5	0.38	10	0.81
21~30 岁	616	47.02	526	42.45
31~40 岁	498	38.02	497	40.11
41~50 岁	154	11.76	168	13.56
51~60 岁	35	2.67	38	3.07
61~70 岁	2	0.15		

资料来源：《职员年龄》，《青纺三年》，第 25 页。

从中纺青岛分公司的职员性别来看，1946~1948 年女职员的人数占有一定比例，但男职工占据绝大多数，基本在 90% 左右。（参见表 5-8）

表 5-8　中纺青岛分公司职员性别统计（1946~1948）

性别	1946		1947		1948	
	人数	百分比	人数	百分比	人数	百分比
共计	1134	100	1310	100	1239	100
男	1046	92.24	1168	89.16	1116	90.07
女	88	7.76	142	10.84	123	9.93

资料来源：《职员性别》，《青纺三年》，第 25 页。

据表 5-9，从 1947~1948 年中纺公司职员的学历来看，1947年，初中学历的比例最高，其次是专科学历。1948 年，高中毕业的人数最多，占到了 36.8%；其次是专科毕业，占 22.04%。就当时全国的教育情况而言，中纺青岛分公司职员的受教育水平应该是不低的。

表 5-9　中纺青岛分公司职员学历统计（1947~1948）

学历	1947		1948	
	人数	百分比	人数	百分比
共计	1310	100	1239	100
大学毕业	223	17.02	270	21.79
专科毕业	341	26.04	273	22.04
高中毕业	240	18.32	456	36.80
初中毕业	347	26.49	111	8.96
小学毕业	54	4.12	30	2.42
职业学校或训练班毕业	43	3.28	60	4.84
私塾	26	1.98	21	1.70
其他	36	2.75	18	1.45

资料来源：《职员学历》，《青纺三年》，第 25 页。

　　据表 5-10，从职员的籍贯来看，1946 年，江苏籍占首位，山东籍紧跟其后，湖南籍、浙江籍次之。1947 年，山东籍占首位，江苏籍、湖南籍、浙江籍依次递减。

表 5-10　中纺青岛分公司职员主要籍贯地统计（1946~1948）

籍贯	1946		1947		1948	
	人数	百分比	人数	百分比	人数	百分比
共计	1134	100	1310	100	1239	100
江苏	274	24.16	271	20.69	254	20.50
山东	257	22.66	344	26.26	368	29.70
湖南	219	19.31	236	18.02	194	15.66
浙江	178	15.70	194	14.81	169	13.64

资料来源：《职员主要籍贯地》，《青纺三年》，第 25 页。

　　从职员的职级来看，工程师所占比例不高，1946~1948 年三年中，工程师在全部职员中比例最高时为 4.12%，尚达不到 5%，

1948 年这一比例仅为 2.99%，① 证实了范澄川在报告中多次提到的高级技术人员不足的问题，当时中纺青岛分公司的主要技术人员是技术员和助理技术员。

从中纺青岛分公司的职员薪级规定来看，自 30 元到 80 元，每级级差为 5 元；自 80 元至 210 元，级差为 10 元；自 210 元至 270 元，级差为 20 元；自 270 元至 450 元，级差为 30 元；自 450 元至 600 元，级差为 50 元。② 1946 年 12 月，有职员 1215 人，其中薪级 30 元的有 172 人，薪级 50 元的有 146 人，薪级 60 元的 96 人，薪级 70 元的 66 人，薪级 80 元的 69 人，薪级 90 元的 33 人，薪级 100 元的 41 人，薪级 110 元的 24 人，薪级 150 元的 51 人，薪级 210 元的 47 人，薪级 300 元的 16 人，薪级 420 元的 7 人，薪级 500 元的 7 人，薪级 550 元的 1 人，薪级 600 元的 3 人等。1947 年 12 月，有职员 1310 人，其中薪级在 50 元的职员最多，达 169 人；次之是薪级 40 元的，有 139 人，再次之是薪级 60 元的，有 133 人。1948 年 12 月的情况基本与 1947 年 12 月的类似。③ 从上面的记述，我们可以看出，中纺青岛分公司的职员薪级越高，级差越大，最小的级差为 5 元，最大的级差为 50 元，后者是前者的 10 倍。最高薪级 600 元是最低薪级 30 元的 20 倍。1946 年 12 月，在 1215 名职员中，薪级 30 元也就是最低薪级的职员是最多的，占到了全部职员的 14%，其次是薪级 50 元的，两者合计占全部职员的 26%。1947 年的情况有所好转，在 1310 名职员中，薪级 50 元的人数最多，比 1946 年的薪级水平有所提高，但考虑到物价飞涨，可能实际情况并没有改善。一份档案收录了 1947 年中纺青岛分公司第八棉纺厂每月的薪津发放表。以 1947 年 1 月份的职员薪津表为例，厂长蔡

---

① 参见《青岛纺织史》，第 242 页；另见《青纺三年》，第 27 页。
② 《职员薪级》，《青纺三年》，第 28 页。
③ 《职员薪级》，《青纺三年》，第 28 页。

定武实发工资为 114262 元，工程师袁绳武实发工资为 99217 元，技师胡峥实发工资为 36308.50 元，技术员实发工资为 63505.50 元。更低工资的有办事员、技术助理员、实习员、助理员。[①] 1947 年 1 月，厂办医师实得工资 63505.50 元。护士实发工资为 32445.00 元，工人宿舍管理员也是这个工资水平。练习生的工资为 14520.00 元，所有练习生的工资都一样。[②] 整体来看，各个月份的职员薪津差别不大，主要根据各个月的生活指数不同而调整。但由于当时物价飞涨，1947 年 2 月的生活指数为 4500，令人咂舌。

我们再来看一下工人的情况。1944 年青岛九大日商纱厂的工人人数为 6907 人。[③] 1946~1948 年，中纺青岛分公司的工人人数一直在增长。1946 年 12 月，中纺青岛分公司的工人人数是 16977 人；1947 年 12 月，工人人数是 17462 人；1948 年 12 月，工人人数为 18794 人。与 1944 年相比，工人人数有了较大幅度增长，增加了近 1.72 倍，但生产总量显然没有增加这么多。这可能说明中纺青岛分公司尚未能达到日商纱厂的生产效率，当然，这还受原料缺乏、燃煤不足等因素的制约和影响。

从工人性别构成来看，1946 年 12 月，中纺青岛分公司 16977 名工人中，男工 7346 人，女工 9631 人，女工数量多于男工。[④] 1948 年 12 月，18794 名工人中男工有 8685 人，女工 10109 人。[⑤] 女工数量大幅增加，这是全面抗战时期和战后三年青岛棉纺织业发展的一个特点。

在工人管理方面，中纺青岛分公司实行工人四人联保，新人录用时需要找保人。车间内部管理仍沿用把头制，每一个车间都设甲

---

① 《职员薪津表》，青岛市档案馆馆藏，档案号：B0041-009-00683-0002。
② 《职员薪津表》，青岛市档案馆馆藏，档案号：B0041-009-00683-0005。
③ 《中国纺织建设股份有限公司青岛分公司概况及在中国价值地位》，第 11 页。
④ 中国纺织建设公司青岛分公司编《青岛统计半年报》，1947 年上半年，第 29 页。
⑤ 《分公司及所属各单位男女工人数》，《青纺三年》，第 31 页。

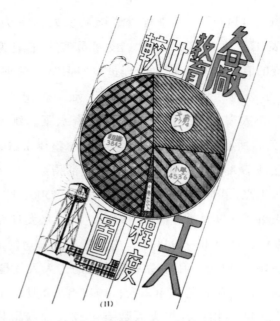

图 5-11 中纺青岛分公司各厂工人受教育程度示意

资料来源：《青纺统计年报》，1946 年。

班、乙班，每班工作 10 小时，中间用膳的半小时不算在工作时间内。车间设有大把头、二把头，甚至三把头、四把头等，对工人进行管理。① 把头一般工龄比较长，精通业务，很多把头都是青岛当地人，把头的工资相对较高，据史料记载，技工日薪最低是 1.05元，大把头日薪最低 1.8 元，最高 2.5 元，② 大把头最低日薪高于技工的最低日薪。如第二纺织厂粗纺部把头张思敬，48 岁，工龄 20余年，日薪 2.5 元，是把头中工资最高的；二把头芦振贵，43 岁，日薪 1.8 元；三把头李延候，30 余岁，日薪 1.65 元。③

① 《中国纺织建设股份有限公司青岛分公司概况及在中国价值地位》，第 6 页。
② 《中国纺织建设股份有限公司青岛分公司概况及在中国价值地位》，第 7 页。
③ 《中国纺织建设股份有限公司青岛分公司概况及在中国价值地位》，第 4 页。

第七节　工人待遇

　　中纺青岛分公司的工人工资制度分为三种：包工、日工、月工。包工以件数计算工资，日工以日数计算，月工职员按月支给工资。① 为更好确定包工工人和日工工人的工资，1946 年中纺青岛分公司还制定了详细的论货工资标准和论时工资标准。同一个梳棉工人，如果按照标准工作，产量在标准产量之内，则负责 16 支纱以下，日薪为 1.44 元，负责 60 支纱以下，日薪为 0.7 元。②

　　相对来看，细纱工人的工资比较复杂，首先按照标准产量分为四个等级，又按照纱支高低划分为四个等次，棉纱支数越高单位工资越低。我们拿细纱中最低的支数 16 支和最高的支数 60 支的有关数据做一个对比，负责 16 支纱以下的细纱工人，其标准生产能力是负责 1/2 台机器，负责 60 支纱以下的细纱工人，其标准生产能力是负责 13 台机器，后者是前者的 26 倍。负责 16 支纱以下的细纱工人要达到甲等标准产量，就要生产出 1.2 匹以上的细纱，负责 60 支纱以下的细纱工人要达到甲等标准产量，其生产量为 0.16 匹以上，前者是后者的 6.5 倍。从工资额来看，负责 16 支纱以下的甲等细纱工人的工资为每木杆（每木杆以 6 锭为标准）0.05 元，负责 60 支纱以下的甲等细纱工人的工资仅为每木杆（每木杆以 6 锭为标准）0.009 元。③ 织布工人的工资标准相对简单、明确。织布的品种分为两类，一种是平布斜纹等普通织物，另一种是花色及精细织物；每一种织物里面又分为由普通织布机和自动织布机生产，两种织布机的生产效率不同。在此基础上，标准产量可分

---

① 《中国纺织建设股份有限公司青岛分公司概况及在中国价值地位》，第 6 页。
② 《青纺统计年报》，1946 年，第 109 页。
③ 《青纺统计年报》，1946 年，第 109 页。

为甲、乙、丙、丁四等，相应地，工人单位工资也分为甲、乙、丙、丁四等，每一等级中分基本工资和论货工资，整体来看，相较其他工种的工资标准，织布工人的工资标准是最高的。（参见表 5-11）

表 5-11　1946 年织布值车工单位论货单位工资标准（工作 10 小时）

布别			平布斜纹等普通织物		花色及精细织物	
机别			普通织布机	自动织布机	普通布机	自动布机
标准能力			4~6 台	12~24 台	2~4 台	8~14 台
标准产量　甲等			45 码以上	42 码以上		
标准产量　乙等			42 码	39 码		
标准产量　丙等			40 码	37 码		
标准产量　丁等			37 码以下	37 码以下		
单位工资	甲等	基本工资	0.400 元	0.400 元	依照标准工资之最高值以内临时规定之	依照标准工资之最高值以内临时规定之
		论货工资	0.048（每 10 码）	0.0125 元（每 10 码）		
	乙等	基本工资	0.450 元	0.400 元		
		论货工资	0.048（每 10 码）	0.0125 元（每 10 码）		
	丙等	基本工资	0.450 元	0.400 元		
		论货工资	0.048（每 10 码）	0.0125 元（每 10 码）		
	丁等	基本工资	0.450 元			
		论货工资	0.048（每 10 码）			

注：值车工管理普通织布机分为 6 台、5 台、4 台、3 台、2 台等五级，管理自动织布机分为 24 台、22 台、20 台、18 台、16 台、14 台、12 台等 7 级，如值车工能力不能管理最低级台数者以养成工待遇之。

资料来源：《青纺统计年报》，1946，第 110 页。

1946 年 2 月 25 日，中纺青岛分公司正式颁布了重新修订的论时工资标准，为日工工资的确定建立了标准。（参见表 5-12）

表 5-12 棉纺织业论时工资标准（1946 年 2 月 25 日）

部别	职务	日工资（元）	部别	职务	日工资（元）
保全部	平车头	1.7~2.1	织布部	修理上手	1.5~1.9
	机工 上手	1.5~1.9		修理下手	1.2~1.7
	机工 下手	1.3~1.7		修棱	1.2~1.8
	平车 小工	0.9~1.5		加油	1.1~1.5
	揩车头	1.2~1.7		搬运工	0.85~1.4
	揩车 小工	0.85~1.4		清洁工	0.85~1.2
清花部	加油维修	1.4~1.8		组长	1.4~1.8
	拆包头	1.3~1.7		助理工	1.2~1.6
	拆包工	1.1~1.5		织布（普通机）	1.0~1.6
	值车	1.0~1.5		织布（自动机）	1.2~1.8
	捡垃圾	1.1~1.5		添线	0.85~1.1
	剪花	0.85~0.9	其他	书记	1.5~2.1
梳棉部	加油修车	1.4~1.8		试验	1.1~1.6
	抄钢丝	1.4~1.8		棍棒头	1.6~2.1
	磨车	1.2~1.6		杂务	0.85~1.4
	推花卷	1.1~1.5		看厕	0.85~0.9
	值车	0.85~1.4			
	送条桶	0.9~1.3			

资料来源：《青纺统计年报》，1946，第 108 页。

据表 5-12，保全部的平车头日工资最高，为 1.7~2.1 元，从中可以看出保全工作的重要性以及公司对技术人员的重视。日工资偏低的是值车、杂务、看厕、清洁工和搬运工等没有技术含量的工作。我们将中纺青岛分公司工人工资情况跟华新纱厂做一对比，1949 年 5 月，华新纱厂工人隋正祥已工作 18 年，当月提升为清花工头，日工资由 1.4 元涨至 1.6 元，是清花部工资最高的。[①] 中纺

---

① 《青岛华新纱厂职员、工人薪金表》，青岛市档案馆馆藏，档案号：B0041-008-00043-0002~0006。

青岛分公司清花部加油维修工日工资为 1.4~1.8 元，此外，大把头日工资最低 1.8 元，最高 2.5 元。这一时期，中纺青岛分公司工人工资的计算方法为：日工实得工资＝基本工资×生活指数。凡每日供膳三餐者应扣去 2 升米的费用，每日仅供中膳者扣 8 合米的费用，此项米价依照生活指数中所列之米价计算，如工友自办伙食，不在此列。自表 5-12 的标准发布之日起，各厂以前曾有发给食米或例外津贴办法者，一律取消。工人住宿的另外扣宿费。

1946 年 5 月 18 日，中纺青岛分公司第 14 次联席会议决定，各厂工人工资每月均加 5000 元。[①] 自 1946 年 8 月份起，工人的杂粮补贴上涨为每人每月 18 市斤，算入实得工资中。[②] 1946 年 10 月，又对工人日工资进行调整，规定工人日工资暂定为 25 级，最高 2 元，最低 8 角，级差为 5 分。

1947 年 8 月，青岛市社会局派员调查中纺青岛分公司工人工资的情况，其中列举了第六棉纺厂的时工工资情况，计时工资最高的是 2.1 元，细纱车间中，工资级差是 0.05 元，工资最低的是养成工，0.5 元。第六棉纺厂当时有 1138 名工人，工资 0.80 元的人数最多，达 222 人，工资 0.85 元的人数次之，达 192 人。工资 2.1 元的人数最少，只有 3 人，工资 0.5 元的工人有 7 人，都是养成工。[③] 另外，还有计件工资，按产量折合成工资最高也是 2.1 元，最低是 0.5 元，级差是 0.05 元，但不同的是，在以计件为工资标准的 1324 名工人中，人数最多的是 1.6 元、1.55 元和 1.5 元这三

---

① 《中国纺织建设公司青岛分公司第 1 次至 43 次联席会记录》（1946 年），青岛市档案馆馆藏，档案号：B0041-009-00022-0028。
② 《中国纺织建设公司青岛分公司第 1 次至 43 次联席会记录》（1946 年），青岛市档案馆馆藏，档案号：B0041-009-00022-0034。
③ 《中纺公司青岛分公司产业工人工资调查表》（1947 年），青岛市档案馆馆藏，档案号：B0041-007-02034-0015。

个工资等级，共计1223人，比例非常高，[①] 这说明中纺青岛分公司对技术的重视和支持，如果工人掌握了一定的生产技能，相对计时工资而言，按计件工资的标准计算，可能工资更高。

我们再来看一下中纺上海分公司的工资情况。据统计，1946年上海第一印染厂一等技工的日薪1.7~2.1元，二等技工1.5~1.9元，三等技工1.3~1.7元，四等普通男工1.2~1.6元，五等男工（小工）1~1.5元，六等女工0.8~1.4元。[②] 从纺织业内部来看，印染业的工资普遍高于棉纺业，1946年上海棉纺业工人的工资低于上海第一印染厂，但高于青岛棉纺业工人的工资。

从当时整个青岛市产业工人的收入来看，中纺青岛分公司的工资属于较高的水平。1947年10月，中纺青岛分公司的最高日工资为2.5元，最低为0.5元，平均日工资1.4元。按照中纺的规定，基本工资超过30元的，按90%发放。青岛橡胶厂最高日工资1.2元，最低日工资0.4元，平均日工资为0.8元，每月的津贴是苞米120斤。青岛酒厂最高日工资为1.2元，最低日工资为0.4元，平均日工资为0.8元，每月的津贴是苞米120斤。青岛维新化学厂的最高日工资1.2元，最低日工资0.45元，平均日工资为0.825元，每月的津贴是小米60斤。青岛面粉公司的最高日工资为0.8元，最低日工资为0.58元，平均日工资为0.69元，每月的津贴为可按成本价购买面粉3袋。青岛发电厂的最高日工资为4.0元，最低日工资0.5元，平均日工资为2.25元，每月的津贴是按照公务员的津贴加30%。四方机厂最高日工资为3.0元，最低日工资为1.5元，平均日工资为2.25元，每月的津贴是按照公务员的

① 《中纺公司青岛分公司产业工人工资调查表》（1947年），青岛市档案馆馆藏，档案号：B0041-007-02034-0025。

② 徐定华：《中纺上海第一印染厂纪要》，《苏州工专复校纪念册》，1947年1月，第12~13页。

津贴加 30%，另外再加米贴 100 元。①

　　1948 年下半年，由于时局动荡，加之原棉、煤炭及电力供应不足，中纺青岛分公司进入半停产状态。1949 年 4 月 28 日，中纺青岛分公司制定了《关于停工期间工人加班办法案》，对停工期间的工人工资做了规定：各厂工人在停工前一日未到工者，停工期间不给工资，依照规定在请假期间应扣工资的，停工期间一律照扣。请假期满的工人，停工期间按照规定给予一半工资，以请假前一日的工资为标准，由工会负责核定。停工期间请假不满者不得提前销假。停工前两个开工日均未到工者，停工期间以请假论。②

　　另外，中纺青岛分公司各厂除正式工人外，还有大量的实习生和练习生，各厂对他们进行定期考核，练习生考核分为工作、品行、学识三大部分，其中工作分为工作精神、工作质量和工作能力；品行分为是否克己奉公、对人对事是否诚实、处事是否平和；学识分为对于本职工作知识的掌握、对于全部业务知识之掌握、对于改善业务训练是否有特别见解。③ 如果要转成正式工，则要进行技能考试。考试通过即可转为正式工；如考试未通过，但平时表现成绩尚佳，准予继续录用，延长一年练习期。④ 1948 年，有的练习生从事接线工作，实行计件工资标准，每件约 30 元左右。⑤

---

① 《工资薪津指数》，青岛市档案馆馆藏，档案号：B0041-012-00049-0023。
② 《关于停工期间工人加班办法案》，青岛市档案馆馆藏，档案号：B0041-007-03027-0008。
③ 《中纺公司青岛分公司第八纺织厂关于员工子弟小学教师聘任、工程师学会人员的假日规定、练习生考试等人事等事宜的函电》，青岛市档案馆馆藏，档案号：B0041-009-00132-0065。
④ 《中纺公司青岛分公司第八纺织厂关于员工子弟小学教师聘任、工程师学会人员的假日规定、练习生考试等人事等事宜的函电》，青岛市档案馆馆藏，档案号：B0041-009-00132-0010。
⑤ 《中纺公司青岛分公司第八纺织厂关于员工子弟小学教师聘任、工程师学会人员的假日规定、练习生考试等人事等事宜的函电》，青岛市档案馆馆藏，档案号：B0041-009-00132-0022。

　　1946～1948 年三年间，以当时的物价水平来看，工人工资上涨的幅度显然跟不上物价的上涨幅度。1946 年、1947 年和 1948 年三年间，银月牌 32 支纱每件价格从 1946 年 4 月最低的 1291 元涨到了 1948 年 8 月的 2860000 元，上涨了 2214 倍。新美 190 士林布每匹的价格从 1946 年 2 月的 33 元飙升到 1948 年 8 月的 145900 元。100 斤大米的价格从 1946 年 1 月的 13 元飙升到 1948 年 8 月的 56000 元，上涨了 4307 倍。100 斤花生油的价格从 1946 年 1 月的 18 元飙升到 1948 年 8 月的 145000 元，上涨了 8055 倍。100 斤豆油的价格从 1946 年 1 月的 17 元飙升到 1948 年 8 月的 132000 元。[①] 大米、花生油的上涨幅度远远超过银月牌 32 支纱的上涨幅度，可以想见工人工资应跟不上物价的上涨幅度。1947 年工人的最高月工资比 1937 年最高月工资上涨 2.3 倍，但 1947 年每吨煤的价格却比 1937 年每吨煤的价格上涨了 65 倍。从 1946 年的文件中，我们可以看到，如果以 1937 年 1～12 月青岛市工人生活指数作为 100 的话，则 1946 年 1～12 月，青岛工人的生活费一直在上涨。[②] 1948 年 11 月 15 日出版的《青纺旬刊》第 1 卷第 8 期，对中纺青岛分公司各厂工人的月工资折合的面粉袋数进行了统计，统计时段是 1948 年 6～10 月；根据统计结果，1948 年 6 月，中纺青岛分公司开工 26 天，平均日工资为 2.3 元，当时的面粉价格为每袋 5.066 元，每月的工资大约能购买 11.8 袋面粉。到 1948 年 10 月，中纺青岛分公司仅开工 18 天，工人平均日工资仅为 0.85 元，而每袋面粉价格则涨到了 46 元，工人每月的工资尚不够买半袋面粉，[③] 工人连自己的生活都无着落，更不要说养家了。对于棉纺织工人的待遇问题，当时一些媒体也进行了报道：1948 年，由于缺乏原棉和煤炭，各

　　① 《青岛市纱布油粮行情》，《青纺三年》，第 42 页。
　　② 《青岛市工人生活费指数》，《青纺统计年报》，1946，第 137 页。
　　③ 《青纺旬刊》第 1 卷第 8 期，1948 年 11 月 15 日，第 5 页。

棉纺厂都开始陆续停工，造成纺织工人失业，工人的处境进一步恶化，无法维持生活，不得不恳请当局设法救济。[①]

与南京、上海、北平、天津、重庆五个城市的工人生活指数相比，青岛工人生活指数上涨幅度最大，以 1937 年 1～6 月的工人生活指数作为 100，到 1946 年 12 月，青岛工人的生活指数上涨了 8858 倍。同时期，上海为 6470 倍；南京为 7080 倍；天津为 5712 倍；重庆的截止到 1946 年 10 月，上涨了 3094 倍。[②] 从棉纺织工人的工资来看，青岛工人的工资低于上海，但物价却高于上海。据 1946 年 11 月 21 日《青报》记载，青岛市纺织工人与上海的纺织工人待遇悬殊，四沧区纺织产业工会派代表到中纺公司据理力争，范澄川经理回复将与上海同样待遇，该工会选派代表去上海调查实际情况，10 月份上半月按照以往的发放，10 月份下半月按照调查的结果发放。[③] 但最后的实行结果是什么，我们不得而知。

关于整个中纺青岛分公司的工作时间管理制度，我们可以从其所属的第二棉纺厂的制度进行考察。中纺青岛分公司第二棉纺厂规定，工人除每周休息一天外（星期天休息），全年共有假期 13 天，其中年假 4 天，春节 5 天，五一劳动节 1 天，双十节 1 天，孔子诞辰 1 天，儿童节 1 天，这些节假日工资照发。婚丧嫁娶给假一周，照常发工资（除星期日），但事假不发工资。由于当时工厂内恋爱成风，女工结婚的很多，1948 年 4 月，甲乙两班共有 20 余人生育，总公司规定，生育后两个月内工资照发，但需两个月后一次性发放。[④] 因 1946 年请假工人较多，从 1947 年 1 月起，为严肃纪律，

① 《青报》1948 年 3 月 20 日。
② 《各直辖市工人生活费指数》，《青纺统计年报》，1946，第 138 页。
③ 《青报》1946 年 11 月 21 日。
④ 《中国纺织建设股份有限公司青岛分公司概况及在中国价值地位》，第 7 页。

除婚、丧、嫁、娶、生育等，其他原因一律不准假。[1]

我们可以将中纺青岛分公司的工作时间管理制度与当时的华新纱厂相关制度进行对比。华新纱厂规定，请假要填写正式的请假单。病假要附相应的医院证明材料，及时销假。职员每年请事假以 15 日为限，逾期按日扣薪，但因婚、丧等事得给予特假，在该限期内免于扣薪。特假的情况主要有：直系尊亲或配偶丧者给予 10 天假期；子女丧者给予 3 天假期；结婚给予 3 天假期；分娩者产前产后各给假期 4 周；上述假期如需要回老家或者家在远处，另外给予往返的时间。职员因病请假在 25 日内经医生证明，免除扣薪，包括薪水及各种津贴等全部报酬；超过 25 日者，所超过的天数按日减半；超过 50 日者，薪水暂停发放。但若有特殊情形，由部门主管上报经理决定是否扣薪或者停发，上述假期不包括例假及星期日。[2] 通过对比我们发现，华新的工作时间管理制度虽然更加人性化，但过于宽泛，漏洞较多，不利于统一管理。可能是因为请假的工人比较多，1948 年 2 月 18 日，华新纱厂出台了《工友礼拜日奖工办法》，主要内容为：每礼拜连续工作 6 天，礼拜日奖一工；如果因特别原因停工，每礼拜工作 5 日，礼拜日奖六分之五工；每礼拜连续工作 4 日，礼拜日奖三分之二工；每礼拜连续工作 3 日，礼拜日奖二分之一工；每礼拜连续工作 2 日，礼拜日奖三分之一工；每礼拜工作满 1 日，礼拜日奖六分之一工；以上均系每礼拜结算一次，工友自行停工者不奖。[3]

中纺青岛分公司的福利事业办得较好，在教育、医疗、住房

---

① 《有关请丧、病、事假以及节日休假规定收发文函》，青岛市档案馆馆藏，档案号：B0041-004-00130-0001。

② 《关于纱厂职员子女辅助金及机电技工训练班简章、职员请假规则等规章制度》，青岛市档案馆馆藏，档案号：B0041-008-00017-0009。

③ 《关于纱厂职员子女辅助金及机电技工训练班简章、职员请假规则等规章制度》，青岛市档案馆馆藏，档案号：B0041-008-00017-0011。

等方面给予职工保障，档案中对此多有记载，其中规定文化娱乐费用各纺织厂按 200 元、梭管印染厂按 100 元、针织化工厂按 120 元，乘以当月上半月的生活指数列支。卫生室经费：每一名员工的卫生医疗费用按 5 角为基数，乘以当月上半月的生活指数列支。子弟小学经费：高级班每班按 16 元，初级班包括幼稚园每班按 12 元，分别乘以当月上半月的生活指数列支。托儿所经费：凡有托儿所的厂，每月应筹措麦乳粉两磅、白糖三斤，按市价列支。① 1946 年 5 月 27 日，中纺青岛分公司第二次福利委员会会议决定，由总公司拨付福利金 500 万元，其中机械厂 200 万元，印染厂、针织厂各 50 万元。② 1946 年 7 月 26 日，第三次福利委员会会议规定了福利事业经费的分配原则，其中合作 20%、医药 25%、教育 35%、娱乐 5%、准备金 15%。③ 1948 年 4 月，中纺青岛分公司第八棉纺厂的福利事业经费为 33700000 元，其中文化娱乐经费 6860000 元，卫生室经费 14000000 元，托儿所经费 10040000 元，员工子弟学校经费 2800000 元，工人补习学校经费 120000 元。④

对于各厂子弟的教育事关公司的长远发展，中纺青岛分公司的上层做了一些规划，拟到小学教育有了相当的规模后，再进行其他的教育事项：一是小学教育；二是托儿所和幼稚园；三是工友补习教育。1946 年 4 月，中纺青岛分公司正式复工后不久，福利委员会即着手调查员工子弟失学情况。经调查，中纺青岛分公司竟有

---

① 《本厂福利经费预算等卷》，青岛市档案馆馆藏，档案号：B0041-011-00135-0011。
② 《中纺青岛分公司第 1 次至 43 次联席会记录之第二次福利委员会会议》，青岛市档案馆馆藏，档案号：B0041-009-00022-0140。
③ 《中纺青岛分公司第 1 次至 43 次联席会记录之第三次福利委员会会议》，青岛市档案馆馆藏，档案号：B0041-009-00022-0141。
④ 《关于棉花运输、棉花税款等事宜的公函》，青岛市档案馆馆藏，档案号：B0041-008-00141-0030。

3000～4000 名失学儿童。范澄川认为，我们的国家还有 70%～80%
的文盲，如果要真正地推行民主，使国家现代化，而没有把这些文
盲消除，那么谈现代化即是一场"滑稽的悲剧"。中纺公司作为国
营企业，在担负发展经济任务的同时，不得不正视数千名失学子弟
的问题，不能不设法救济。子女无法入学的工友，又怎能安心工
作。国营的工厂，以国家的钱，办国家应办而未办的事，也是合情
合理的。[1] 为解决职工子女的教育问题，在中纺青岛分公司上层的指
导下，各棉纺厂积极行动。首先，勘察校舍，因为当时青岛物料缺
乏，价格昂贵，新建校舍，难度很大，只好就已有的厂房进行改造。
大部分的棉纺织厂及第一机械厂均有闲置的厂房可改造为学校，有
的工厂因规模太小或厂房无着，不具备办学的条件。其次，购置校
具。中纺青岛分公司共设 9 所子弟学校 36 个班级，有 2000 多名学
生，校具设备的筹办非常不容易。为节省经费，课桌、课椅以及黑
板等教学器具大部分由第一机械厂制作。最后，招聘教师。36 个班
级共需要 50 多名教师，为保证教学质量，中纺青岛分公司要求老师
均由高级师范毕业或高级中学以上学校毕业，并且有一年以上教学
经验，年龄在 20～35 岁，在入职前经过严格的考试，择优录用。[2]
在中纺青岛分公司人事科及各厂厂长的努力下，1946 年 8 月底 9 所
子弟学校均如期开学。从 1947 年 1 月开始，为节省工人在孩子教育
方面的支出，纱厂子弟学校的书本照八五折出售。[3]

　　从表 5-13 我们可以看出，中纺青岛分公司 9 所子弟学校共有
学生 1690 人，而当时有 3000～4000 名失学儿童，显然还有不少失
学儿童未能在子弟学校就读，主要是受校舍的限制。另外，我们可

---

[1]　中国纺织建设公司青岛分公司编《青纺月刊》，1946 年 11 月，第 1 页。
[2]　范澄川：《青纺员工子弟教育之现状与未来》，《青纺月刊》，1946 年 11 月，第
1～2 页。
[3]　《关于教育事项》，青岛市档案馆馆藏，档案号：B0041-009-00060-0019。

以看出，一年级的学生特别多，36 个班中占了 15 个班，快接近一半，说明中纺青岛分公司许多员工的子女此前未能接受学校教育，文盲儿童较多。

表 5-13　中纺青岛分公司员工子弟小学校班数人数统计（1946）

校别	一	二	三	四	五	六	八	九	十	合计
班数	7	4	2	4	4	7	4	2	2	36
学级 一年一期	2	2	1	2	1	4	1	1	1	15
二年一期	1	1	1	1	1	1	1	1		8
三年一期					1	1	1		1	6
四年一期	1			1	1	1	1			5
五年一期	1									1
六年一期	1									1
人数 男	207	114	55	102	100	200	94	86	63	1021
女	97	96	54	71	60	147	60	51	33	669
总计	304	210	109	173	160	347	154	137	96	1690

资料来源：范澄川《青纺员工子弟教育之现状与未来》，《青纺月刊》，1946 年 11 月，第 4 页。

表 5-14　中纺青岛各员工子弟小学学生年龄统计（1946）

年龄	性别	人数（名）	总计（名）	年龄	性别	人数（名）	总计（名）
4 岁	男	1	2	10 岁	男	155	284
	女	1			女	129	
5 岁	男	7	9	11 岁	男	117	222
	女	2			女	105	
6 岁	男	47	68	12 岁	男	151	239
	女	21			女	88	
7 岁	男	71	138	13 岁	男	115	168
	女	67			女	53	
8 岁	男	113	188	14 岁	男	61	81
	女	75			女	20	
9 岁	男	148	251	15 岁	男	25	30
	女	103			女	5	

年龄	性别	人数（名）	总计（名）	年龄	性别	人数（名）	总计（名）
16 岁	男	8	8	18 岁	男	1	1
	女	—			女	—	
17 岁	男	1	1	合计	男	1021	1690
	女	—			女	669	

资料来源：范澄川《青纺员工子弟教育之现状与未来》，《青纺月刊》，1946 年 11 月，第 4~5 页。

　　从年龄上看，失学问题更为严重，如果以 6 周岁作为小学入学的规定年龄，按照五年制小学计算，则 11 岁以上的学生应该已经升入中学，而按照表 5-14 的数据来看，中纺青岛分公司的子弟小学里超过 11 岁的学生有 528 名，占学生总人数的 31.2%，小学内还有 17 岁、18 岁的学生，这都应该是就读高中、大学的学生。另外，实际上更多的年龄稍大的孩子早已经开始工作，替父母分担生活，没有上学的机会。从性别上看，女生的人数占学生总数的 40%，结合当时的社会环境来看，这一比例应该不低。

　　1946~1948 年三年中，中纺青岛分公司职工子弟学校不断扩大规模，1946 年开 36 个班，1947 年增加到 60 班，1948 年又增加到 74 班，学生人数由 1946 年的 1690 人，增加到 1947 年的 2746 人，再到 1948 年的 3490 人。教师人数从 1946 年的 56 人，增加到 1947 年的 97 人，再到 1948 年的 119 人。[①] 为保证教学质量，对于教师的待遇，中纺青岛分公司非常重视，认为虽然教师的薪资是一笔较大的开支，但教师们教育子弟，让员工们安心工作，对于促进生产有益，所以，在待遇方面不应该与职工有所区别，最后经请示总公

————————

① 《子弟小学校概况》，《青纺三年》，第 33 页。

司，总公司特意发布了员工子弟小学校教员依照职员待遇的规定。① 1948 年中纺青岛分公司档案中有第八棉纺厂员工子弟小学教师薪给名册，6 名教师的月薪均为 50 元。②

← 張老師說：「孩子們！在課堂裏要用心聽講。這是第十三課——我告訴你們再認幾個生字。」

清早，好新鮮的空氣！孩子們，把胸膛挺起來。
一，二，三，四！ ↓

↑ 弟弟來，妹妹來！走上來，滑下去。大家扶助，大家相愛，一天到晚笑嘻嘻。

溫暖的太陽，溫暖的老師。鋼琴的鍵盤，輕快的跳躍著，我們的步子是輕快的，我們的心也是輕快的。→

图 5-12　中纺青岛分公司子弟学校组图 (1946)

资料来源：《青纺旬刊》，1947 年。

---

① 范澄川：《青纺员工子弟教育之现状与未来》，《青纺月刊》，1946 年 11 月，第 2 页。
② 《中纺公司青岛分公司第八纺织厂关于员工子弟小学教师聘任、工程师学会人员的假日规定、练习生考试等人事等事宜的函电》，青岛市档案馆馆藏，档案号：B0041-009-00132-0035。

　　当时中纺青岛分公司的工人中 80% 以上是文盲，中纺青岛分公司的上层认为，单就生产效率来讲，消除文盲是必要的，新式产业必须配备新式工人。中纺青岛分公司在职工教育方面也取得一定成绩。从 1948 年开始举办的技术人员培训班，对于提高各厂技术水平起到了积极作用。为提高工人教育水平，青岛分公司积极开展扫盲工作，[①] 先后共举办工人识字班和补习班 30 多期，毕业学员 883 人，其中男 345 人，女 538 人。因时局动荡，有些班次停办，肄业班 8 个，肄业学员 303 人，其中，男 53 人，女 250 人。补习班 14 个，毕业学员 661 人，其中男 344 人，女 317 人。为使工学两不误，上课时间安排在工人上工之前或上工之后，每天约 2 小时，学期 6 个月。[②] 这些识字班、补习班的开办对于提高中纺青岛分公司工人的识字水平起到重要作用。为保障教师的待遇，1948 年 10 月 28 日，中纺青岛分公司规定，"查各厂工人补习班兼职教师的津贴原为三角乘以当月上半月的生活指数支付，现规定，货币改革后，各厂工人补习班兼职教师每小时以金圆六角支付。因物价暴涨，到当年 12 月 6 号，又改为金圆五角乘以当月职工发薪指数"。[③]

　　另外，近代棉纺织工业是女工最多的产业，当时中纺青岛分公司的女工人数已超过工人总数的一半，为消除女职工的后顾之忧，中纺青岛分公司决定建立托儿所。[④] 1946 年，中纺青岛分公司制定了《设置托儿所办法》，规定托儿所接收 6 周岁以下、18 个月以上

---

①　据对中纺青岛分公司四厂工人的教育程度的调查，绝大多数的工人不识字，特别是女工，识字的更少。见《中纺四厂 1949 年工人教育程度调查名册》，青岛市档案馆馆藏，档案号：B0041-005-00156-0003。

②　《工人识字补习班概况》，《青纺三年》，第 34 页。

③　《奉知关于规定工人补习班兼课教员津贴的函》，青岛市档案馆馆藏，档案号：B0041-007-02318-0007。

④　范澄川：《青纺员工子弟教育之现状与未来》，《青纺月刊》，1946 年 11 月，第 5 页。

的幼儿。托儿所设干事、职员、护士、看护等，以 10 名幼儿配 1
名看护教师的原则进行配比，其薪资由总厂负责，受各厂福利委员
会领导。实行日托制，送幼儿时间为每日开工前 15 分钟，接幼儿
时间为收工后半小时之内。① 1946 年 11 月，中纺青岛分公司开办
的一所幼稚园，招收 3~6 岁的职工子女，有幼儿 39 名。②

职工医疗方面，中纺青岛分公司共设有 12 个卫生室，分别设
在分公司、第一棉纺厂到第九棉纺厂、第一机械厂、第一针织厂和
第一印染厂，每个卫生室配备 1 名医师和 2~11 名护士。位于沧口
大马路 196 号的中纺青岛分公司第六棉纺厂，前身为日本公大纱
厂，卫生室各项医疗器械颇完备，设有内科、外科、产妇科、齿科
等四科，并有专门诊室。③ 其配备的护士也最多，有护士 11 名，
而第一棉纺厂卫生室仅配有 5 名护士。④ 因各卫生室的护士水平和
素质参差不齐，1947 年初，青岛分公司规定，在厂办任职的护士
必须由正规护士学校毕业，并且有两年以上工作经验。不合资格的
护士由各厂根据资历情况改为看护人员。各厂对于工作表现优秀的
看护人员可酌情聘为护士。⑤

1946 年 9~12 月，中纺青岛分公司各厂办医院共为 14756 名患
者进行诊治，诊疗最多的是消化系统疾病。⑥ 1947 年 12 个厂办卫
生室平均每月初诊人数为 6049 人，其中传染病（包括感冒）患者
682 人，占 11.27%；消化系统患者 901 人，占 14.90%；皮肤病患
者 1208 人，占 19.97%；外伤 1162 人，占 19.21%。1948 年平均每

① 《中国纺织建设公司青岛分公司第 1 次至 43 次联席会记录》（1946 年），青岛市档
案馆馆藏，档案号：B0041-009-00022-0124。
② 《青纺月刊》，1946，第 67 页。
③ 《中国纺织建设股份有限公司青岛分公司概况及在中国价值地位》，第 3 页。
④ 《卫生室概况》，《青纺统计年报》，1946，第 59 页。
⑤ 《关于医药事项》，青岛市档案馆馆藏，档案号：B0041-009-00071-0012。
⑥ 《卫生室概况》，《青纺统计年报》，1946，第 59 页。

月初诊人数为 8589 人，其中消化系统疾病患者 1354 人，占 15.76%；皮肤病患者 1682 人，占 19.58%；外伤 1916 人，占 22.31%；呼吸系统疾病患者 1477 人，占 17.20%。[①] 另外，当时中纺青岛分公司工厂内女工较多，恋爱成风，结婚的工人很多，生育亦多，甚至在工厂宿舍外经常出现弃婴。对于生育女工应享受的医疗保障，中纺青岛分公司规定，生育后前两个月的工资照发，但是在生育两个月后一次性发放。[②] 1947 年 1 月开始，应夜班工人的要求，开始为夜班工人配备医师，提供医疗服务。另外，中纺青岛分公司规定，在冬季医师工作较少的时候，开展一次职工体检，为改善职工身体状况提供依据。体检分内科和外科，内科主要检查甲状腺、心、肺、扁桃体，以及是否有性病等，外科主要检查牙、眼、足、手等。[③] 1947 年 5 月，每名职工每月有 2000 元的医药费，青岛分公司要求各分厂医院按照这个标准采购药品，并于当年 6 月 10 日前将下半年所需药品的名目报中纺总公司，由总公司向上海统一采购。[④] 1947 年 7 月，为预防鼠疫、霍乱和伤寒等传染病，青岛分公司从上海中央化学生物实验处购买了霍乱、伤寒等混合疫苗，分配给各厂，进行接种，先后有约 2 万人接种。[⑤]

为使职工和眷属得到更好的医疗服务，1947 年 9 月 25 日，中纺青岛分公司与山东大学附属医院及市立医院订立特约诊疗合同，规定自该年 9 月起，凡该公司员工及眷属遇有各厂卫生室不能诊治的疾病，均可按照合约前往这两所医院进行诊治，随到随诊、优先安排，普通挂号费免除，预约及急诊挂号费按五折计，住院费、检查费等按八折计，由医院直接向患者收取。为了让各厂工人知晓，

---

① 《员工疾病诊治》，《青纺三年》，第 36 页。
② 《中国纺织建设股份有限公司青岛分公司概况及在中国价值地位》，第 7 页。
③ 《关于医药事项》，青岛市档案馆馆藏，档案号：B0041-009-00071-0011。
④ 《关于医药事项》，青岛市档案馆馆藏，档案号：B0041-009-00071-0015。
⑤ 《关于医药事项》，青岛市档案馆馆藏，档案号：B0041-009-00071-0023。

青岛分公司特别复印了若干特约诊疗合同和特约诊疗介绍书，分给各厂。其中因公致伤的员工分发蓝色特约诊疗书，由医师和主管人负责审核，凡持蓝色特约诊疗书，"一切费用由甲方负责"；医院对患者免收保证金，一切医疗费用由甲方（中纺青岛分公司）每月拨付乙方（山东大学附属医院、市立医院）。持白色诊疗书者，医疗费用按照诊疗合同进行折扣，由工人自付。①

在职工住房方面，中纺青岛分公司下属八个棉纺厂均为职工提供宿舍。中纺青岛分公司第一棉纺厂，即原来的大康纱厂，有职员和工人宿舍两处，一为南宿舍，一为北宿舍；南宿舍为楼房，条件比较好，主要供职员住，有眷属的职员，每人可配到一间，没有眷属的三人一间。附设运动场，如网球场、排球场，以及游泳池等。运动场周围有小花园，供职员放松休息。宿舍区内还有浴室、理发室、合作社等。北宿舍为平房，为一般工人的宿舍，与职员宿舍相比，面积相对小。② 北宿舍位于康宁路，共有 700 余户，配有俱乐部、浴室、茶炉、书店、饭店、小学、篮球场、单杠、理发室、合作社等，设保长负责管理。③ 中纺青岛分公司第二棉纺厂在工人宿舍区内设理发店，有理发师 2 人，师傅每日底薪 1.2 元，徒弟 1元，一切开销都由厂方供给。宿舍区有男女各一间浴室；设有茶炉，不收水费，每人每日可以打两壶开水；还设有磨坊，分电动机磨及石磨，在宿舍居住之工人每人可推磨 50 斤。配备托儿所，有两个老妈子和两个女职员照顾孩子，分甲、乙两班，共收容 20 余个孩子。每名儿童可由托儿所照看 6 个月。另外，宿舍区内还有菜园，所种蔬菜便宜出售给工人。④ 有的工人宿舍区内还有菜园，每

---

① 《关于医药事项》，青岛市档案馆馆藏，档案号：B0041-009-00071-0036。
② 《青纺半月刊》，1946 年 10 月，第 108 页。
③ 《中国纺织建设股份有限公司青岛分公司概况及在中国价值地位》，第 5 页。
④ 《中国纺织建设股份有限公司青岛分公司概况及在中国价值地位》，第 7～8 页。

年由住户抽签自种。① 1946 年 4 月，中纺青岛分公司创设员工消费合作社，所售商品以日用品为大宗，价格较市价为低，主要有香烟、糖果、布匹、蔬菜、水果等。②

关于这一时期青岛华新纱厂的福利待遇问题，档案资料中也有不少记载。华新小学为独立机构，教员参照普通学校待遇，现任教员甄别成绩优良者在人事科兼办事务，仍照厂员待遇。所有教员每学年改聘一次，待遇暂定甲、乙、丙、丁四级，成绩优良者工资酌情加以调整，由厂方供给宿舍。③ 为了减轻职工的教育负担，华新纱厂订立《职员子女辅助金管理办法》，规定凡是在厂服务满一年及以上的职员均可申请，申请子女教育辅助金每户以 2 名儿童为限。凡核准给予辅助金的儿童，除膳宿费和书籍费外，其余学杂费概由教育辅助金支付。补助办法如下：中学毕业补助 2/3 学杂费；小学毕业补助全额学杂费；辅助金每学期申请一次。申请教育辅助金的学生，学期结束后须向工厂上交该学期的成绩单，凡成绩不及格或者留级者取消申请资格。学生家长离厂后，其不得再申请。工厂随时与学校联系，确定学生的表现。④ 这个规定没有明确指出工人的子女是否可享受这一待遇。

1946 年，华新完全小学有学生 220 人，教职员 9 位。1947 年 7 月，华新小学加开班次，另聘体育教员 1 人，并征集球类及田径等活动设备。⑤ 为了维持华新小学的正常运转，华新纱厂需要不断增加投入。据一份华新小学 1947 年秋季学期每月预算草案，其支出

① 《青纺月刊》，1947 年 3 月，第 104 页。
② 《青纺月刊》，1947 年 3 月，第 104 页。
③ 《青岛华新纱厂业务会议纪录（第 27 次厂务会议）》，1947 年 9 月 4 日下午三点，青岛市档案馆馆藏，档案号：B0041-008-00004-0121。
④ 《关于纱厂职员子女辅助金及机电技工训练班简章、职员请假规则等规章制度》，青岛市档案馆馆藏，档案号：B0041-008-00017-0003。
⑤ 《青岛华新纱厂业务会议纪录（第 27 次厂务会议）》，1947 年 9 月 4 日下午三点，青岛市档案馆馆藏，档案号：B0041-008-00004-0121。

分为七类：一是教员薪金，1 人 220 万元，1 人 200 万元，4 人 80 万元，2 人 60 万元，合计 860 万元；二是工役工资，工役 1 名，底工 32 万元，按生活指数计算；三是膳费，教员 8 人，每人 27 万元，共 216 万元；四是图书文员费，图书费以 5 个班学生计算，共 52.5 万元；五是体育用品费 80 万元；六是煤柴费 200 万元；七是杂费 20 万元，合计 1460.5 万元。[①] 该预算草案系按全年度用费平均计算，以 1947 年 8 月份之物价为标准。

华新纱厂还开办职工补习学校，分为高级班和初级班，期限为 6 个月，早晚共四班。该校附设好多班型，除培养识字能力外，还开展多种职业培训。我们以机电技工训练班的情况为例说明，机电技工训练班分为机械、电气、翻砂三门课程，半工半读，每日上课 2 小时，自修 1 小时，其余时间由厂方指定的老师分配工作。[②] 机电专门课程由机电科职员担任，普通课程由华新学校教员担任，并按照一般铁工厂学徒方式各指定上手机匠 1 人为教师。招收对象是华新小学毕业或者各厂职员的子弟，而且是小学毕业或初中肄业，年龄在 16 岁以上 20 岁以下的男性，要求品行端正、体格健全且能吃苦耐劳，原学机电技艺者，经过学科考试，体格检查合格后，方可录取。学制暂定四年，前两年为学习期，后两年为服务期，名额暂定为 15 名。服务期满后，即有就业的自由，学习成绩优良者，华新纱厂可以录用。在学习期和服务期内，每人每年发工服 2 套。开始受训时，每人每月暂给津贴 8000 元，膳宿自理，书籍等费均由厂方供给。学生每 3 个月小考 1 次，半年大考 1 次，成绩优良者

---

① 《关于纱厂职员子女辅助金及机电技工训练班简章、职员请假规则等规章制度》，青岛市档案馆馆藏，档案号：B0041-008-00017-0014。
② 《关于纱厂职员子女辅助金及机电技工训练班简章、职员请假规则等规章制度》，青岛市档案馆馆藏，档案号：B0041-008-00017-0001。

可酌增待遇。① 除了正常的学习外，职工补习学校还开展丰富多彩的课外活动，成立讲演会、同乐会、进德会、消费合作社等社团。讲演会面向全体学生开放，每星期进行讲演练习一次，主要是训练口头表达，设会长 1 人，副会长 1 人，书记 1 人，庶务 2 人，任期一年，讲演的内容有：演说、故事、笑话等；还办辩论会，每半年公开讲演一次。② 消费合作社的主要目的是培养互助合作精神。

另外，青岛华新纱厂设有华新医院，为职工进行疾病诊治。1947 年 5 月，华新纱厂与青岛市市立医院订立合同，约定门诊挂号费及材料费全免，享有优先住院权，住院费、手术费八折，厂方每月给予院方津贴国币 200 万元，每 6 个月支付一次。③ 为鼓励职工储蓄，还创办了职工储蓄会，并给予一定的利息。在华新纱厂的工人宿舍区内，亦设有澡堂、理发室等便民设施。华新纱厂非常重视职工的娱乐生活，组建俱乐部等，设会长、干事及组长若干名，积极开展职工活动。为减少同人之间的花销，华新纱厂规定，直系亲属有婚丧大事由公家代同人送礼，提倡送礼节俭。④

---

① 《关于纱厂职员子女辅助金及机电技工训练班简章、职员请假规则等规章制度》，青岛市档案馆馆藏，档案号：B0041-008-00017-0008。
② 《青岛华新纱厂业务会议纪录（第 27 次厂务会议）》，1947 年 9 月 4 日下午三点，青岛市档案馆馆藏，档案号：B0041-008-00004-0121。
③ 《关于青岛华新纱厂与青岛市市立医院的特约诊疗合同》，青岛市档案馆馆藏，档案号：B0028-002-00025-0076。
④ 《青岛华新纱厂业务会议纪录（第 27 次厂务会议）》，1947 年 9 月 4 日下午三点，青岛市档案馆馆藏，档案号：B0041-008-00004-0121。

第六章 余 论

近代青岛棉纺织业是在中国近代特殊历史背景下兴起和发展的，它的发展历程在一定程度上代表了中国近代大多数现代工业的发展历程。近代青岛棉纺织业带有明显的殖民主义经济特色，具有突进、畸形等特点，它打破了青岛正常的城市经济发展秩序，在无形中也在多方面对青岛城市发展以及胶济铁路沿线经济社会、民众生活产生了影响。

以棉纺织业为代表的近代工业的兴起和发展对青岛城市性质和功能产生影响。德国占领胶州湾后，确立了经营胶澳租借地的总方针：一是将青岛打造成德国在远东的"模范殖民地"；二是将青岛建设成为德国远东舰队在东亚的军事基地。对青岛城市的基本定位是：青岛是山东乃至华北的门户，是德国在远东的重要商贸基地。德国胶澳总督府认识到青岛的"繁荣"基于两个前提：一是通过现代化的大型港口设施，促进航运的发展；二是对广阔的内陆，尤其是通过铁路对内陆重要经济地区实施"开拓"。① 德占青岛 17 年间总投资为 2.1 亿马克，其中港口投资为 5383 万马克，胶济铁路投资 5290 万马克，这两项投资约占总投资的 60%以上，体现出商

---

① 《青岛开埠十七年——〈胶澳发展备忘录〉全译》，第 271 页。

贸建设在德占青岛时期的重要地位。

至第一次日占时期，青岛城市的性质和功能发生了改变。对青岛城市性质和发展定位上，日本与德国截然不同。青岛日本守备军政府在"青岛施政方针"中明确提出"特别注意者为市面之扩充与工厂之提倡"，[①] 将青岛城市扩张和工业的发展提升到首要位置，标志着青岛城市性质和功能发生方向性转变。在以前的商贸、军事功能之外，以棉纺织业为代表的近代工业在青岛的发展为城市增加了生产功能，使青岛的城市功能更加多样化。在日本青岛殖民当局的主导下，日本资本特别是棉纺织业资本以前所未有的规模和速度涌入青岛市及胶济铁路沿线地区，并迅速垄断。据不完全统计，到1922年末，青岛日商企业增至1153家，资本总额129.2亿日元，日商资本在50万元以上的工厂企业达80余家，投资分布于几十个行业部门，产品多达百余种。青岛的纺织、印染、面粉、榨油、火柴、机械等行业，至此均有相当规模。[②] 从城市功能来看，此时青岛俨然成为一个商贸、工业并举的城市。一般而言，城市功能的丰富应是城市发展的一个标志，但日本殖民当局却是以畸形的、非常规的方式和手段促使近代青岛棉纺织业发展，对当时青岛棉纺织业发展的正常秩序造成种种负面影响。

在中国近代，青岛是一个由工业布局推动城市空间布局改变的城市，以棉纺织业为代表的近代工业的兴起和发展改变了青岛城市空间布局。第一次日占时期，为解决工业发展所需的土地问题，青岛日本殖民当局主要采用了两种办法：一是开放土地买卖，采取压低土地价格的办法，强行收买当地人的土地，然后廉价转售或出租给日人。二是在胶州湾北岸大量填海造地，建设棉纺织厂。青岛日本殖民当局这种对工业的布局做法好像比较符合西方学者勒·柯布

---

① 日本陆军省编《青岛施政方针》，1914年12月16日。
② 〔日〕吉见正任：《青岛商工便览》，1922，第63页。

西耶、托尼·戛涅等关于"工业城"的规划。他们认为，"工业城"的人口规模约为35000人，靠近原材料产地或者附近有可供开发的自然资源，便于交通运输；工厂设在河流与其支流汇合的平原上；铁路在工厂与各城市之间穿梭；工厂、城镇、医院这些要素互相分隔，以便各自扩建。总之，功能分区、适度分离、充分利用工业技术是"工业城"的鲜明特色。[①] 通过填海造地，青岛日本殖民当局在胶州湾北岸营造出大片土地，以极低价格提供给日本棉纺织巨头们建立棉纺织厂。这样的工业布局无疑是做了充分考虑的，胶州湾不仅可以为这些棉纺织厂提供充足水源，而且可以供其排污。同时，胶济铁路穿行其间，为棉纺织厂提供便捷而且费用低廉的交通运输服务，从山东腹地运来充足的生产原料——棉花，将产品——棉纱源源不断地运往内陆。青岛港也担负着为棉纺织厂输入原料、输出产品的任务。近代天津棉纺织厂的选址与青岛类似，天津的棉纺织厂基本设在海河两岸，也是出于上述这些方面的考虑。与此同时，不能忽视的是，大量棉纺织厂长期以来对沿海、沿河地区的生态环境造成危害和破坏。

大量棉纺织厂沿着胶州湾一路向北开设，不仅扩大了青岛城市规模，而且改变了青岛城市总体布局。据日本驻青岛守备军民政部土木部编的《土木志》记载，1914年11月，日本占领青岛时，青岛市区是以经由静冈路（今青岛中山路南段）、山东路（今青岛中山路北段），直至大港的道路为主干道，左右展开而成，面积约为60万坪（约198万平方米），[②] 到1922年中国接收青岛时，青岛市街显著扩大，青岛城市空间由德占时期的"片状城市"向第一次日占时期的"带状城市"转型。"带状城市"的布局实际上限制了青岛城市的发展。由于大量旧产业工人住在城市的南边，而他们的

---

① 赵和生：《城市规划与城市发展》，东南大学出版社，1999，第12~14页。
② 《土木志》，第7页。

工作地点集中在北边，大大增加了他们的通勤成本，居住条件长期未能得到改善。这些问题直到 20 世纪初 90 年代初青岛实施东部开发战略才得到缓解。

20 世纪 20~40 年代，在青岛棉纺织业的推动下，青岛的针织、印染工业得到发展和壮大，私营纺织、印染业户最多时有 210 余家，实现了纺织工业的系统化和全流程化。与此同时，青岛的纺织机械工业亦开始发展，并在新中国成立之初成为全国纺织机械重要的制造和出口基地。1900 年开业的华昌铁工厂，后改名为丰田式铁工厂。20 世纪 30~40 年代，为满足青岛棉纺织业发展的需求，丰田式铁工厂已发展成为专门从事纺织机械维修工厂。40 年代初，日本又建立曾我木工厂、华北木梭工厂，专门生产棉纺织业所需的木管、木梭和纺织机械配件。抗战胜利后，丰田式铁工厂、曾我木厂、华北木梭厂由中纺青岛分公司一并接收合并，改名为中纺青岛分公司第一机械厂，以修配为主，并开始研制纺织机械。青岛解放后，青岛第一机械厂改名为国营青岛纺织机械厂，制造梳棉机、专用电机和配套电器产品及各种金属针布，成为制造纺织机械成套设备的专业厂。1950 年 6 月，试制出 CM 型梳棉机 2 台，生产出国产第一代梳棉机 59 台，填补了当时国内此类设备生产的空白。

以棉纺织业为代表的近代工业的兴起，造就了青岛的工人队伍，他们成为青岛社会生活中的一支重要力量，促进了中共在青岛的发展和壮大。近代纺织工业在中国的兴起和发展，培养了大量的纺织工人。从 19 世纪末开始，中国纺织工业就以比较快的速度发展，其发展速度超过了其他行业发展的平均速度，工人数量一直处于各行业之首。到 1930 年，从事棉纺织业工人的数量占工厂工人的 27.22%。[1] 到 1933 年，纺织工业资本在工业资本总额中的比重

---

① 方显廷：《中国之棉纺织业》，第 138 页。

已达 36.2%，工人数占全体工人总数的 40.9%。[1]

　　青岛的情况与全国类似，随着青岛棉纺织工业的发展，纺织工人数量也不断增长。方显廷先生的统计数据显示，1924 年青岛棉纺织工人有 5200 人，1928 年 16523 人，五年间增长了 2.18 倍；青岛棉纺织工人在全国的比重由 1924 年的 2.7% 上升到 1928 年的 6.9%，在上海、无锡、南通、武汉、天津、青岛六个棉纺织中心城市的位次由第 6 位上升到第 3 位。[2] 据统计，1925 年青岛共有棉纺织工人 17900 人，其中华新纱厂 3000 人、内外棉纱厂 4500 人、隆兴纱厂 1400 人、大康纱厂 2500 人、富士纱厂 2200 人、公大纱厂 2800 人和宝来纱厂 1500 人，[3] 占当时青岛产业工人总数的 55%。到 1933 年，青岛棉纺织工人占全市工人总数的 64%。[4]

　　从 1925 年开始，中国工人运动风起云涌，而棉纺织企业作为中国近代容纳最多工人的行业，一直是工人运动的高发地。据统计，1924 年上海共发生罢工 16 次，1925 年罢工增至 75 次，1926 年罢工多达 257 次。[5] "五卅运动"发生后，上海、天津、青岛各地纱厂不断发生罢工，特别是日商纱厂。1925 年，青岛日商纱厂先后发生了三次大规模的纱厂同盟大罢工。其中发生于 1925 年 5 月的第二次纱厂同盟大罢工，遭到日本海军陆战队的武力镇压，工人当场死伤多人，工运骨干被捕，3000 多名工人被遣送回原籍，这就是震惊中外的"青岛惨案"。[6] 新中国成立后，青岛棉纺织工人的生产积极性空前提高，先后形成"郝建秀工作法""五一织布法""五三保全法"等众多工作案例，在全国推广，掀起了学习高

---

① 严中平：《中国棉纺织史稿》，第 12 页。

② 方显廷：《中国之棉纺织业》，第 141 页。

③ 《五卅运动史料》第 1 卷，第 36 页。

④ 沈云龙编《近代中国史料丛刊三编》第 60 辑第 1 编（上），第 15 页。

⑤ 田彤：《民国劳资争议研究（1927~1937 年）》，第 18 页。

⑥ 《五卅运动史料》第 3 卷，第 153 页。

潮，提升了青岛棉纺织业，乃至青岛工业在全国的影响力。

近代青岛的棉纺织工人绝大多数来自山东农村地区，在城市没有房屋可住，需要居住在棉纺织厂提供的宿舍里，过集体生活。为提高工人的受教育程度，活跃工人生活，宿舍区一般都会举办扫盲班及开展一些比较现代的休闲娱乐活动，这对于刚进入城市生活的农民来说，是重要的社会生活启蒙，使他们逐渐熟悉近代城市生活。由于棉纺织工人数量庞大，这种大范围地普及和教育，对青岛市民也产生了一定影响，客观上一定程度促进了青岛市民生活的现代化。

以棉纺织业为代表的近代工业在青岛的兴起和发展促进了胶济铁路沿线、山东腹地的商品化和城市化。青岛棉纺织业的兴起和发展，促使对棉花的需求日益增多，在胶济铁路沿线，经营棉花、棉纱、棉布的比较系统的商品市场已然形成。比较典型的是张店和周村的崛起。周村以前只是一个默默无闻的城镇，随着青岛棉纺织工业的发展，到 20 年代末 30 年代初，周村有经营棉纱、棉布的大行栈十几家，其中 8 家大行栈在上海、青岛派驻外庄，俨然是一个区域性的棉产品交易市场。为增加原棉产量，日本棉纺织企业在山东腹地产棉区通过加强技术指导、预付收购定金、提高棉价等措施，扩大了棉花的种植，提高了农民种植的积极性。另外，大量山东腹地的农民到青岛"打工"，促进了山东沿海地区与内陆地区人员、信息的流通，加强了山东沿海地区与内陆地区的联系。他们打工所得的一部分流入周边城乡的消费市场当中，在一定程度上维持了当地消费市场的持续运转，推动了商品化进程。

另外，青岛棉纺织业的兴起和发展加快了近代山东棉纺织产业的新陈代谢，尤其是新兴纺织机械的引进和推广。其中典型的是轧棉机、织布机和丝织机的改进。近代山东轧花技术的改进首先是从引进日本轧花机开始的。潍县是山东最早使用脚踏铁轮织机的地区之一，1923~1924 年，铁轮织机已普及于潍县全境，织户平均年收入为 720 万银两。[①] 济南仁丰纱厂的工厂布局和厂房结构、形式则是仿照日本公大纱厂的式样。[②] 日本发动全面侵华战争初期，由于青岛的日本纱厂停工以及棉纱、棉布运输不畅等，原来兴盛一时的潍县手工织布业完全瘫痪，陷入绝境，经营纱布的钱庄、布庄也都纷纷歇业。为了满足市场对棉布的需求，原来集中在青岛棉纱厂的布机开始向胶济铁路沿线及能够提供棉纱的城市地区分散、转移，济南、青岛、烟台三地的手工织布由此兴起。[③]

近代青岛棉纺织业的发展变迁是近代青岛城市发展的一个缩影，我们通过剖析近代青岛棉纺织史，可以管窥整个近代青岛城市的发展历程，一定程度上折射出在殖民主义经济影响下的近代中国沿海城市变迁的特点。这也是笔者开展本项研究的意义和价值之所在。

---

① 庄维民：《近代山东市场经济的变迁》，中华书局，2000，第 391~392 页。
② 中国民主建国会济南市委员会等编《济南工商史料》第 3 辑，1988，第 5 页。
③ 〔日〕满铁调查部：《潍县土布业调查报告书》，1942，第 139~140 页。

参考文献

一 档案

（一）中文

青岛市档案馆馆藏

齐鲁公司青岛各工厂全宗汇集

青岛市财政局档案

青岛市地政局档案

青岛市警察局档案

青岛市商会档案

青岛市社会局档案

青岛市政府档案

日商在青企业全宗汇集

山东青岛敌伪产业处理局档案

中国纺织建设股份有限公司青岛分公司及所属各厂全宗汇集

（二）英文

青岛市档案馆藏赴美国征集档案资料全宗汇集

（三）日文

青岛市档案馆藏赴日本征集档案资料全宗汇集

日本外务省外交史料馆档案

二　报刊资料

《北华捷报》。

《纺织工业》，1947 年 7 月。

《纺织周报》。

《国际贸易周报》，1932。

《华商纱厂联合会季刊》第 1 卷第 2 期、第 4 卷第 1 期。

《经济时报》第 12 号，1938 年 5 月。

《鲁案善后月报特刊》，北京和济印刷局，1923。

《青岛工商季刊》。

《青岛工业概况》第 2 期，1943 年。

《青岛华新纱厂特刊》。

《青岛教育》第 1 卷第 9 期，1934 年 1 月。

《青岛情况介绍》，1935 年。

《青岛新民报》，1938~1940 年。

《政治经济学报》。

三 论著

〔美〕艾米莉·洪尼格：《姐妹们与陌生人——上海棉纱厂女工（1919~1949）》，韩慈译，江苏人民出版社，2011。

北平社会调查部编《第一次中国劳动年鉴》，1928。

陈旭麓编《中国近代史词典》，上海辞书出版社，1982。

陈真编《中国近代工业史资料》第1~4辑，生活·读书·新知三联书店，1957、1961。

杜恂诚：《日本在旧中国的投资》，上海社会科学院出版社，1986。

方显廷：《方显廷文集》，商务印书馆，2012。

方显廷：《中国之棉纺织业》，商务印书馆，2011。

冯次行：《中国棉业论》，上海北新书局，1929。

郭廷以：《近代中国史纲（第3版）》，格致出版社，2012。

侯厚培：《中国近代经济发展史》，上海大东书局，1929。

胶济铁路管理委员会编《胶济铁路经济调查报告总编》，1933。

金国宝：《中国棉业问题》，商务印书馆，1935。

金志焕：《棉纺之战——20世纪30年代的中日棉纺织业冲突》，上海辞书出版社，2006。

雷麦：《外人在华投资》，商务印书馆，1959。

吕维俊主编《民国山东史》，山东人民出版社，1995。

罗苏文：《高郎桥纪事——近代上海一个棉纺织工业区的兴起与终结（1700~2000）》，上海人民出版社，2011。

罗腾霄：《济南大观》，1934。

〔德〕谋乐辑《青岛全书》，青岛出版社，2014。

穆烜、严学熙编著《大生纱厂工人生活的调查（1899~1949）》，江苏人民出版社，1994。

倪锡英：《青岛》，上海中华书局，1936。

羌建：《近代南通棉业变革与地区社会变迁研究（1884~1938）》，中国农业科学技术出版社，2013。

〔意〕乔吉奥·列略：《棉的全球史》，刘媺译，上海人民出版社，2018。

青岛日本商工会议所编《青岛组合要览》，1942。

青岛市档案馆编《帝国主义与胶海关》，档案出版社，1986。

青岛市档案馆编《青岛开埠十七年——〈胶澳发展备忘录〉全译》，中国档案出版社，2007。

青岛市纺织工业总公司史志办公室编《青岛纺织史》，1994。

青岛市史志办公室编《青岛市志·纺织工业志》，新华出版社，1999。

《青岛市行政统计汇编》，青岛市档案馆馆藏资料。

青岛市政府招待处编《青岛概览》，1937。

〔日〕森时彦：《中国近代棉纺织业史研究》，袁广泉译，社会科学文献出版社，2010。

山东省地方史志编纂委员会：《山东省志·农业志》，山东人民出版社，2000。

上海棉纺织工业同业公会（筹）编《中国棉纺织统计史料》，上海棉纺织工业同业公会，1950。

上海社会科学院经济研究所编《茂新、福新、申新系统：荣家企业史料（1896~1937年、1937~1949年）》（上下册），上海人民出版社，1981。

上海市纺织工业局编《永安纺织印染公司》，中华书局，1964。

〔美〕斯文·贝克特:《棉花帝国》,徐轶杰、杨燕译,民主与建设出版社,2019。

〔日〕松崎雄二郎:《青岛的现状》,日本青岛商工会议所,1941。

〔日〕松崎雄二郎:《日本人的山东开发计划》,舒贻上译,山东新报社,1947。

孙立新:《近代中德关系史论》,商务印书馆,2014。

孙毓棠编《中国近代工业史资料(1840~1895年)》第1辑(上下册),中华书局,1962。

孙毓棠编《中国近代工业史资料(1895~1914年)》第2辑(上下册),中华书局,1962。

陶孟和:《北平生活费之分析》,商务印书馆,1930。

田彤:《民国劳资争议研究(1927~1937年)》,商务印书馆,2013。

汪敬虞编《中国近代工业史资料(1895~1914年)》第2辑(上下册),科学出版社,1957。

王菊:《近代上海棉纺业的最后辉煌:1945~1949》,上海社会科学院出版社,2004。

王萌:《战时环境下日本在华棉纺织业研究(1937~1941)》,科学出版社,2015。

王云五编《日本对华商业》,万有文库,1933。

王子建、王镇中:《七省华商纱厂调查报告》,商务印书馆,1935。

武康、魏镜:《青岛指南》,胶东书社,1933。

许涤新、吴承明主编《中国资本主义发展史》(1~3卷),人民出版社,2003。

许维雍、黄汉民:《荣家企业发展史》,科学出版社,1955。

许维雍、黄汉民：《荣家企业发展史》，人民出版社，1985。

严鹏：《简明中国工业史（1815~2015）》，电子工业出版社，2018。

严中平等编《中国近代经济史统计资料选辑》，中国社会科学出版社，2012。

严中平：《中国棉纺织史稿》，商务印书馆，2011。

姚抗：《北国工业巨子：周学熙传》，河北人民出版社，1995。

殷梦霞、李强选编《民国铁路沿线经济调查报告汇编》，国家图书馆出版社，2009。

裕大华纺织资本集团史料组编《裕大华纺织资本集团史料》，湖北人民出版社，1984。

袁荣叟：《胶澳志》，青岛华昌大印刷局和胶澳商埠局铅印，1928。

〔英〕詹妮弗·哈里斯：《纺织史》，李国庆等译，汕头大学出版社，2011。

张国刚：《中国家庭史》第 5 卷《民国时期》，广东人民出版社，2007。

章有义：《中国近代农业史资料》第 3 辑（1），生活·读书·新知三联书店，1957。

赵冈、陈钟毅：《中国棉纺织史》，中国农业出版社，1997。

中共青岛市委党史资料征委会办公室、青岛市档案馆编《青岛党史资料》第 1 辑，1987。

中国纺织史编辑委员会编著《中国近代纺织史》（上下卷），中国纺织出版社，1997。

中国科学院上海经济研究所等编《大隆机器厂的发生发展与改造——从一个民族企业看中国机器制造工业》，上海人民出版社，1958。

中国科学院上海经济研究所等编《中国最早的一家棉纺织厂——恒丰纱厂的发生发展与改造》，上海人民出版社，1958。

中国民主建国会青岛市委员会、青岛市工商业联合会编《青岛工商史料》第 3 辑，1988。

中国人民政治协商会议全国委员会文史资料研究会编《工商经济史料丛刊》第 1 辑，文史资料出版社，1983。

中国人民政治协商会议全国委员会文史资料研究委员会编《工商经济史料丛刊》第 1 辑，文史资料出版社，1983。

中国人民政治协商会议天津市委员会文史资料委员会编《天津文史资料选辑》第 1 辑，天津人民出版社，2003。

中国社会科学院经济研究所编《上海市棉布商业》，中华书局，1989。

周启澄、赵丰主编《中国纺织通史》，东华大学出版社，2018。

周天度等：《中华民国史（1932~1937）》第 8 卷（上下册），中华书局，2011。

周小鹃：《周志俊小传》，兰州大学出版社，1987。

朱邦兴等编《上海产业与上海职工》，上海人民出版社，1984。

庄维民、刘大可：《日本工商资本与近代山东》，社会科学文献出版社，2005。

淄博市政协文史资料委员会等编《淄博经济史料》，中国文史出版社，1990。

高村直助：《近代日本綿業と中国》，东京出版会，2012。

四 期刊论文

曹敏：《抗战时期的陕西近代纺织工业》，《西安工程大学学报》2005 年第 4 期。

陈楠：《初论青岛纺织历史的思想——对纺织企业家周志俊经营思想之研究》，《山东纺织经济》2006 年第 1 期。

丁汉镛：《近代中外纺织企业经营管理的比较》，《中国纺织大学学报》1994 年第 3 期。

樊卫国：《市场歧变、行业困厄与企业习俗——论 20 世纪二三十年代市场危机中的华商棉纺业》，《社会科学》2014 年第 5 期。

李雅菁：《近代新式棉纺织企业工头制管理方式浅析》，《安徽史学》2007 年第 6 期。

梁华：《近代棉纺织业投资策略的中日比较》，《西北师大学报》（社会科学版）2005 年第 5 期。

林刚：《1928~1937 年间民族棉纺织工业的运行状况和特征（上）》，《中国经济史研究》2003 年第 4 期。

林刚：《1928~1937 年间民族棉纺织工业的运行状况和特征（下）》，《中国经济史研究》2004 年第 1 期。

林刚：《试论列强主导格局下的中国民族企业行为——以近代棉纺织工业企业为例》，《中国经济史研究》2007 年第 4 期。

陆兴龙：《1930 年前后上海棉花价格变动及对棉纺业之影响》，《江汉论坛》2006 年第 12 期。

罗萍、黎见春：《20 世纪 20 年代的动荡政局与民营企业险中求生的经营策略——以裕华、大兴纺织股份有限公司为例》，《兰州学刊》2010 年第 6 期。

罗苏文：《沪东近代棉纺织厂区的兴起（1878~1928）》，《史林》2004 年第 2 期。

施正康：《近代上海华商纱厂联合会与棉纺业的自救》，《上海经济研究》2006 年第 5 期。

王毅：《民国时期中国棉纺织业发展研究综述——基于 20 世纪

30 年代以来的研究》,《新乡学院学报》2017 年第 8 期。

徐畅:《抗战前中国棉花产销合作述论》,《中国社会经济史研究》2004 年第 3 期。

严鹏:《1930 年代武汉棉纺织工业的危机与应对》,《江汉大学学报》(社会科学版) 2012 年第 1 期。

杨敬敏:《南京国民政府自主关税与棉纺织工业进口替代化 (1928~1936)》,《海关与经贸研究》2017 年第 6 期。

姚清铁、陈倩、刘子恒、郭萍:《抗战前中国民营棉纺织企业成长因素分析 (1894~1937)》,《上海经济研究》2018 年第 9 期。

张东刚、李东生:《近代中国民族棉纺织工业技术进步研究》,《经济评论》2007 年第 6 期。

张振国:《论甲午战争前后日本对华经济扩张——以棉纺织业为例》,《日本问题研究》1994 年第 3 期。

张中强:《晋中近代纺织工业发展的研究》,《太原师范学院学报》(社会科学版) 2014 年第 3 期。

张忠民:《第一次世界大战前日本棉纺织企业进入中国的路径与特点——以上海纺织株式会社为例》,《上海经济研究》2009 年第 1 期。

朱丽霞、黄江华:《中国近代纺织工业的历史地位》,《武汉纺织大学学报》2013 年第 4 期。

五　学位论文

初妍:《青岛近代工业建筑遗产价值评价体系研究》,博士学位论文,天津大学,2016。

谷永清:《近代青岛棉业研究 (1897~1937)》,博士学位论文,南京大学,2011。

郭斌：《青岛市纺织工业建筑遗产的保护策略与开发模式研究》，硕士学位论文，青岛理工大学，2010。

黄璐：《民国长江三角洲城市棉纺业的发展与联系（1912~1936）》，硕士学位论文，南京师范大学，2017。

金志焕：《中国纺织建设公司研究》，博士学位论文，复旦大学，2003。

林雁：《青岛纺织工业遗产的保护与再利用——青岛国棉六厂工业遗产建筑保护与再利用的策略研究》，硕士学位论文，青岛理工大学，2010。

刘栋梁：《二战前上海日本棉纺织企业述评》，硕士学位论文，东北师范大学，2010。

刘鹏：《延续与革新：民国时期关中手工棉纺织业研究》，硕士学位论文，陕西师范大学，2017。

刘岩岩：《民国武汉棉纺织业诸问题研究（1915~1938）》，博士学位论文，武汉大学，2011。

柳成杰：《近代上海纺织机器工业研究》，硕士学位论文，湖北大学，2014。

陆丹：《经济学家方显廷眼中的民国纺织业》，硕士学位论文，东华大学，2014。

沈佳伟：《近代无锡棉纺织业发展困境及其应对研究（1895~1937）》，硕士学位论文，淮北师范大学，2018。

王平子：《近代华商棉纺织企业借用外资研究（1890~1937）》，硕士学位论文，安徽师范大学，2012。

吴焕良：《近代上海棉纱业空间研究（1889~1936）》，硕士学位论文，复旦大学，2011。

肖爱丽：《上海近代纺织技术的引进与创新——基于〈申报〉的综合研究》，博士学位论文，东华大学，2012。

许荣霞：《近代日本向中国东北倾销棉纺织品研究（1905～1931）》，硕士学位论文，辽宁大学，2019。

张靓：《第一次世界大战与中国棉纺织工业的发展》，硕士学位论文，东北师范大学，2004。

张若洋：《青岛地区纺织工业遗产演变与整合研究——以青岛M6为例》，硕士学位论文，青岛理工大学，2013。

张文浩：《基于青岛城市特色的殖民时期工业遗产保护与再利用研究》，硕士学位论文，青岛理工大学，2018。

张雯雯：《昨日辉煌：中国纺织工业"上青天"地理格局中的青岛——兼以青岛华新纱厂（1913～1953）为案例》，硕士学位论文，中国海洋大学，2009。

赵军：《近代山西机器纺织业发展的考察——以西北实业公司纺织工业为中心》，博士学位论文，东华大学，2014。

赵毛晨：《走出困境：大萧条时期上海华商棉纺织业的危机与应对（1932～1936）》，硕士学位论文，华中师范大学，2015。

后　记

　　选择近代青岛棉纺织业这一研究课题，始于 2019 年。作为一个历史学专业出身的人，要研究棉纺织业这样一个经济产业，还是有一定挑战和难度的。为此，开始恶补相关知识。幸运的是，信息和网络技术的发达、普及，使得搜集极为丰富的资料、获取极其详尽的知识，成为一件之前难以想象的并不太难的事。通过一段时间的努力，我对近代以来中国棉纺织业的兴起、发展，纱厂内部组织架构、工艺流程、管理制度等都有了一定了解，为开展研究奠定了基础。资料收集和整理工作艰苦而漫长，档案、报纸、统计报表、照片……所涉资料类型纷繁复杂。为了将这些资料转化成有用的史料，我分门别类地做了 20 多万字的笔记，由此梳理出近代青岛棉纺织业的基本发展脉络。写作过程中总是伴随着困惑、摇摆和反复，好在这期间的坚持，让一切都变得有意义，读者有机会通过本书管窥青岛这座相对年轻的城市在近代中国棉纺织工业发展中的地位与作用。

　　在研究和写作过程中，青岛市档案馆陈智海先生、姜永河先生、乔军先生、刘维书先生、郑伟先生、邹杰先生、韩晓麟先生、刘朋云先生、刘旭刚先生、周兆利先生、高菊梅女士、于斌先生、唐辉先生、高宜丰先生、李伟先生、魏颂杰先生、张晓言女士、聂慧哲女士、刘坤女士、史晓芸女士等领导和同事，给予了大量的帮助、支持和关心，在此深表谢意。

"中国近代纺织史资料整理与研究"国家重大项目首席专家、上海大学教授廖大伟先生，不仅在日常研究中给予诸多指导，并对本书的写作提出修改意见，撰写序言。山东省档案馆陈孟继先生为本书的写作提出策划意见，并提供有关研究的史料信息。陈晓女士无偿分享自己的相关研究成果，为本书的写作提供了参考借鉴。中国海洋大学马树华老师多次与我讨论全书框架、写作思路。王新艳老师与我合作翻译出版《近代青岛棉纺织档案史料选译》，这亦成为本书重要的参考史料；社科文献出版社李丽丽女士的敬业和认真为本书出版提供最好的保障和支持。在此一并表示感谢。

同时，感谢多年来一直默默支持我的家人。正是他们一直以来的相守相伴、默默付出和全心支持，我才能有心情、有精力去做自己喜欢的事情。

课题研究历时三年多。好在有以前多年从事青岛城市史研究的基础以及其间得到众多的师友指点，本书得以比较顺利地完成，并呈现在读者面前。可以说这是对自己多年耕耘青岛城市历史研究的一个阶段性总结，也是对多年关心、支持自己的师友们的一种答谢。由于自己学术水平有限、掌握的资料有限，加之时间仓促，书中肯定有很多遗漏、错讹之处，恳请读者给予批评指正！

张 晔

2023 年 6 月于青岛

图书在版编目（CIP）数据

近代青岛棉纺织业研究：1902—1949 / 张晔著 . --
北京：社会科学文献出版社，2023.7
ISBN 978-7-5228-1724-8

Ⅰ.①近⋯　Ⅱ.①张⋯　Ⅲ.①棉纺织工业-工业史-
研究-青岛-1902-1949　Ⅳ.①F426.81

中国国家版本馆 CIP 数据核字（2023）第 068162 号

近代青岛棉纺织业研究（1902~1949）

著　　者 / 张　晔

出 版 人 / 王利民
责任编辑 / 李丽丽
责任印制 / 王京美

出　　版 / 社会科学文献出版社·历史学分社（010）59367256
　　　　　地址：北京市北三环中路甲 29 号院华龙大厦　邮编：100029
　　　　　网址：www.ssap.com.cn
发　　行 / 社会科学文献出版社（010）59367028
印　　装 / 唐山玺诚印务有限公司

规　　格 / 开本：787mm×1092mm　1/16
　　　　　印张：20.75　字数：267 千字
版　　次 / 2023 年 7 月第 1 版　2023 年 7 月第 1 次印刷
书　　号 / ISBN 978-7-5228-1724-8
定　　价 / 128.00 元

读者服务电话：4008918866